공부왕이 즐겨 찾는
고사성어
탐구백과

상식과 어휘력이 쑥쑥! 유래로 보는 교과서 고사성어

공부왕이 즐겨 찾는 고사성어 탐구 백과

글터 반딧불 글 | 황기홍 그림

머리말

유래로 보는 고사성어로 어휘의 뿌리를 탄탄하게!

"괜히 사족 달지 마!"
"그렇게 하니 화룡점정이네."
"두 친구의 우정이 관포지교라 할 만하군."

우리는 일상생활에서, 혹은 책을 읽다가 이처럼 종종 고사성어를 접하곤 한다. 고사성어는 저절로 생긴 게 아니라 저마다 유래를 가지고 있다. 그 유래를 탐구하다 보면 그 말과 관련된 여러 인물뿐만 아니라 그 시대의 역사까지도 파악할 수 있다.

따라서 고사성어를 많이 익히면 익힐수록 그만큼 많은 지식과 교양을 쌓을 수 있다. 또한 풍부한 어휘력을 가질 수 있어, 남들과 대화할 때나 글을 쓸 때 그 상황에 맞춰 조리 있고 재치 넘치는 말솜씨를 구사할 수도 있다.

이 책은 어린이들에게 고사성어에 깃든 흥미로운 이야기와 더불어 말의 올바른 쓰임새를 익힐 수 있도록 만든 것이다. 지금까지 고사성어와 관련된 수많은 책이 나왔지만 이 책만이 가진 두 가지의 독특한 장점이 있다.

하나는 말의 유래를 한눈에 알 수 있도록 꾸민 '짜임새 있는 구성'이다.

    고사성어를 사전식으로 무조건 나열하지 않고 주제별로 일목요연하게 체계화했다. 유래에 따라 춘추전국시대·초한대전·삼국지·역사 인물·제자백가·사서삼경 등 주제별로 묶은 것이다. 이런 구성은 어느 책에서도 시도한 적이 없다.

    또 하나는 '고사성어 돋보기' 영역이다. 고사성어는 한자로 이루어져 있기 때문에 한자를 아는 것이 무척 중요하다. 그래서 어떤 의미로 생긴 한자인지 그 뿌리까지 알 수 있도록 설명을 덧붙여 놓았다. 고사성어를 익히면서 한자의 뜻을 깊이 있게 파악한다면 그야말로 '꿩 먹고 알 먹고'인 셈이다.

    이 책은 단순히 지식이나 교양만 쌓기 위해 만든 것만은 아니다. 고사성어에는 우리보다 앞서 살다간 수많은 인물의 삶과 경험이 녹아 있다. 이 책을 한 장, 한 장 넘기면서 그동안 궁금하게 여겨 왔던 말들의 의미를 하나하나 되새겨 보자. 그러면 마지막 장을 넘길 때쯤 세상을 보는 눈이 커져 있음을 깨달을 수 있을 것이다.

    이 책을 통해 고사성어에 얽힌 재미난 이야기뿐만이 아니라 세상을 사는 지혜와 철학, 나아가 인생의 참다운 의미를 깨우칠 수 있기를 바라 마지않는다.

글터 반딧불

차례

머리말 ... 4

1. 춘추전국시대에 나온 고사성어

관포지교 管鮑之交 – 자신을 알아주는 진짜 친구 ... 12
결초보은 結草報恩 – 죽어서도 보답하는 은혜 ... 16
미봉책 彌縫策 – 임시방편으로 대충 때움 ... 19
동병상련 同病相憐 – 처지가 같은 사람끼리 딱하게 여기는 ... 22
와신상담 臥薪嘗膽 – 고난을 견디고 뜻한 바를 이루는 ... 25
동시효빈 東施效矉 – 흉내만 내면 나도 미인? ... 29
상사병 相思病 – 사랑을 이루지 못해 생긴 병 ... 33
교토삼굴 狡兔三窟 – 앞으로 닥칠 위기를 미리 준비하다 ... 36
화씨지벽 和氏之璧 – 미처 알아보지 못한 보배 ... 40
완벽 完璧 – 흠이 없는 상태 ... 43
문경지교 刎頸之交 – 목숨을 나눌 수 있는 친구 ... 47
낭중지추 囊中之錐 – 뛰어난 사람은 어디 가든 돋보인다 ... 51
백발백중 百發百中 – 쏘는 대로 맞히는 명사수 ... 55

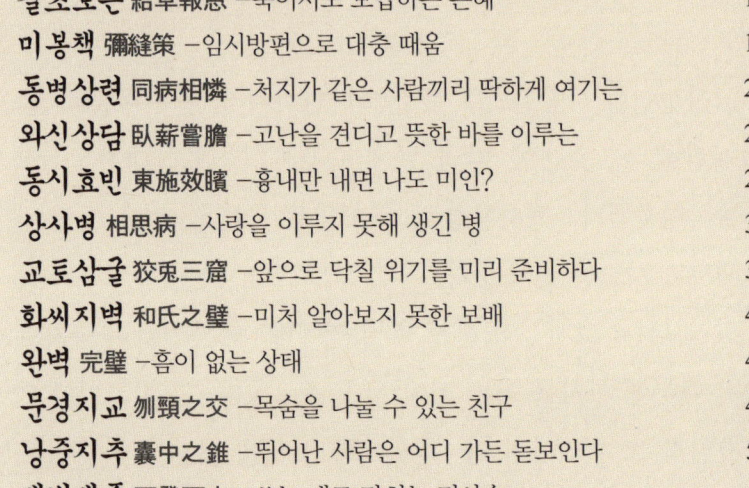

2. 제자백가에서 비롯한 고사성어

가정맹호 苛政猛虎 – 호랑이보다 무서운 것은? ... 60
맹모삼천 孟母三遷 – 세 번 이사한 가르침 ... 64
대기만성 大器晚成 – 큰 인물이나 큰일은 늦게 이루어져 ... 67
무용지용 無用之用 – 쓸모없는 듯 쓸모 있다? ... 70
붕정만리 鵬程萬里 – 보통 사람은 꿈도 못 꿀 일 ... 74
와각지쟁 蝸角之爭 – 사소한 일로 싸우다 ... 77
기우 杞憂 – 쓸데없는 걱정이나 근심 ... 80
조삼모사 朝三暮四 – 간사한 꾀로 남을 마음대로 휘두름 ... 83
우공이산 愚公移山 – 마음을 굳게 먹으면 산도 옮겨 ... 86
수주대토 守株待兔 – 요행만 기다리는 어리석은 사람 ... 90
모순 矛盾 – 말이나 행동이 앞뒤가 맞지 않아 ... 93
당랑거철 螳螂拒轍 – 분수를 모른 채 함부로 날뛰다 ... 96

③ 초한대전에서 생긴 고사성어

지록위마 指鹿爲馬 – 권세로 진실을 가리다	100
배수진 背水陣 – 죽을 각오로 일을 마주함	104
과하지욕 袴下之辱 – 어려운 처지에서 참아 낸 굴욕	108
필부지용 匹夫之勇 – 보통 사내의 하찮은 용기	112
금의야행 錦衣夜行 – 비단옷을 입고 밤길을 간들	115
다다익선 多多益善 – 많으면 많을수록 좋은	118
건곤일척 乾坤一擲 – 자신의 운명을 건 큰 결단	121
사면초가 四面楚歌 – 사방으로 큰 어려움에 빠지다	124
권토중래 捲土重來 – 실패를 교훈으로 삼아	128
토사구팽 兎死狗烹 – 쓸모없으면 버려지는 신세	131

④ 위촉오 삼국지에서 생긴 고사성어

도원결의 桃園結義 – 의리로 맺은 형제	136
비육지탄 髀肉之嘆 – 덧없이 보내는 세월을 한탄	140
단기천리 單騎千里 – 옛 주인을 찾아가는 의리	143
삼고초려 三顧草廬 – 인재를 얻으려 몸을 낮추는	147
수어지교 水魚之交 – 물 만난 물고기	151
고육지책 苦肉之策 – 자기 몸을 희생해 적을 속임	154
허허실실 虛虛實實 – 서로 재주와 꾀를 다하여 다툼	158
백미 白眉 – 여럿 가운데 가장 뛰어난	162
괄목상대 刮目相對 – 몰라볼 정도로 달라짐	165
계륵 鷄肋 – 버릴 수도, 취할 수도 없는	169
칠종칠금 七縱七擒 – 상대방을 마음대로 다룸	172
읍참마속 泣斬馬謖 – 사사로운 정을 버리고 질서를 바로 세움	175
출사표 出師表 – 세상에 대한 용감한 도전	179

5 역사 인물에서 유래한 고사성어

강태공 姜太公 －낚시꾼의 대명사	184
유언비어 流言蜚語 －터무니없는 헛소문	187
구우일모 九牛一毛 －아주 많은 것 가운데 하나	191
난형난제 難兄難弟 －우열을 가리기 어려움	195
군계일학 群鷄一鶴 －많은 사람 가운데 돋보이는 인물	198
화룡점정 畵龍點睛 －핵심이 되는 일의 마무리	201
퇴고 推敲 －퇴로 할까, 고로 할까?	204
구밀복검 口蜜腹劍 －입에는 꿀, 뱃속에는 칼	207
백발삼천장 白髮三千丈 －흰 머리털의 쓸쓸함	211
마이동풍 馬耳東風 －한 귀로 듣고 한 귀로 흘리다	214
고희 古稀 －나이 70세	217
미인박명 美人薄命 －미인은 명이 짧거나 운명이 불행해	220
홍일점 紅一點 －한 떨기 붉은 꽃	224

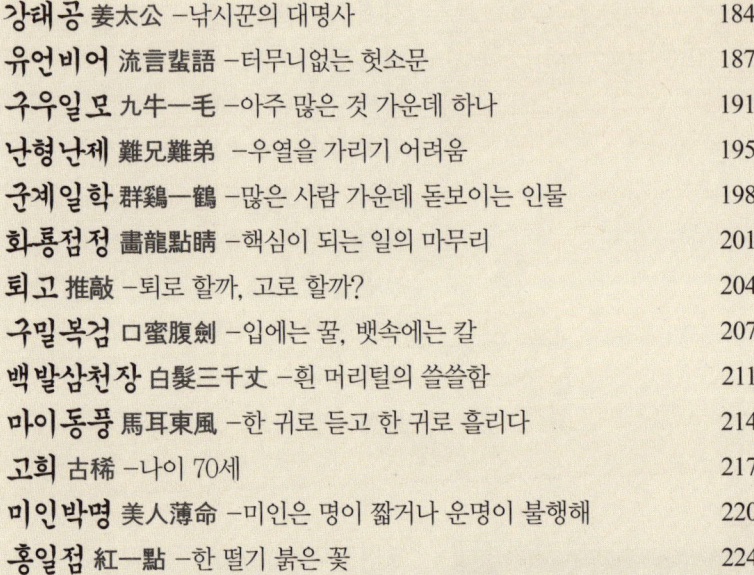

6 삶의 가르침이 담긴 고사성어

형설지공 螢雪之功 －어려움에서도 학업을 이룸	228
독서삼여 讀書三餘 －공부하기 좋은 세 가지 시간	231
마저성침 磨杵成針 －끊임없는 노력과 끈기로 이룬 일	234
백아절현 伯牙絶絃 －참다운 벗을 잃음	238
새옹지마 塞翁之馬 －앞날의 길흉화복은 헤아리기 어려워	242
매사마골 買死馬骨 －죽은 말의 뼈다귀	245
계명구도 鷄鳴狗盜 －하찮은 재주도 쓸모 있다	249
개과천선 改過遷善 －허물을 고치고 새사람으로 바뀜	253
사지 四知 －너 알고 나 알고 하늘이 알고 땅이 알고	257
순망치한 脣亡齒寒 －서로 뗄 수 없는 가까운 관계	260
각주구검 刻舟求劍 －시대에 뒤떨어진 낡고 어리석은 사람	263
주지육림 酒池肉林 －술로 연못을, 고기로 숲을	266

7 풍자와 익살이 깃든 고사성어

- **철면피** 鐵面皮 — 쇠로 만든 낯가죽 … 272
- **숙맥** 菽麥 — 어리숙하고 분별없는 사람 … 276
- **어부지리** 漁父之利 — 엉뚱한 사람에게 이득이 돌아감 … 280
- **호가호위** 狐假虎威 — 남의 힘으로 위세를 떨다 … 283
- **사족** 蛇足 — 쓸데없는 짓으로 낭패를 보는 일 … 287
- **양상군자** 梁上君子 — 대들보 위 도둑 … 291
- **삼십육계** 三十六計 — 불리하면 도망치는 게 최고 … 295
- **천리안** 千里眼 — 먼 곳 일까지 잘 알아챔 … 298
- **오리무중** 五里霧中 — 갈피를 잡을 수 없음 … 301
- **문전성시** 門前成市 — 사람들로 대문 앞이 붐비다 … 304
- **백년하청** 百年河淸 — 아무리 오래되어도 가능성이 없는 일 … 308
- **천의무봉** 天衣無縫 — 선녀 옷은 꿰맨 흔적이 없어 … 312

8 사서삼경과 동양 사상이 깃든 고사성어

- **불혹** 不惑 — 나이 40세 … 316
- **교언영색** 巧言令色 — 교묘한 말과 아첨하는 얼굴빛 … 319
- **군자삼락** 君子三樂 — 군자는 무슨 즐거움으로 사는가? … 323
- **농단** 壟斷 — 권력을 쥐고 마음대로 휘두르다 … 326
- **오십보백보** 五十步百步 — 이거나 그거나 별 차이가 없어 … 330
- **절차탁마** 切磋琢磨 — 자르고 썰고 닦고 갈아야 … 333
- **무릉도원** 武陵桃源 — 마음속으로 그리는 이상향 … 337
- **귀거래사** 歸去來辭 — 나 돌아가련다! … 340
- **월하노인** 月下老人 — 남녀를 이어 주는 운명의 붉은 실 … 343

9 자주 쓰이는 고사성어

과유불급 過猶不及 −지나친 것을 경계하다	348
불초 不肖 −못나고 어리석은 자식	350
구사일생 九死一生 −죽을 고비를 넘기고 살아남다	352
권선징악 勸善懲惡 −선을 권하고 악을 벌하다	354
금상첨화 錦上添花 −좋은 것에 좋은 것을 더하다	356
도탄 塗炭 −그릇된 정치로 백성들이 고통에 빠지다	358
등용문 登龍門 −출세하는 관문	360
백문불여일견 百聞不如一見 −100번 듣기보다 한 번 봄이 낫다	362
사이비 似而非 −진짜처럼 보이는 가짜	364
살신성인 殺身成仁 −온몸을 바쳐 인을 이루다	366
상전벽해 桑田碧海 −몰라볼 정도로 세상이 달라지다	368
용두사미 龍頭蛇尾 −시작은 좋으나 끝은 흐지부지	370
오월동주 吳越同舟 −어려움이 닥치면 원수끼리 힘을 합친다	372
조강지처 糟糠之妻 −힘든 시절을 함께 고생한 아내	374
죽마고우 竹馬故友 −어려서 함께 자란 친구	376
천재일우 千載一遇 −좀처럼 만나기 어려운 기회	378
청출어람 靑出於藍 −제자가 스승보다 낫다	380
촌철살인 寸鐵殺人 −허를 찌르는 날카로운 문장	382
곡학아세 曲學阿世 −그릇된 학문으로 세상에 아부하다	384
타산지석 他山之石 −남의 허물이나 언행을 교훈으로 삼다	386
호접지몽 胡蝶之夢 −내가 나비인지, 나비가 나인지?	388

한 번에 쉽게 찾아보는 고사성어	390

1 춘추전국시대에 나온 고사성어

중국의 고대 왕조 주나라는 왕이 각 지역을 제후들에게 나누어 주어 다스리게 하는
봉건 제도를 실시했다. 대신 제후들은 왕에게 충성을 맹세했다.
기원전 770년, 주나라가 동쪽으로 도읍을 옮기고 이 관계에 금이 가면서
이때부터 춘추시대가 열렸다. 이때 수많은 제후국 가운데
제나라 환공·진나라 문공·초나라 장왕·오나라 부차·월나라 구천의
춘추 5패라 불리는 다섯 제후국이 차례로 패권을 차지했다.
춘추시대까지만 해도 제후국은 힘없는 주나라 왕실을 받들었다.
하지만 전국시대로 들어서면서 주나라 왕실을 무시하고 오로지 제후국들끼리
힘과 힘으로 대결하는 시대가 온다.
이 시대에 수많은 고사성어가 만들어지는데 과연 어떤 것들이 있을까?

管鮑之交
관포지교

자신을 알아주는 진짜 친구

궁금증 보따리

춘추시대
'춘추시대'는 공자가 지은 역사서 《춘추》에 기원전 770~476년 사이의 역사가 실려 있어 붙은 명칭이랍니다.

전국7웅
전국시대 대표 제후국 진秦·초楚·연燕·제齊·조趙·위魏·한韓 일곱 나라를 '전국7웅'이라 했어요. 7웅이 천하를 두고 다투다 기원전 221년, 마침내 진나라가 중국을 통일하면서 전국시대는 막을 내리죠.

*춘추시대 초기, *전국7웅이었던 제나라 사람 관중은 젊은 시절부터 포숙아와 둘도 없는 친구 사이였다. 포숙아는 뛰어난 재주를 가진 관중을 늘 아끼고 감싸 주었다. 두 사람은 한때 장사를 같이한 적이 있는데 관중이 이익을 더 많이 가져갔다. 주위에서 포숙아에게 말했다.

"왜 똑같이 고생해서 번 돈을 관중이 더 많이 가져가는 건가? 그는 욕심꾸러기야. 그런 친구와는 어울리지 말게."

"관중을 욕하지 말게. 우리 집보다 가난하기 때문에 그가 이익을 더 갖는 것뿐이니까."

그 후, 관중이 포숙아에게 은혜를 갚으려고 한 가지 일을 꾸몄지만 도리어 실패로 돌아가자 모두 그를 비웃었다. 그러나 포숙아는 관중을 어리석다 하지 않고 이렇게 격려했다.

"사람이란 실패도 있을 수 있는 법. 자네가 아직 좋은 기회를 만나지 못했기 때문이네. 기운을 내게나."

또 관중은 세 번이나 벼슬길에 나아갔으나 번번이 쫓겨나고 말았다.

"흑, 난 정말 무능하고 어리석은 사람인가 봐."

"아직 운이 트이지 않았기 때문이네. 자네가 큰 뜻을 펼 날이 언젠가 올 걸세."

다시 벼슬길에 오른 관중은 군사를 거느리고 싸움터에 나갔지만 번번이 싸움에 패하기 일쑤였다. 사람들은 그를 손가락질했다.

"관중은 겁쟁이야. 싸울 때마다 도망만 치잖아!"

하지만 포숙아는 이렇게 감싸 주었다.

"관중은 절대 겁쟁이가 아니오. 그에게는 보살펴야 할 늙은 어머님이 계시기 때문에 목숨을 아끼는 것이오."

그 무렵, 반란이 일어나자 관중은 첫째 왕자를 모시고 노나라로 피했다. 포숙아 역시 둘째 왕자를 모시고 이웃 나라로 몸을 피했다. 나중에 반란이 평정되고 두 사람은 적이 되었다. 왕의 자리를 두고 두 왕자가 다투었기 때문이다. 첫째 왕자를 왕으로 세우려던 관중은 둘째 왕자의 목숨을 노렸으나 실패하고 포숙아가 모시던 둘째 왕자가 왕위에 올랐다.

그가 바로 제나라 환공이었다. 환공은 자신을 노린 관중을 죽일 생각이었다. 이때 옛 친구인 포숙아가 환공에게 나아가 아뢰었다.

"관중은 뛰어난 재주를 가진 인재입니다. 왕께서 제나라만 다스린다면 모르되, 앞으로 천하를 통일할 꿈이 있다면 관중 같은 인물을 반드시 뽑아 쓰셔야 합니다."

환공은 매우 아량이 넓은 사람이라 포숙아의 말을 귀담아듣고 마침내 관중에게 '대부'라는 높은 벼슬을 내렸다. 관중은 나라를 잘 다스려 백성들에게 존경을 받았고 환공 또한 춘추시대, 훌륭한 정치를 펼친 왕으로 이름을 남겼다.

훗날, 관중은 포숙아와 나눈 우정을 이렇게 말했다.

"나를 낳아 준 이는 부모로되, 나를 알아준 이는 포숙아로다."

관중과 포숙아의 두터운 우정에서 '관포지교 管鮑之交'라는 말이 비롯했다. 진정한 친구라면 좋을 때나 어려울 때나 늘 함께할 수 있어야 한다. 그런 의미에서 관중은 정말 행복한 사람이었다.

관중이 부럽다면 우리 스스로 포숙아 같은 친구가 되어 보면 어떨까? 다른 사람이 자신의 진정한 벗이기를 바라기 전에 자기가 먼저 진정한 친구가 되어 준다면 관포지교를 부러워할 필요가 없다.

고사성어 돋보기

管

피리 관
- 부수 대나무 죽(竹)과 둥근 모양의 관(官)으로 이루어진 글자.
- 대나무로 만든 피리나 대롱, 기다란 관 모양 악기 등을 나타냄.
- 중국 성씨(姓氏) 가운데 하나.

보기 관악기 管樂器 관현악 管絃樂

鮑

절인 어물 포
- 물고기의 어(魚)와 소리를 나타내는 포(包)로 이루어진 글자.
- '소금에 절인 물고기'라는 뜻.

보기 포어 鮑魚

之

어조사 지
- 출발선에서 한 발짝 내딛음을 나타내므로 "간다"라는 뜻의 갈 지(之).
- 여기에서는 무엇 '~의'라는 어조사로 쓰였다.

보기 만인지상 萬人之上 일언지하 一言之下

交

사귈 교
- 사람 종아리가 엇갈려 겹쳐 있는 모습을 본뜬 글자.
- 다리가 엇갈리듯 사람 관계도 엇갈려 "사귀다"라는 뜻.

보기 교류 交流 교섭 交涉 교역 交易 교우 交友 교집합 交集合

관포지교 管鮑之交
– 관중과 포숙아 같이 두터운 우정

結草報恩
결초보은

죽어서도 보답하는 은혜

춘추시대, 진나라에 '위무자'라는 사람이 있었다. 그에게 아끼는 첩이 있었으나 둘 사이에 자식은 없었다. 위무자가 병이 들어 눕자 본처의 아들인 위과에게 말했다.

"첩이 아직 젊으니 내가 죽거든 다른 곳에 시집보내도록 해라."

그런데 병이 깊어지자 말을 바꾸었다.

"나를 묻을 때 첩도 함께 묻어라."

아버지가 돌아가시자 위과는 난감했다. 처음에는 시집보내라고 했다가 다시 자신과 함께 묻으라고 유언을 바꾸었기 때문이다. 한동안 고민하던 그는 결국 첩을 살려 주어 다른 곳으로 시집보냈다. 그 이유를 묻자 이렇게 대답했다.

"병이 깊어지면 생각이 흐려지기 마련이오. 정신이 맑을 때 아버지가 처음 남긴 유언을 따르는 게 옳다고 생각하오."

그 뒤, 진나라가 다른 나라에게 침략당하자 위과는 군대를 거느리고 전쟁터로 향했다. 양측이 싸움을 벌일 때 이상한 일이 일어났다. 위과의 군대는 적군의 공격에 몰려 위태로운 처지에 빠져 있었다. 그때 한 노인이 나타나 무성하게 자란 풀들을 잡아매어 온 들판에 매듭을 만들어 놓았다. 적군들은 말을 타고 공격해 오다 거기에 걸려 넘어져 이리저리 나뒹굴었다. 그 틈을 타, 공격하자 위과는 손쉽게 승리를 거둘 수 있었다. 적의 용맹한 장수 두회도 사로잡았다.

위과는 그 노인이 누구인지 궁금했지만 어디론가 홀연히 사라져 알 수 없었다. 그날 밤, 위과의 꿈에 그 노인이 나타나 말했다.

"나는 그대가 시집보내 준 여자의 친정아버지요. 그대가 첫 번째 유언대로 내 딸을 살려 주어, 그 은혜에 보답했다오."

이 이야기에서 '결초보은 結草報恩'이 유래했는데 "풀을 묶어 은혜를 갚는다"라는 뜻이다. 우리 속담에 "뿌린 대로 거둔다"라는 말이 있다. 이처럼 위과는 자신이 은혜를 베풀었기 때문에 훗날, 그 대가를 받았다. 반대로 노인은 죽어서까지 그 은혜를 잊지 않고 갚았다. 우리에게 이 고사성어는 은혜를 베푼 사람이나 받은 사람 모두에게 본보기가 될 만하다.

고사성어 돋보기

結 맺을 결
- 실타래의 사(糸)와 단단히 죄다의 길(吉)로 이루어진 글자.
- 실로 단단히 얽어 묶는다 하여 "맺다"라는 뜻.
- 보기 결과 結果 결론 結論 결혼 結婚 연결 連結 체결 締結

草 풀 초
- 부수 초두머리(艹, 艸)가 '풀, 풀의 싹'을 뜻함.
- 처음에는 艹(초)로 썼지만 나중에 조(早)를 곁들여 초(草)로 씀.
- 보기 불로초 不老草 약초 藥草 잡초 雜草 초가 草家 초록 草綠

報 갚을 보
- 수갑, 족쇄의 행(幸)과 사람을 복종시키는 모양을 본뜬 오른쪽 글자로 이루어짐.
- 죄를 짓고 대가를 치른다 하여 "갚다"라는 뜻.
- 보기 보답 報答 보복 報復 보상 報償 보수 報酬 보훈 報勳

恩 은혜 은
- 애지중지 아끼는 인(因)과 마음 심(心)으로 이루어져 "은혜를 베푼다"라는 뜻.
- 보기 배은망덕 背恩忘德 성은 聖恩 은사 恩師 은인 恩人 은총 恩寵

결초보은 結草報恩
– 풀을 묶어 은혜를 갚다

彌縫策
미봉책

임시방편으로 대충 때움

　춘추시대는 주나라 왕실이 점점 약해져 왕이 내린 명령이 제대로 먹히지 않았다. 또 제후들이 서로 싸움을 일삼으며 강자가 약자를 집어삼키는 시대이기도 했다.

　주나라 환왕은 무너져 가는 왕실 권위를 되찾고 싶었다. 이때, 제후국인 정나라 장공이 환왕의 허락도 없이 다른 나라로 쳐들어갔다. 환왕은 이를 괘씸하게 여겨 장공의 지위를 빼앗았다. 이를 못마땅해하던 장공 역시 때에 맞추어 왕실에게 예물을 바치던 조공을 멈추었다.

　환왕은 정나라를 치기로 하고 다른 제후들에게 참전을 명했다. 명을 받은 괵·채·위·진 네 나라에서 군대가 모였다. 환왕은 직접 총사령관이 되어 정나라를 공격하러 나섰다. 이렇게 왕이 직접 군사를 거느리고 나간 일은 춘추시대에 처음 있는 일이었다.

　한편, 정나라 장공은 큰 위기에 빠졌다. 하지만 그는 태연하게 방어 태세를 취했다. 양쪽 군대가 마주섰을 때 누군가 장공에게 말했다.

　"환왕의 연합군은 수가 많지만 약점이 있습니다. 바로 연합군 왼쪽 진영을 맡은 진나라 군대입니다. 이들은 나라 정치가 어지럽기 때문에 전쟁을 치를 힘이 없습니다. 먼저 진나라 군대부터 물리치는 게 상책일까 합니다. 그러면 환왕이 지휘하는 중앙군도 혼란에 빠질 것이고 나머지 오른쪽 군대도 진영이 무너져 힘을 못 쓰고 퇴각할 것입니다."

장공은 이 의견에 따라 크게 승리했다. 걷잡을 수 없이 무너진 연합군을 지휘하던 환왕은 어깨에 화살을 맞아 부상을 입었다. 장공의 신하가 도망치던 환왕의 군대를 계속 추격하려고 했지만 장공이 이를 말렸다.

"군자는 사람을 상하게 하지 말아야 하는데, 하물며 임금을 욕되게 하겠느냐? 본디 나라를 지키려고 전쟁을 치렀으니, 나라가 안전하다면 그걸로 족하니라."

이 전쟁으로 장공은 천하에 이름을 떨쳤는데 이때, 그가 쓴 전법이 **※오승미봉**伍承彌縫'이다.

오승미봉
전차 부대를 앞세우고 보병을 뒤따르게 하면서 전차 사이사이를 보병들로 연결한 전법입니다. 본디 '미봉'이란 터진 옷을 꿰매는 것을 말합니다. 헤진 옷을 바느질로 듬성듬성 깁듯이 전차 사이 틈을 보병들로 메웠던 거예요.

'**미봉책 彌縫策**'은 여기에서 비롯했다. 어떤 일의 빈 곳이나 잘못된 것을 근본적으로 해결하지 않고 '헤진 옷을 기워 입듯이 눈가림만 하는 일시적인 계책'을 말한다. 장마철에 천장에서 물이 새는데 지붕을 잠시 비닐로 덮었다면 미봉책이라 할 수 있다.

고사성어 돋보기

彌

기울 미
- 굽은 활을 본뜬 궁(弓)과 오래 끌다의 이(爾)로 이루어진 글자.
- "활시위를 느슨하게 함" 또는 "깁다"라는 뜻.

보기 미륵 彌勒 아미타경 阿彌陀經

縫

꿰맬 봉
- 실타래의 실 사(糸)와 만나다의 봉(逢)으로 이루어진 글자.
- "실(糸)로 꿰어서 합치다"라는 뜻.

보기 봉합 縫合 재봉 裁縫

策

채찍 책(꾀 책)
- 글자 위, 대나무 죽(竹)이 있어 말을 때릴 때 쓰는 '대나무 말채찍'을 뜻함.
- 오늘날, '꾀·책략'이라는 뜻으로 쓰임.

보기 대책 對策 부양책 浮揚策 속수무책 束手無策 해결책 解決策

미봉책 彌縫策
— 바늘로 꿰매듯 일시적으로 처리하는 꾀

同病相憐
동병상련

처지가 같은 사람끼리 딱하게 여기는

춘추시대, 오나라 왕 합려에게는 '오자서와 백비'라는 신하가 있었다. 본디, 둘 다 초나라 사람이었지만 두 사람이 오나라 왕을 섬긴 데는 그럴 만한 이유가 있었다. 오자서의 집안은 대대로 초나라에서 벼슬하며 충성을 다한 가문이었다. 하지만 그의 아버지와 형이 누명을 쓰고 죽은 뒤, 집안은 풍비박산이 나고 말았다. 오자서는 갖은 고생 끝에 겨우 오나라로 달아났다. 다행히 오나라 왕 합려가 그가 지닌 능력을 알아보고 함께 나랏일을 논했다.

그 무렵, 백비 집안 역시 비슷한 일을 당했다. 오자서는 초나라를 벗어나 오나라로 도망쳐 온 백비를 동정하여 합려에게 소개해 대부 벼슬을 받게 했다. 그러자 어떤 사람이 오자서에게 말했다.

"그대는 백비를 한 번 보고 어찌 그토록 믿는 거요?"

"그는 우리 집안과 비슷한 모함을 받아 도망쳐 온 몸입니다. 우리는 똑같이 초나라 왕에게 원한을 품고 있습니다."

"그렇긴 하지만 백비의 눈길은 매와 같고 걸음걸이는 호랑이와 같으니, 눈 하나 깜짝하지 않고 사람을 죽일 수도 있는 잔인한 성품입니다.

가깝게 지내면 화를 당할 수도 있으니 조심하십시오."

"충고는 고맙지만 지나친 말이오. [하상가]라는 노래에 이런 말도 있지 않소? '같은 병을 앓으니 서로 불쌍히 여기고 같은 걱정이 있으니 서로 구해 주네. 놀라서 나는 새들은 서로 모여서 날아가고 여울 밑의 물도 함께 모여 흐르네.' 우리는 똑같은 아픔을 가지고 있으니 서로 도와야 합니다."

두 사람은 오왕 합려를 도와 마침내 초나라 왕의 군대를 무찌르고 오랜 원한을 풀었다.

'동병상련 同病相憐'은 이 고사에서 비롯했다. "같은 병을 가진 사람끼리 서로를 가엾게 여긴다"라는 뜻이다. 오자서가 백비에게 동정심을 느꼈듯, 비슷한 처지나 고통을 겪는 사람끼리 서로 동정함을 빗댄 말이다. 홍수가 나서 같이 물난리를 겪고 지진 때문에 같은 피해를 입었다면 동병상련의 아픔이라고 말할 수 있다.

고사 속 숨은 이야기

오자서와 백비는 어떤 사이였을까?
이야기처럼 훗날, 두 사람은 합려의 아들 부차를 섬겼어요. 이때, 오나라와 월나라가 크게 싸우는데 백비는 월나라에게 뇌물을 받고 오자서를 모함에 빠뜨려 죽이고 맙니다. 결국, 백비는 자기를 이끌어 준 은혜를 원수로 갚은 사람이 되고 말았습니다.

고사성어 돋보기

同病相憐

같을 동
- 여러 사람의 말(口)이 하나(一)로 모여 "같다, 화합하다"라는 뜻.
- 보기: 공동 共同 동료 同僚 동맹 同盟 동의 同意 합동 合同

병 병
- 병으로 자리에 누운 병질 엄(疒)과 퍼지다, 넓어지다의 병(丙)으로 이루어진 글자.
- "상처나 병이 더해 감"이라는 뜻.
- 보기: 간병 看病 발병 發病 병균 病菌 병원 病院 전염병 傳染病

서로 상
- 재목을 고르려고 나무(木)를 살펴본다(目) 하여 생긴 글자.
- 나무와 눈이 서로 마주 본다 하여 '서로'를 뜻함.
- 보기: 상담 相談 상대 相對 상통 相通 상호 相互 양상 樣相

불쌍히 여길 련
- 마음의 심방변(忄, 心)과 도깨비불 린(粦)으로 이루어진 글자.
- 이리저리 움직이는 도깨비불처럼 마음이 어지럽고 슬퍼 "불쌍히 여기다"라는 뜻.
- 보기: 가련 可憐 애련 哀憐 연민 憐憫

동병상련 同病相憐
— 같은 병을 앓아 서로를 가엾게 여기다

臥薪嘗膽
와신상담

고난을 견디고 뜻한 바를 이루는

오나라와 월나라는 서로 가깝게 위치하면서 원수처럼 으르렁거렸다.

춘추시대 말기, 오나라 왕 합려와 월나라 왕 구천이 '추리'라는 곳에서 크게 싸움을 벌였다. 이 전투에서 크게 다친 오왕 합려는 죽으면서 아들인 부차를 불러 말했다.

"월왕 구천에게 아비의 원수를 갚아다오!"

새로 오나라 왕이 된 부차는 복수를 맹세했다. 그는 그 맹세를 잊지 않으려 부드러운 자리를 버리고 딱딱한 장작더미를 깔고 누웠다. 그리고 아침저녁으로 궁을 출입할 때마다 사람들에게 이렇게 외치도록 했다.

"부차야, 너는 월나라 사람들이 네 아버지를 죽인 일을 잊었느냐?"

부차는 복수의 칼을 갈며 밤낮없이 군사를 훈련시켰다. 이러한 낌새를 눈치 챈 월왕 구천은 먼저 싸움을 걸어왔다. 하지만 복수에 불타는 오나라 군사에게 도리어 지고 말았다. 부차는 승세를 몰아 월나라 수도인 회계까지 쳐들어갔다. 구천과 월나라 군사들은 회계산 꼭대기에 포위된 채, 꼼짝달싹도 하지 못했다. 살아남으려면 항복하는 수밖에 없었던 월왕 구천은 오왕 부차에게 자신의 뜻을 전했다.

"이제부터 왕의 자리를 버리고 오나라 신하가 되겠소."

부차는 항복을 받아들이고 구천을 오나라로 불러 자기 노예로 삼았다. 구천은 나라 정치를 신하들에게 맡기고 오나라로 갔다. 그리고 3년 동안 부차의 마구간에서 말을 돌보는 일을 했다. 심지어 부차가 병이 들자 그의 대변까지 맛보면서 몸소 간호하기도 했다. 물론 이런 치욕을 견딘 것은 훗날을 꾀하려는 속셈이 있었기 때문이다.

오왕 부차는 그가 보인 정성에 마음이 누그러져 구천을 놓아주었다. 월나라로 돌아온 구천은 치욕을 갚으려고 이를 갈았다. 그는 자기 마음이 나태해질까 염려해 머리맡에 쓸개를 달아 놓았다. 그러고는 앉으나 서나, 밥을 먹거나 잠을 잘 때마다 쓰디쓴 쓸개를 핥으며 말했다.

"너는 지난날에 당한 치욕을 잊었느냐?"

구천은 이렇듯 복수를 다짐하며 기회를 노렸다. 그는 손수 밭을 갈

고 부인은 길쌈을 하였다. 또 고기반찬을 먹지 않고 백성들과 고락을 같이하며, 어질고 현명한 인재를 후하게 대접해 관리로 삼았다.

그러기를 10여 년. 마침내 오나라가 빈틈을 보이자 월나라는 가차 없이 공격해 들어갔다. 이번에는 거꾸로 구천이 오나라 수도 고소성을 포위해 부차에게 항복을 받았다. 지난날의 치욕을 씻자, 구천은 부차를 귀양 보내어 그곳에서 여생을 마치게 하려 했다. 그러나 부차는 그 호의를 뿌리치고 스스로 목을 베어 죽고 말았다.

이 이야기에서 '와신상담 臥薪嘗膽'이 비롯했다. 원수를 갚고자 부차가 장작더미 위에 눕고 구천이 쓸개를 맛본 것처럼 "어떤 목표나 큰 뜻을 이루고자 어떠한 고난도 참고 이겨 낸다"라는 뜻이다. 공부를 하든 일을 하든 약간의 실패를 겪더라도 와신상담의 자세로 임한다면 꼭 성공에 이를 수 있다는 사실을 깊이 새겨 두자.

고사성어 돋보기

臥 누울 와
- 아래쪽으로 향하는 눈을 본뜬 신(臣)과 사람 인(人)으로 이루어진 글자.
- 눈을 아래쪽으로 내리감고 "누워서 쉼"을 뜻함.

보기 와룡 臥龍 와병 臥病 취와(술에 취해 누움) 醉臥

薪 섶나무 신
- 풀의 초두머리(艹, 艸)와 베다의 신(新)으로 이루어진 글자.
- 도끼로 벤 나무, '땔나무'라는 뜻.

보기 시신(땔나무) 柴薪 신초(땔나무) 薪樵 신탄(땔나무와 석탄) 薪炭

嘗 맛볼 상
- 대보다의 상(尙)과 맛있는 것을 뜻하는 지(旨)로 이루어진 글자.
- 맛있는 것을 "혀에 대다, 맛보다"라는 뜻.

보기 상미(맛보다) 嘗味 상약 嘗藥

膽 쓸개 담
- 사람 살과 몸의 육달월(月, 肉)에 차양의 뜻을 지닌 담(詹)으로 이루어진 글자.
- 간장을 차양 삼아 자리한 신체 기관, '쓸개'를 뜻함.

보기 간담 肝膽 낙담 落膽 담력 膽力 대담 大膽

와신상담 臥薪嘗膽
— 땔나무 위에 눕고 쓸개를 맛보다

東施效矉
동시효빈

흉내만 내면 나도 미인?

중국 역사에서 가장 유명한 미인으로는 양귀비와 함께 서시가 꼽힌다.

서시의 아름다움을 극찬하는 말로 '침어沈魚'가 있다. 강물에 서시가 비치자 그 아름다움에 반한 물고기가 헤엄치는 것도 잊고 강바닥에 가라앉았다는 말이다. 과장이 심하지만 미모가 그만큼 빼어났다는 뜻으로 받아들일 수 있다.

서시는 월나라 출신으로 본디 나무꾼 아버지와 베 짜던 어머니를 도와 '약야계'란 냇가에서 빨래하던 소녀였다. 그녀가 세상 밖으로 나온 것은 범려 때문이었다. 범려는 '와신상담'이라는 고사성어의 주인공인 월왕 구천의 신하이다. 범려는 구천을 도와 오나라에 원수를 갚으려고 온갖 계략을 짜냈다.

이때, 오왕 부차를 무너뜨릴 계략으로 미인계가 나왔는데 뛰어난 미모를 가진 서시가 그 적임자였다. 지난날, 구천은 부차에게 당한 치욕을 잊지 않으려고 걸어 둔 쓸개를 맛보면서 다른 한편으로는 오왕 부차에게 해마다 많은 금은보화와 미녀를 예물로 바쳐 그를 안심시켰다. 서시도 오왕 부차에게 바친 미녀들 가운데 한 사람이었다.

당시 범려는 서시와 깊은 사랑에 빠져 있었지만 나라를 위해 그녀를 오왕 부차에게 바칠 수밖에 없었다. 고국의 원수를 갚고자 눈물을 머금고 헤어져야 했으니 두 사람에게 참으로 가혹한 운명이었다.

서시를 바친 효과는 즉시 나타났다. 아무리 미녀를 바쳐도 거들떠보지 않던 부차가 그녀를 보자 한눈에 반해 버렸다. 서시의 발걸음 소리도 듣기 좋았는지, 그녀를 위해 지어 준 궁 안에는 서시의 발소리를 듣는 '문공랑'이라는 회랑까지 있었다고 한다.

그러나 서시는 범려를 생각해서인지 오나라 왕비 생활이 즐겁지 않은 듯 미간을 찌푸릴 때가 많았다. 그런데 우수에 젖은 듯 눈썹을 찡그린 그녀는 더욱 예쁘게 보였다고 한다. 그 모습을 본 오나라 궁의 *못생긴 여인*들이 서시를 따라 했다. 서시처럼 예쁘게 보일 줄 알고 못생긴 얼굴을 찌푸리니 더욱 꼴불견일 수밖에! 사실 서시는 가슴앓이병이 있어

> **궁금증 보따리**
>
> **못생긴 여인이 궁에?**
> 궁에서 일하는 궁녀들이 모두 예뻤을 거라는 생각은 천만의 말씀! 왕비의 외모를 돋보이게 하려고 일부러 못생긴 여자들을 궁녀로 많이 뽑았다고 합니다.

서 간혹 손으로 가슴을 지그시 누르며 얼굴을 찡그렸다. 당시 서시 흉내를 내던 동쪽 나라 못난 여인들을 '동시'라 했는데 오나라가 월나라 동쪽에 있기도 했거니와 서시를 빗대어 동시라 부른 것이다.

'동시효빈 東施效矉'은 못생긴 여인들이 무작정 서시가 찡그리는 모습을 따라 했다고 해서 비롯했다. 이는 억지로 남을 따라 하지만 결국 웃음거리밖에 안 되는 경우를 이르는 말이다. 동시효빈이라 손가락질 받지 않으려면 무조건 남을 따라 하기보다 자기중심을 가지고 행동해야 한다.

고사 속 숨은 이야기

서시와 도주공

오왕 부차가 서시에게 빠진 탓에 오나라는 월나라에게 완전히 망해 버렸습니다. 부차가 자살하자 범려는 벼슬을 버리고 오나라 왕비였다가 과부가 된 서시와 어떤 섬에 숨어 버렸다고 해요. 일찍이 범려는 월왕 구천의 관상을 보고 어려움은 함께 할 수 있어도 즐거움은 함께 누릴 수 없는 사람이라고 생각했어요. 그래서 목적을 이룬 구천이 신하들을 없애리라 보고 미리 몸을 피했죠. 오랜 세월 뒤, 산동 지방에 '도주공'이라는 이름을 가진 큰 부자가 나타났어요. 그의 아내는 꽃처럼 아름다웠으며 부부 금슬도 아주 좋았답니다. 이 도주공이 '범려'이고 아내는 '서시'였어요.

고사성어 돋보기

東 동녘 동
- 나무 목(木)과 날 일(日)로 이루어진 글자.
- 해가 동산에 떠오르면서 나무(木)에 걸린 모습을 나타내 '동쪽'이라는 뜻.

  보기 동남아 東南亞 동대문 東大門 동서남북 東西南北 동해 東海

施 베풀 시
- 깃발의 언(㫃)과 넘실거리다의 야(也)로 이루어진 글자.
- 깃발이 펄럭이는 곳에서 사람들이 뭔가를 놓아 "벌이다, 베풀다"라는 뜻.

  보기 시상식 施賞式 시술 施術 시행 施行 실시 實施

效 본받을 효
- 교(交)는 배울 학(學)과 통해 "배우다"라는 뜻.
- 등글월문(攵, 攴)은 나무 채찍을 손에 든 모양을 본떠 "때리다"라는 뜻.
- 배우다의 교(交)와 때리다의 등글월문(攵, 攴)을 더해 채찍질하여 "배우게 하다, 본받다"라는 뜻.

  보기 실효성 實效性 효과 效果 효력 效力 효율성 效率性

顰 찡그릴 빈
- 주름지다의 빈(頻)과 작다의 비(卑)로 이루어진 글자.
- 작은 주름이 진다 하여 "얼굴을 찡그리다"라는 뜻.

  보기 빈축 顰蹙

동시효빈 東施效顰
– 동시들이 찡그리는 서시를 본뜨다

相思病 상사병

사랑을 이루지 못해 생긴 병

춘추전국시대, 송나라는 대국이었으나 강왕에 이르러서 나라가 송두리째 흔들렸다. 강왕은 술과 여자에 빠져 세월을 보냈다. 그는 성격이 포악해 옳은 말을 하는 신하가 있으면 가차 없이 죽이는 일도 서슴지 않았다.

강왕의 신하 가운데 '한빙'이라는 이가 있었다. 그의 부인 하씨는 절세미인으로 유명했다. 하씨가 탐난 강왕은 그녀를 후궁으로 삼고 한빙에게 죄를 뒤집어씌워 변방으로 귀양을 보냈다. 하지만 하씨는 한빙을 못 잊어 다음처럼 편지를 보냈다.

비가 많이 내려 강은 넓어지고 물이 깊어졌는데, 해가 뜨면 마음을 먹을 것입니다.

이 편지는 한빙에게 가지 못하고 강왕의 손에 들어갔다. 강왕이 수수께끼 같은 편지의 뜻을 묻자 한 신하가 대답했다.

"비가 많이 내린다는 것은 마음속에 비가 내리듯 애틋하게 그리워하고 강은 넓어지고 물이 깊어졌다는 것은 서로 오갈 수 없다는 뜻이며, 해가 뜨면 마음을 먹을 것이다는 차라리 죽을 마음을 먹겠다는 뜻입니다."

얼마 후, 한빙은 억울함을 이기지 못하고 자살했다. 이 소식을 들은 하씨도 스스로 목숨을 끊었는데 이렇게 유서를 남겼다.

왕께서는 사는 것을 행복으로 여기지만 신첩은 죽는 것을 행복으로 여깁니다. 바라건대 한빙과 함께 묻어 주십시오.

왕과 함께 사는 것이 큰 불행이니 차라리 죽어서라도 한빙과 함께하겠다는 말이었다. 화난 강왕은 일부러 그 둘의 무덤을 떨어뜨린 채, 서로 마주 보게 만들었다.

"너희들은 죽어서도 사랑을 나누겠다는 것이냐? 그럼, 어디 무덤을 하나로 합쳐 보아라. 그것까지는 내가 막지 않겠노라!"

그날 밤, 무덤 끝에서 나무 두 그루가 자라더니 열흘도 안되어 아름드리나무로 자랐다. 나무는 서로를 감싸듯 휘어져 위로는 가지가 얽히고 아래로는 뿌리가 맞닿았다. 다정한 원앙새 한 쌍이 그 나무에 앉아 서로 목을 겹치며 슬피 울었다. 눈물을 흘리던 사람들은 이 새를 한빙과 부인 하씨의 넋이라 여기고 새가 앉았던 나무를 서로 애타게 그리워하는 나무라 하여 '상사수'라 불렀다.

'상사'라는 말은 여기에서 유래했다. 남녀가 사랑을 이루지 못한 채, 몹시 그리워하여 생기는 병이 '상사병 相思病'이다. 청소년 때는 상사병이 아니더라도 누군가를 그리워하며 밤을 지새우는 일을 겪기 마련이다. 이 또한 사람이 커 가면서 앓는 성장통이라 할 수 있다.

고사성어 돋보기

相思病

相 서로 상
- 재목을 고르려고 나무(木)를 살펴본다(目) 하여 생긴 글자.
- 나무와 눈이 서로 마주 본다 하여 '서로'를 뜻함.
- 보기 상담 相談 상대 相對 상통 相通 상호 相互 양상 樣相

思 생각할 사
- 신(囟)의 변형 글자 전(田)과 마음 심(心)으로 이루어진 글자.
- 신(囟)은 아이 뇌를 본뜬 글자로 머리나 가슴으로 "생각함"이라는 뜻.
- 보기 사고 思考 사모 思慕 사상 思想 사색 思索 의사 意思

病 병 병
- 병으로 자리에 누운 병질 엄(疒)과 퍼지다, 넓어지다의 병(丙)으로 이루어진 글자.
- "상처나 병이 더해 감"이라는 뜻.
- 보기 간병 看病 발병 發病 병균 病菌 병원 病院 전염병 傳染病

상사병 相思病
— 남녀가 서로를 못 잊어 그리워하다 생기는 병

狡兎三窟
교토삼굴

앞으로 닥칠 위기를 미리 준비하다

전국시대, 제나라에 '맹상군'이라는 이름난 인물이 있었다. 왕족의 한 사람인 그는 나라에서 대단한 힘과 많은 재산을 가지고 있었다. 그의 집에는 늘 식객들로 붐볐다. 예전에는 세력가 집에 얹혀살면서 밥을 얻어먹는 사람들이 많았는데 이를 '식객'이라 불렀다. 맹상군은 식객들과 어울려 세상 돌아가는 이야기를 즐겨했다. 그의 집에 머물던 식객들은 많을 때는 3,000명에 이를 정도였다. 이 소문을 듣고 '풍환'이라는 사람이 찾아와 식객이 되었다.

그 무렵, 맹상군은 '설'이라 불리는 지역을 다스리고 있었다. 그 지역 백성들에게 돈을 빌려 주고 이자를 받아 수많은 식객을 먹여 살렸다. 그런데 돈을 빌린 백성들 가운데 갚지 않는 이들이 많았다.

'누굴 보내서 돈을 갚으라고 하면 좋을까?'

이런 궁리를 하고 있을 때 1년 동안 하는 일 없이 밥만 축내던 풍환이 나섰다. 맹상군이 허락하자 그는 이렇게 물었다.

"빚을 받은 다음에 사 올 것은 없습니까?"

"무엇이든 좋소. 여기에 없는 것을 사 오시오."

설 땅에 도착한 풍환은 그곳 사람들을 모아서 빌린 돈을 적은 문서를 하나하나 살피고 여유가 있는 이들부터 이자를 받았다. 그러고 나서 사람들에게 말했다.

"맹상군께서는 여러분들의 힘겨운 삶을 누구보다 잘 알고 있소. 그래서 앞으로 모든 빚을 깨끗이 없애 주라고 하셨소."

풍환이 모아 놓은 문서 더미에 불을 지르자 설 땅 백성들은 만세를 부르며 좋아했다. 풍환이 돌아오자 맹상군이 물었다.

"그대는 무엇을 가져왔는가?"

"지금 공께 부족한 것은 은혜와 의리입니다. 차용증을 불살라 설 땅 백성들에게 돈을 주고도 사기 힘든 은혜와 의리를 얻어 왔습니다."

이에 맹상군은 기분이 매우 언짢았지만 그냥 넘어갔다.

1년 후, 맹상군이 새로 즉위한 민왕에게 미움을 받아 재상에서 물러나자 식객들은 모두 뿔뿔이 떠나 버렸다. 풍환은 맹상군에게 잠시 설 땅에 머물기를 권유했다. 맹상군이 설 땅으로 옮겨 가자 백성들이 100리 밖까지 나와 환영했다. 그제야 맹상군이 풍환에게 말했다.

"선생이 전에 은혜와 의리를 얻었다고 한 뜻을 이제야 깨달았소."

"꾀 많은 토끼는 구멍을 세 개나 뚫는다 했습니다. 지금 겨우 굴 한 개를 뚫었으니 나머지 두 개의 굴도 마저 뚫어 드리겠습니다."

그 후, 풍환은 위나라로 가서 혜왕을 설득했다.

"제나라 왕이 그를 버렸으니, 지금 맹상군의 마음은 원망으로 가득 차 있을 것입니다. 예물을 보내 그를 맞으신다면 장차 위나라에 큰 이득이 생길 것입니다."

혜왕 역시 그 이름을 익히 들은 터라 풍환의 말에 따라 금은보화를 준비해 맹상군을 초청했다. 하지만 그는 풍환이 시킨 대로 무려 세 차례나 거절했다. 이 소식이 제나라에 알려지자 민왕은 아차 싶었다. 맹상군의 진가를 알아차린 민왕은 그를 다시 재상 자리에 앉혔다. 맹상군을 위나라에 빼앗긴다면 여러모로 손실이 컸기 때문이다. 이로써 두 번째 굴이 완성되었다.

마지막으로 풍환은 맹상군에게 설 땅에 조상 위패를 모실 종묘를 세우도록 했다. 조상의 종묘가 맹상군이 다스리는 땅에 있다면 왕의 마음이 바뀌어도 그를 함부로 대하지 못하기 때문이었다. 풍환은 맹상군에게 말했다.

"이것으로 굴 셋이 완성되었습니다. 이제부터 베개를 높이 베고 근심 없이 지낼 수 있습니다."

맹상군은 수십 년 동안 재상으로 있으면서 별다른 화를 입지 않았는데 이는 풍환이 세 보금자리를 마련해 준 덕이다. '교토삼굴 狡兎三窟'은 여기에서 비롯했다. "앞날을 위해 미리 준비해 놓으면 뜻하지 않은 불행에 대비할 수 있다"라는 뜻이다.

고사성어 돋보기

狡

교활할 교
- 개의 개사슴록변(犭, 犬)과 사귀다의 교(交)로 이루어진 글자.
- 개 같은 사귐이라 하여 "교활하다"라는 뜻.

  보기 교리(교활한 관리) 狡吏 교사(간사한 꾀로 남을 속임) 狡詐
  교활 狡猾

兎

토끼 토
- 긴 토끼 귀와 짧은 꼬리를 본떠 '토끼'라는 뜻.

  보기 옥토 玉兎 토영 兎影

三

석 삼
- 세 손가락을 옆으로 펴거나 나무젓가락 세 개를 옆으로 놓은 모양을 나타내 '셋'이라는 뜻.

  보기 삼각형 三角形 삼박자 三拍子 삼일절 三一節

窟

굴 굴
- 구멍 혈(穴)과 몸을 굽히다의 굴(屈)로 이루어진 글자.
- 몸을 굽히고 들어가는 '구멍, 굴'이라는 뜻.

  보기 굴방 窟房 동굴 洞窟 석굴암 石窟庵 소굴 巢窟

교토삼굴 狡兎三窟
– 꾀 많은 토끼는 굴을 세 개 만든다

和氏之璧
화씨지벽

미처 알아보지 못한 보배

《한비자》에는 '화씨벽'이라는 신비한 구슬 이야기가 나온다.

춘추시대, 초나라 사람 화씨가 산에서 옥돌을 주워 왕에게 바쳤다.

옥돌을 받은 여왕은 옥장이에게 살펴보라 일렀다. 옥장이는 흔해 빠진 돌이라고 했다. 여왕은 화씨가 자기를 속였다며 왼쪽 다리를 자르는 형벌을 내렸다. 여왕의 뒤를 이어 무왕이 즉위하자 화씨는 다시 옥돌을 바쳤다. 무왕 역시 옥장이에게 옥을 살펴보라 했지만 또 평범한 돌덩이라는 답을 얻었다. 무왕 역시 그의 오른쪽 다리를 잘랐다.

무왕이 죽고 문왕이 즉위하자 화씨는 옥돌을 얻은 산 아래로 가 옥돌을 끌어안고 사흘 밤낮을 대성통곡했다. 눈물이 다 마르고 화씨의 눈은 마침내 피가 흐를 지경이 되었다. 이 소식을 들은 문왕이 이상하게 여겨 사람을 보내 그 까닭을 물었다.

"세상에 두 다리를 잘린 사람이 어디 당신뿐이겠소? 그대는 어찌 그리 슬피 울고 있소?"

화씨가 고개를 가로저으며 말했다.

"두 다리가 잘려서 우는 것이 아닙니다. 이처럼 귀한 옥을 한낱 돌덩이라 부르고 곧은 마음을 가진 사람을 사기꾼으로 몰아세우니 슬픈 것입니다."

문왕이 옥장이에게 명을 내려 옥돌을 다듬게 하니 천하에 둘도 없이 영롱한 빛을 내는 보물이 모습을 드러냈다. 문왕은 곧 화씨에게 많은 상을 내리고 그 이름을 따서 옥을 '화씨지벽 和氏之璧'이라 불렀다. '화씨의 벽옥'이라는 뜻으로 '화씨벽'이라 부르기도 한다. 전설상의 보물이나 아끼는 물건, 또는 다른 사람을 깨우쳐 주기가 쉽지 않음을 빗대는 말로도 쓰인다. 이 화씨벽에서 완벽이라는 고사성어도 생겼다.

고사성어 돋보기

和

화할 화
- 벼의 화(禾)와 입의 구(口)로 이루어진 글자.
- 수확한 벼를 여럿이 나누어 먹는다 하여 "화목하다"라는 뜻.

  보기 조화 調和 완화 緩和 평화 平和 화해 和解

氏

각기 씨
- 글자 유래가 분명치 않으나 뿌리를 본뜬 것으로 보기도 함.
- 사람 뿌리인 성씨나 나라 이름을 뜻하는 글자.

  보기 무명씨 無名氏 성씨 姓氏 씨족 氏族 창씨개명 創氏改名

之

어조사 지
- 출발선에서 한 발짝 내딛음을 나타내므로 "간다"라는 뜻의 갈 지(之).
- 여기에서는 무엇 '~의'라는 어조사로 쓰였다.

  보기 만인지상 萬人之上 일언지하 一言之下

璧

구슬 벽
- 임금을 뜻하는 벽(辟) 아래에 구슬 옥(玉)으로 이루어진 글자.
- 임금이 가지는 귀한 옥, 즉 고리 모양의 '둥근 옥구슬'이라는 뜻.

  보기 벽옥 璧玉 쌍벽 雙璧 야광벽 夜光璧 완벽 完璧

화씨지벽 和氏之璧
– 미처 알아보지 못한 화씨의 옥구슬

完璧
완벽

흠이 없는 상태

전국시대, 조나라 혜문왕은 아주 귀한 보물을 손에 넣었다. 보물은 화씨지벽을 만들어 낸 바로 그 옥구슬이었다.

"화씨벽이 조나라 왕의 손에 있다고?"

진나라 소양왕은 옥구슬이 탐나 어떻게든 손에 넣으려 하다 이런 제안을 혜문왕에게 보냈다.

진나라 성 열다섯 개를 내줄 테니 화씨벽과 바꾸면 어떻겠소?

약소국인 조나라 입장에서는 아주 난처했다. 거절한다면 강대국인 진나라가 이를 구실로 전쟁을 걸어올 테고 순순히 옥구슬을 건네도 약속대로 성 열다섯 개를 정말로 내줄지 알 수 없었다. 혜문왕은 신하들과 상의 끝에 꾀와 용기를 갖춘 '인상여'라는 사람을 보내기로 했다. 진나라로 떠나기 전, 인상여는 왕에게 맹세했다.

"성 열다섯 개가 조나라에 들어오면 화씨벽을 진나라에 두고 오겠지만, 성이 들어오지 않으면 조나라로 온전히 가지고 오겠습니다."

진나라로 간 인상여가 옥구슬을 바치자 소양왕이 이리저리 살피며 말했다.

"흐음, 과연 소문대로 귀한 보물이로다!"

감탄한 소양왕은 신하들에게 돌려보도록 했다. 소양왕과 신하들은 옥구슬을 완전히 가진 듯, 기뻐했지만 성을 준다는 말은 하지 않았다. 옥구슬만 빼앗고 그들이 성은 줄 생각이 없음을 눈치 챈 인상여가 말했다.

"전하, 그 화씨벽에 있는 딱 한 군데 조그마한 흠을 가르쳐 드리겠습니다."

옥구슬을 도로 받아 쥔 순간, 인상여는 잽싸게 기둥 옆으로 가서 우뚝 섰다. 그러고는 소양왕에게 분노하며 소리쳤다.

"우리 조나라는 귀국과의 의리를 중히 여겨 이렇듯 화씨벽을 가져왔습니다. 어찌하여 왕께서는 약속하신 성 열다섯 개를 주지 않으십니까? 약속을 지키지 않으면 기둥에 제 머리와 이 옥구슬을 부딪쳐 산산조각 내겠습니다."

뜻밖의 사태에 소양왕은 크게 당황하며 소리쳤다.

"그만두시오! 약속을 지키겠소."

인상여는 엉겁결에 말을 내뱉은 소양왕을 믿을 수 없었다. 그래서 다음 날, 다시 논하자는 핑계를 대며 조나라로 몰래 옥구슬을 보내 버렸다. 진나라 신하들이 무례한 인상여를 죽여야 한다고 했지만 소양왕은 사내대장부다운 용기에 감탄하며 조나라로 돌려보내 주었다.

'완벽 完璧'은 여기에서 비롯했다. 인상여가 성을 주지 않으면 옥구슬을 반드시 조나라로 온전히 가져 오겠다고 한 말에서 '완벽귀조 完璧歸趙'가 유래했다. 이를 줄여서 '완벽'이라고 한다. 요즘은 어떤 흠이나 결점 없이 완전함을 뜻하는 말로 주로 쓰인다.

고사성어 돋보기

完 완전할 완
- 집을 뜻하는 갓머리(宀)와 으뜸 원(元)으로 이루어진 글자.
- 집이나 건물 등을 완전하게 꾸며 "모든 일에 흠이 없음"이라는 뜻.

보기 미완 未完 완료 完了 완성 完成 완전 完全 완치 完治

璧 구슬 벽
- 임금을 뜻하는 벽(辟) 아래에 구슬 옥(玉)으로 이루어진 글자.
- 임금이 가지는 귀한 옥, 즉 고리 모양의 '둥근 옥구슬'이라는 뜻.

보기 벽옥 璧玉 쌍벽 雙璧 야광벽 夜光璧

완벽 完璧
— 티 없는 구슬, 또는 흠잡을 데가 없다

刎頸之交
문경지교

목숨을 나눌 수 있는 친구

　　전국시대, 조나라 인상여는 화씨벽을 둘러싼 다툼을 잘 해결하고 돌아와 '완벽'이라는 고사성어를 만든 주인공이다. 그 공을 인정받아 그는 상대부 벼슬을 받았다. 3년 후, 진왕이 조왕에게 '면지'라는 곳에서 만남을 청했다. 조왕은 진나라가 두려워 응하고 싶지 않았다. 하지만 비겁한 모습을 보이기 싫어 별수 없이 그 자리에 나갔다. 진왕은 조왕을 망신 주려고 일부러 그 자리를 마련했는데 옆에 있던 인상여가 조왕을 구해 주었다. 또 꾀를 써서 진왕을 궁지에 몰아넣기도 했다. 그 공으로 인상여는 다시 상경이라는 더 높은 벼슬을 얻었다. 상경은 당시 뛰어난 조나라 장수 염파보다 윗자리였다. 염파는 이를 매우 불쾌하게 여기며 이렇게 말했다.

　　"조나라 장군인 나는 전쟁에서 큰 공을 세웠다. 그런데 인상여는 겨우 입과 혀를 조금 놀렸을 뿐인데 나보다 지위가 높다. 더구나 인상여는 본디 천한 출신 아닌가? 도저히 부끄러워 그의 밑에 있을 수 없구나. 인상여를 만나면 기필코 모욕을 주고 말리라!"

　　인상여는 이 말을 전해 듣고 염파와 마주치지 않으려 애를 썼다. 조회가 있을 때에도 병을 핑계대고 잘 나가지 않았다. 염파와 지위 다툼을 하지 않기 위해서였다. 그뿐만 아니라 외출했을 때도 멀리에서 염파가 오면 급히 수레를 끌고 숨었다. 그를 따르던 부하들은 슬며시 화가 치밀어 불평을 쏟아 놓았다.

"우리는 사내대장부다운 기개와 의기를 우러러 상공을 모시고 있습니다. 지금 상공께서는 염파에게 모욕을 당할까 두려워 피하고 숨기만 합니다. 이는 평범한 사람들도 부끄러워하는 일이거늘 공은 상경이 아닙니까? 저희는 이를 두고 볼 수 없어 떠날까 합니다."

인상여가 이들을 붙들며 물었다.

"그대들은 염 장군과 진왕 중 누가 더 무서운 사람이라 여기는가?"

"염 장군보다야 진왕이 훨씬 더 무섭지요."

"그럼, 내 말을 잘 듣게. 나는 일찍이 진왕을 두려워하지 않고 궁에

서 그와 당당히 맞서며 그 신하들을 꾸짖었다. 그런 내가 어찌 염 장군을 두려워하겠는가? 다만 강한 진나라가 감히 우리를 공격하지 못하는 것은 나와 염 장군 두 사람이 버티고 있기 때문이다. 두 마리 호랑이가 서로 물어뜯고 싸운다면 그 결과가 어떻겠나? 둘 다 무사하지 못하거나 어느 한쪽은 죽고 말 테지. 나는 나라를 먼저 생각하고 사사로운 원한을 뒤로 제쳐 두어 염 장군을 피하고 있다네."

부하들은 비로소 인상여의 깊은 마음을 깨닫고 눈물을 글썽거리며 속이 좁은 행동을 뉘우쳤다. 이 이야기를 듣고 부끄러움을 느낀 염파 장군도 인상여를 찾아가 스스로 벌을 청했다. 염파는 웃통을 발가벗고 가시나무 묶음을 등에 진 채, 대문을 두드렸다. 그 가시나무로 자신을 때려달라는 마음을 드러낸 것이다.

"나를 벌해 주시오. 내가 어리석어 상공의 깊고 넓은 뜻을 모르고 함부로 굴었소. 미안하고 부끄러워 고개를 들 수 없습니다."

염파는 진심으로 사죄했다. 두 사람은 마침내 화해하고 문경지교를 맺어 죽는 날까지 뜻을 함께했다.

'**문경지교 刎頸之交**'는 여기에서 비롯했다. '목이 잘리더라도 마음이 변치 않는 친한 사이'를 일컫는 말이다. 서로 죽음을 대신할 수 있는 문경지교의 벗이 평생에 단 한 명이라도 있다면 성공한 삶을 살았다 해도 좋을 것이다.

고사성어 돋보기

刎 목 벨 문
- 후려치다의 물(勿)과 칼로 베다, 자르다의 선칼도방(刂, 刀)으로 이루어진 글자.
- 칼을 후려쳐서 "목을 베다"라는 뜻.
- 보기) 문사(스스로 목을 베어 죽음) 刎死 자문 自刎

頸 목 경
- 곧다의 경(巠)과 머리 혈(頁)로 이루어진 글자.
- 머리로 이어진 곧은 부분, '목'을 뜻함.
- 보기) 경동맥 頸動脈 경추 頸椎 경혈 頸血

之 어조사 지
- 출발선에서 한 발짝 내딛음을 나타내므로 "간다"라는 뜻의 갈 지(之).
- 여기에서는 무엇 '~의'라는 어조사로 쓰였다.
- 보기) 만인지상 萬人之上 일언지하 一言之下

交 사귈 교
- 사람 종아리가 엇갈려 겹쳐 있는 모습을 본뜬 글자.
- 다리가 엇갈리듯 사람 관계도 엇갈려 "사귀다"라는 뜻.
- 보기) 교류 交流 교섭 交涉 교역 交易 교우 交友 교집합 交集合

문경지교 刎頸之交
– 목이 잘려 나가도 꿈쩍 않는 절친한 벗을 사귀다

囊中之錐
낭중지추

뛰어난 사람은 어디 가든 돋보인다

전국시대 말기, 조나라는 진나라에게 침략을 받았다. 공격이 워낙 거세 조나라는 망할 위기에 처했다. 다급해진 조나라는 이웃 초나라에게 구원병을 청하려고 재상 평원군을 보냈다. 당시 평원군은 수많은 식객을 거느린 어진 사람으로 이름나 있었다. 그는 초나라로 떠나기 전에 식객들 가운데 문무를 갖춘 스무 명을 골라 함께 가기로 했다. 그런데 열아홉 명을 뽑은 뒤에는 더 이상 고를 만한 사람이 없었다. 그때 '모수'라는 사람이 앞으로 나와 말했다.

"저를 함께 데려가면 도움이 될 것입니다."

평원군은 얼굴조차 처음 보는 듯 그가 낯설었다.

"그대는 내 집에 온 지 몇 해나 되었소?"

"3년쯤입니다."

"무릇 현명한 선비가 세상에 있으면 송곳이 주머니에 있는 듯해서 그 끝이 밖으로 나타나기 마련이오. 그대는 내 집에서 3년이나 있었다고 하지만 나는 한 번도 이렇다 할 이야기를 듣지 못했소. 이는 그대가 남다른 재주를 갖고 있지 않다는 뜻이니 여기 그냥 남아 계시오."

평원군이 고개를 가로젓자 모수가 말했다.

"맞습니다. 그래서 오늘, 저를 주머니에 넣어 주십사 청을 드리는 겁니다. 저를 더 일찍 주머니에 넣어 주셨더라면 송곳이 주머니를 뚫고 나와서 그 끝뿐만 아니라 자루까지 드러났을 것입니다."

이리하여 모수도 함께 가기로 했다. 평원군은 초나라에 도착해 협상에 들어갔다. 초나라 왕은 평원군이 하는 끈질긴 설득에도 쉽게 동맹을 허락하지 않았다. 진나라와 싸울 일이 겁났는지 얼른 결정을 내리지 못했다. 해가 뜨면서부터 시작한 회담은 한낮이 기울도록 제자리걸음이었다. 이때, 아래 있던 모수가 길고 큰 칼을 비껴든 채, 계단으로 뛰어 올라가 평원군에게 말했다.

"이 협상은 두 마디면 끝인데 이토록 오랜 시간 동안 끝나지 않으니 어쩐 일입니까?"

초나라 왕이 눈을 동그랗게 뜨고 평원군에게 물었다.

"이 사람은 누구요?"

"제가 데려온 사람입니다."

"네 주인과 말하고 있는데 어찌 이리 무례한가? 어서 물러가라!"

초나라 왕이 큰 소리로 꾸짖었다. 그러자 모수가 손으로 칼을 만지작거리며 말했다.

"왕께서 저를 꾸짖으심은 초나라 군사가 많은 것을 믿기 때문입니다. 지금, 군사들은 멀리 있고 왕과 제 거리는 열 걸음 안쪽이니 왕의 목숨은 제 손에 달려 있습니다. 꾸짖음을 멈추시고 제 이야기를 한번 들어보십시오. 지난날, 초나라는 진나라와 두세 번 싸웠지만 그때마다 진 탓에 진나라를 두려워해서 우리와 동맹을 꺼리고 있습니다. 하지만 초나라는 땅이 넓고 군사가 강해서 우리와 힘을 합하면 얼마든지 진나라에 복수할 수 있습니다. 따라서 동맹은 우리뿐만 아니라 초나라에게도 좋은 일입니다."

초나라 왕은 모수의 설득에 구원병을 보냈다. 이리하여 조나라는 위기에서 벗어날 수 있었다.

'**낭중지추 囊中之錐**'는 여기에서 비롯했다. 주머니에 들어 있는 송곳은 아무리 감추어도 끝이 뾰족해 밖으로 튀어나오듯, '뛰어난 사람은 많은 사람 가운데 섞여 있어도 두각을 드러내기 마련'이라는 뜻이다. 하지만 낭중지추와 같은 인물은 저절로 만들어지지 않는다. 평소 자기 실력을 꾸준히 갈고 닦아야만 어느 순간, 기회가 왔을 때 모습을 드러낼 수 있다.

고사성어 돋보기

囊中之錐

囊 주머니 낭
- 입의 구(口)와 양(襄)의 생략형 글자로 이루어짐.
- 주둥이를 통해 물건을 속에 채워 넣는다 하여 '주머니'라는 뜻.
- 보기 ┃ 담낭 膽囊 배낭 背囊 침낭 寢囊

中 가운데 중
- 사물 한가운데에 위아래로 가로지르는 줄을 표시해 중심을 나타냄.
- 보기 ┃ 공중 空中 도중 道中 중립 中立 중앙 中央 중추 中樞

之 어조사 지
- 출발선에서 한 발짝 내딛음을 나타내므로 "간다"라는 뜻의 갈 지(之).
- 여기에서는 무엇 '~의'라는 어조사로 쓰였다.
- 보기 ┃ 만인지상 萬人之上 일언지하 一言之下

錐 송곳 추
- 금속, 광물의 금(金)과 가늘다의 추(隹)로 이루어진 글자.
- 쇠를 가시 모양으로 가늘게 한 '송곳'을 뜻함.
- 보기 ┃ 시추 試錐 원추 圓錐 추대 錐臺

낭중지추 囊中之錐
— 주머니의 송곳은 끝이 뾰족해 밖으로 드러난다

百發百中
백발백중

쏘는 대로 맞히는 명사수

양유기는 초나라 장왕 때 장수이다. 춘추전국시대를 통틀어 최고 명궁인 그가 활쏘기 시범을 보일 때면 수천 구경꾼이 구름처럼 모여들었다. 그들은 양유기가 화살을 쏘아 과녁에 맞힐 때마다 탄성을 지르며 칭찬했다.

"과연 활 잘 쏘는 명궁이야! 쏘았다 하면 다 맞히는군."

이 이야기는 아직 그의 활 솜씨가 알려지지 않았을 때 일이다.

초나라 장왕이 다른 나라로 전쟁하러 나간 틈에 재상 투월초가 반란을 일으켰다. 투월초는 장왕이 돌아오는 길을 막았다. 양쪽 군사들은 강을 끼고 대치했다. 왕의 군사들은 투월초의 뛰어난 활 솜씨를 무척 두려워했다. 투월초는 강 건너편에서 활을 높이 들고 외쳤다.

"내게 맞설 놈이 있으면 어디 나오너라!"

이때, 양유기가 앞으로 나왔다.

"여기 있다! 네가 활쏘기를 잘한다고 들었는데 군사들을 피 흘리게 하지 말고 우리 둘이서 활쏘기로 승부를 내면 어떠하냐?"

양유기가 당당하게 나오자 투월초는 겁이 났다. 하지만 거절하면 군사들 앞에서 망신을 당할까 두려워 이를 받아들였다.

"좋다, 덤벼라! 화살 한 대에 네놈을 저승사자 밥으로 만들어 주마!"

"큰소리치지 마라. 뛰는 놈 위에 나는 놈이 있다는 말도 모르느냐?"

이리하여 두 사람은 활쏘기 실력을 겨루었다. 각각 세 번씩 활을 쏘아 승부를 결정하기로 했다. 투월초는 먼저 쏘겠다고 했다. 제아무리 활솜씨가 좋아도 먼저 쏘아 죽여 버리면 이길 수 있다는 속셈이었다.

"좋아, 마음대로 하시지!"

투월초는 먼저 양유기에게 화살을 쏘았다. 양유기는 처음 날아온 화살을 활로 쳐서 떨어뜨리고 두 번째 날아온 화살은 몸을 옆으로 기울여 피해 버렸다. 마지막 화살 하나만 남자 투월초는 몹시 당황해 소리쳤다.

"대장부가 몸을 피하다니……. 비겁하지 않느냐!"

투월초가 억지를 썼지만 양유기는 태연하게 말했다.

"그렇다면 이번에는 피하지 않겠다!"

양유기는 그 자리에 꼿꼿하게 서서 세 번째로 날아오는 화살의 촉을 두 이빨로 물었다. 그러고는 투월초에게 큰 소리로 외쳤다.

"자! 이번에는 내 차례다. 세 번씩 쏘기로 했다만 나는 이 한 번으로 승부를 결정하겠다!"

이렇게 말한 양유기는 화살 없이 빈 줄만 튕겨 소리를 보냈다. 투월초는 줄이 우는 소리를 듣자 화살이 날아오는 줄 알고 옆으로 몸을 기울였다. 그 순간, 진짜 화살이 번개처럼 날아와 투월초 머리에 꽂혔다. 그가 자리에 고꾸라져 죽자, 반란은 진압되었다. 《사기》는 양유기를 이렇게 적고 있다.

양유기는 초나라 사람으로 활을 잘 쏘았는데, 버드나무 잎을 100보 떨어진 곳에서 쏘면 100번을 다 맞혔다.

여기에서 '백발백중 百發百中'이라는 말이 나왔다. 활이나 총 따위를 "100번 쏘아 100번 모두 맞힌다"라는 뜻이다. 또는 무슨 일이나 계획이 조금도 틀어지지 않고 잘 들어맞음을 빗대기도 한다.

고사성어 돋보기

百

일백 백
- 흰 백(白)은 넓다는 뜻도 있어 여기에 숫자 하나 일(一)을 더해 '일백'이 된 글자.

보기 백년대계 百年大計 백분율 百分率 백성 百姓 일당백 一當百

發

필 발(쏠 발)
- 부수 필발머리(癶)는 두 발을 벌린 모양을 본뜬 글자.
- 활 궁(弓)에 짓밟을 발(癹)을 더해 두 발을 벌린 채, 활을 쏘는 것을 나타냄.

보기 발사 發射 발언 發言 발포 發砲 발표 發表

百

일백 백
- 흰 백(白)은 넓다는 뜻도 있어 여기에 숫자 하나 일(一)을 더해 '일백'이 된 글자.

보기 백관 百官 백리 百里 백수 百獸 백약(온갖 약) 百藥

中

가운데 중
- 사물 한가운데에 위아래로 가로지르는 줄을 표시해 중심을 나타냄.

보기 공중 空中 중국 中國 중앙 中央 중학생 中學生 집중 集中

백발백중 百發百中
— 100번 쏘아 100번을 맞히다

2 제자백가에서 비롯한 고사성어

주나라 왕실이 약해지고 춘추전국시대가 오자 각지에 있던 제후들은 저마다 왕을 칭하며 천하를 다투었다. 제후들은 힘을 기르려고 유능한 인재를 곁에 두려 애썼다.
이때, 수많은 학자가 나타나 천하 질서를 바로잡아 줄 사상을 펼친다.
이런 기간이 춘추시대 말기부터 전국시대까지 약 300년가량 이어지는데 이 시대 사상가들을 제자諸子라 하며, 그 학파들을 백가百家라 부른다.
춘추전국시대는 정치가 어지러웠으나 철학 사상에서는 황금기를 이루었다.
하지만 한나라 무제 때 오로지 유교만을 대접하면서 다른 사상들은 크게 빛을 보지 못했다.
제자백가에서 비롯한 고사성어를 보면
재미있는 이야기와 함께 그 시대, 사상을 엿볼 수 있다.

苛政猛虎
가정맹호

호랑이보다 무서운 것은?

*공자의 어렸을 적 이름은 '구丘'이다. 구는 언덕이라는 뜻으로 태어날 때 머리 윗부분이 움푹 들어가서 얻은 이름이다. 그는 어려서 가난하게 자라 막노동 같은 거칠고 험한 일을 많이 했다. 그러나 15세 때 학문에 뜻을 두고 공부를 시작해 30세에 이르러서는 제자들이 따를 만큼 높은 수준에 올랐다.

"자네, 소문 들었나? 공자라는 분, 명성이 그렇게 높다며?"

"그럼, 나도 그분 밑에 들어가 예와 도를 배워야지."

그 당시 공자가 살던 노나라는 정치가 매우 어지러웠다. 노나라에는 *'삼환씨'라고 일컫는 세 집안이 권력을 쥐고 서로 싸움을 일삼았다. 삼환씨가 가진 힘이 워낙 강해 신하들도 임금을 무시하고 세 집안 눈치를 보며 아첨하기 일쑤였다. 특히 삼환씨 가운데 세력이 가장 컸던 계손씨는 무례하기 짝이 없었다.

"흥, 임금이면 다야? 요즘 같은 때는 힘센 놈이 최고라고!"

노나라 임금 소공은 계손씨가 저지르는 무례를 참다 못해 군사를 일으켰다. 하지만 계손씨의 강한 군사들에게 쫓겨 결국 목숨만 건진 채,

---

궁금증 보따리

공자 이름에 있는 제자 백가의 비밀

공자의 자子는 이름 높은 사상가를 부르는 명칭이에요. 이런 사상가들을 모아 부를 때는 여러 제諸를 써서 제자諸子子라 불렀죠. 백가百家역시 유가·도가·법가를 부르듯 100가지에 이를 만큼 많은 학파를 뜻해 붙었어요.

삼환씨

계손씨·숙손씨·중손씨를 가리켜 삼환씨라 불렀어요. 이들 모두 노나라 환공의 아들들이라 삼환이라 불렀죠. 이 가운데 중손씨는 나중에 맹손씨로 불렸답니다.

이웃 나라로 쫓겨났다. 이 소식에 공자는 한숨 쉬며 말했다.

"이런 천인공노할 일이 있나! 이를 참고 보아 넘긴다면 그 무엇을 참을 수 있으랴! 난 소공이 있는 이웃 나라로 가리라!"

이윽고 공자가 길을 떠나 태산 기슭을 지날 때였다. 한 여인이 무덤 앞에서 매우 슬피 울고 있었다. 공자는 제자 자로에게 이유를 알아보라 일렀다. 자로가 물었다.

"부인, 무슨 일로 그리 슬피 우십니까?"

"여긴 아주 무서운 곳입니다. 오래전, 제 시아버지께서 호랑이에 물려 돌아가셨는데 작년에는 제 남편도 물려 죽고 이번에는 제 아들마저 물려 죽었습니다."

"호랑이가 이토록 날뛰는데 어째서 여기를 떠나지 않습니까?"

부인이 고개를 가로저으며 대답했다.

"여긴 끔찍한 정치가 없기 때문입니다. 못된 관리들 괴롭힘에 시달리느니 차라리 호랑이에게 물려 가는 게 낫습니다."

옆에서 이 말을 듣던 공자가 제자들을 돌아보며 말했다.

"너희들도 잘 들었느냐? 이렇듯 가혹한 정치는 호랑이보다 더 사나움을 명심해야 한다!"

'가정맹호 苛政猛虎'는 여기에서 비롯했다. 가정맹어호苛政猛於虎의 줄임말로 "가혹한 정치는 호랑이보다 무섭다"라는 뜻이다. 비슷한 뜻으로 가렴주구苛斂誅求가 있다. 백성들에게 여러 구실로 세금을 지독하게 거둬들이거나 재물을 억지로 빼앗는 일을 말한다. 예나 지금이나 백성들 삶을 편안하게 이끄는 것이 최고 정치라 할 수 있다.

고사성어 돋보기

苟 가혹할 가
- 풀을 뜻하는 초두머리(艹, 艸)와 가(可)가 소리를 이룬 글자.
- 먹을 것이 없어 힘든 백성이 풀만 먹는다 하여 "가혹하다"라는 뜻.
- 보기: 가렴주구 苟斂誅求 가학 苟虐 가혹 苟酷

政 정사 정
- 바를 정(正)과 다그친다의 등글월문(攵, 攴 칠 복)으로 이루어진 글자.
- 부정한 것을 다그쳐서 바르게 바꾸는 일이 정치라 하여 '정사, 정치'라는 뜻.
- 보기: 국정 國政 정권 政權 정책 政策 정치 政治 행정 行政

猛 사나울 맹
- 개의 개사슴록변(犭, 犬)과 소리를 나타내는 맹(孟)으로 이루어진 글자.
- 힘센 개라 하여 "사납다"라는 뜻이 생김.
- 보기: 맹독 猛毒 맹렬 猛烈 맹수 猛獸 맹활약 猛活躍 용맹 勇猛

虎 범 호
- 호랑이를 본떠 '호랑이'라는 뜻.
- 보기: 백호 白虎 호피 虎皮 호환 虎患

가정맹호 苛政猛虎
– 가혹한 정치는 호랑이보다 무섭다

孟母三遷
맹모삼천

세 번 이사한 가르침

교육을 하려면 좋은 환경이 갖추어져야 한다는 사실은 두말할 나위도 없다. 맹모삼천은 이를 증명하는 좋은 보기이다. 맹자가 훌륭한 인물로 성장한 데에는 어머니가 보인 남다른 노력이 있었다. 맹자는 어려서 아버지를 여의고 어머니 손에서 자랐는데 처음에 살던 집은 공동묘지 근처였다.

"이제 가면 언제 오나, 어~하……. 어~하……. 북망산이 멀다더니 대문 밖이 북망일세, 어~하……."

맹자는 아이들과 날마다 장례 치르는 흉내를 내면서 놀았다. 이를 본 어머니는 깜짝 놀라 맹자를 서둘러 집으로 데려왔다.

"*가軻야! 사내대장부로 태어났으면 큰 뜻을 품고 학문을 닦아 이름난 학자가 되든지, 무예를 익혀 세상을 호령하는 장수가 돼야지. 날마다 장례 놀이나 해서 무엇 하겠느냐?"

"어머님, 다음부터 그러지 않겠습니다."

하지만 맹자는 다음 날이면 또 아이들과 어울려 장례식 흉내를 내며 놀았다.

궁금증 보따리

맹가? 맹자?

맹자는 진짜 이름이 아니랍니다. 실제 이름은 맹가孟軻로 이름 높은 사상가라는 뜻의 자子를 붙여 공자처럼 맹가를 높여서 '맹자孟子'라고 부르는 거예요.

'아무리 타일러도 말을 듣지 않으니 안 되겠구나.'

생각다 못한 어머니는 장터 근처로 집을 옮겼다.

"자, 여기로 오세요. 싸구려! 골라, 골라! 두 장에 두 냥이오!"

장터로 오자 이번에는 아이들과 어울려 장사꾼을 흉내 냈다. 맹자 어머니는 이 모습을 보며 한숨을 쉬었다.

'아, 여기도 살 만한 곳이 아니로구나.'

맹자 어머니는 한동안 곰곰이 생각한 끝에 서당 옆으로 이사 갔다. 그러자 맹자는 학동들을 본받아 글을 읽기 시작했다.

"하늘 천, 따 지, 검을 현, 누를 황……."

그제야 맹자 어머니는 마음을 놓을 수 있었다.

'맹모삼천 孟母三遷'은 맹자 어머니가 교육을 위해 집을 세 번이나 옮겨 다녔다는 사실에서 비롯한 말이다. 이런 노력 덕분에 맹자는 공자에 버금가는 훌륭한 학자가 되었다. 오늘날에도 아이들 교육에는 환경이 그만큼 중요하다는 뜻으로 맹모삼천이 많이 쓰인다. 맹모삼천은 또 다른 말로 '맹모삼천지교'라고도 한다.

고사성어 돋보기

孟

맏 맹
- 그릇 명(皿) 위에 아들 자(子)를 더한 글자.
- 옛날, 약탈한 여자에게서 낳은 첫째가 자기 아이인지 몰라 잡아먹는 풍습이 있어 그릇에 담긴 아이로 '맏'이라는 뜻.
- 성씨의 하나로 쓰임.

보기 공맹 孔孟 맹하(초여름) 孟夏 허무맹랑 虛無孟浪

母

어미 모
- 아이에게 젖 먹이는 어머니를 본떠 '어머니'라는 뜻.

보기 고모 姑母 모교 母校 모국 母國 모자 母子 부모 父母

三

석 삼
- 세 손가락을 옆으로 펴거나 나무젓가락 세 개를 옆으로 놓은 모양을 나타내 '셋'이라는 뜻.

보기 삼국지 三國志 삼복 三伏 삼차원 三次元 삼척동자 三尺童子

遷

옮길 천
- 쉬엄쉬엄 가다의 책받침(辶, 辵)과 하늘에 오르다의 천(䙴)으로 이루어진 글자.
- "오르다"에서 나중에 "옮기다"라는 뜻으로 바뀜.

보기 변천 變遷 좌천 左遷 천도 遷都

맹모삼천 孟母三遷
– 맹자의 어머니가 교육을 위해 세 번 이사하다

大器晚成
대기만성

큰 인물이나 큰일은 늦게 이루어져

중국에서는 공자의 유교 사상과 함께 도교 사상이 쌍벽을 이루었다. 이 도교 사상의 중심인물이 바로 노자이다. 노자의 《도덕경》에 이런 구절이 나온다.

아주 큰 사각형은 지나치게 커서 그 모퉁이가 보이지 않을 정도이고 큰 그릇은 아주 더디게 이루어진다. 엄청나게 큰 소리는 아무 소리가 없는 듯하고 큰 형상은 마치 모양이 없는 듯하다.

여기에서 나온 말이 '대기만성'이다. 본디 노자가 자신의 도를 말한 것이지만 큰일이나 큰 인물은 쉽게 만들어지지 않고 온갖 어려움을 거친 뒤에야 비로소 이루어진다는 뜻으로 바뀌었다. 이 말을 뒷받침하는 다음 이야기를 살펴보자.

삼국시대, 조조의 위나라에 '최염'이라는 훌륭한 장수가 있었다. 기골이 장대하고 목소리가 우렁차며 수염이 *4척인 최염은 누가 봐도 호걸다운 인물이었다. 그에게는 사촌 동생 최림이 있었는데, 말재주도 없고 생

4척
1척은 약 31센티미터에 해당합니다. 글의 4척은 약 124센티미터 정도 길이예요.

김새도 볼품없어, 주위 친척들에게 바보로 취급받았다. 그러나 최염만은 보는 눈이 남달라 그를 어리숙하게 여기지 않았다.

"큰 종이나 큰 솥은 쉽게 만들어지지 않는다. 사람도 그와 같아서 큰 재주를 지닌 이도 쉽게 이루어지지 않는다. 점차 완성되기까지 오랜 시간이 걸린다. 내 아우 최림도 그와 같은 대기만성이라 언젠가 큰 인물이 될 것이다."

최염은 이렇게 장담했다. 과연 그 말대로 최림은 황제를 보필하는 삼공이자 큰 정치가로 이름을 날렸다.

'**대기만성 大器晩成**'은 이렇듯 "큰 인물은 하루아침에 이루어지지 않으며 오랜 시간 동안 시련과 노력이 쌓여 이루어진다"라는 뜻이다. 세상 사물 또한 긴 안목으로 보아야 한다는 뜻도 담고 있다.

고사 속 숨은 이야기

대기만성? 대기면성?

위나라 학자 왕필은 노장 사상을 학문으로 정착시킨 인물입니다. 우리가 접하는 노자의 《도덕경》은 바로 왕필이 정리하고 주석을 단 책이죠. 왕필이 정리해서 '왕필본'이라고 합니다. 중국에서 1970년에 더 오래된 《도덕경》을 발굴했는데, 이를 '백서본'이라 해요. 《백서본》에는 대기만성大器晩成이 '대기면성大器免成'으로 되어 있습니다. '늦을 만晩' 대신 "벗어나다, 피하다"의 '면할 면免' 자가 쓰여, 면免은 "진짜 큰 그릇은 완성되는 바가 없다"로 해석할 수 있습니다. 가령, 큰 산만 한 그릇이 있다고 해 볼까요? 이런 그릇은 다시없을 큰 그릇이지만 지구보다 작습니다. 그럼 지구만 한 그릇이 있다면 어떨까요? 여전히 크지만 태양이나 우주보다 작아요. 이렇게 생각한다면 아무리 커도 크다고 할 수 없습니다. 따라서 진짜 큰 그릇은 완성됨이 없다는 노자 사상이 조금은 이해가 되죠?

고사성어 돋보기

大器晚成

大 큰 대
- 두 팔과 다리를 크게 벌리고 있는 모양을 본떠 "크다"라는 뜻.

보기 대강 大綱 대궐 大闕 대장 大將 대풍년 大豊年

器 그릇 기
- 글자 가운데 개 견(犬)이 있어 제사 때 그릇을 벌여 놓고 제물로 개를 바친 모습.
- 제사에 쓰는 그릇 모양에서 '그릇'이라는 뜻.

보기 기구 器具 기물 器物 무기 武器

晚 늦을 만
- 글자 앞 부수가 해를 뜻하는 날 일(日).
- 해가 저문 늦은 시각과 관련해 "늦다"라는 뜻.

보기 만년 晚年 만찬 晚餐 조만간 早晚間

成 이룰 성
- 글자에 무기 술(戌)이 있어, 무기 든 군사들이 대오를 이룬다 하여 "이루다"라는 뜻.

보기 대성 大成 성공 成功 완성 完成

대기만성 大器晚成
- 큰 그릇은 늦게 이루어진다

無用之用
무용지용

쓸모없는 듯 쓸모 있다?

도가 사상이 담겨 있는 《장자》에는 흥미로운 이야기가 많이 나온다. 그 이야기들은 종종 세상 사람들의 상식을 뒤집곤 한다. 《장자》의 〈산목〉편에 이런 이야기가 나온다.

장자가 산속을 가다가 가지와 잎이 매우 무성한 거목을 보았다. 그런데 그 곁에 머물던 나무꾼은 나무를 베려하지 않았다. 그 까닭을 물으니 나무꾼이 대답했다.
"이 나무는 쓸모가 없습니다."
장자가 말했다.
"이 나무는 쓸모없기 때문에 하늘이 내린 수명을 누릴 수가 있구나. 좋은 재목이었다면 벌써 베였을 텐데……."

《장자》의 〈인간세〉편에도 비슷한 이야기가 있다.

'장석'이라는 이름난 목수가 어느 사당 앞에 서 있는 상수리나무를 보았다. 그 나무 크기는 100아름이며 높이는 산과 같았고 배를 만들 만큼 굵은 가지가 여남은 개나 되었다. 하지만 장석은 그 나무를 거들떠보지도 않은 채, 그냥 지나쳐 버렸다. 제자들이 물었다.

"저희들이 오래전부터 도끼를 들고 선생님을 따라다녔지만 아직 이처럼 크고 좋은 나무는 본 적이 없었습니다. 선생님은 어찌 쳐다보지도 않고 그냥 지나치십니까?"

"너희는 나무를 보는 눈이 부족하구나. 그건 쓸모없는 나무다. 배를 만들면 가라앉고 관을 짜면 곧 썩으며, 그릇을 만들면 곧 깨지고 문을 만들면 나무 진이 흐르며 기둥을 만들면 좀이 먹을 것이다. 이처럼 아무 짝에도 쓸모없어 그 같이 수명을 길게 누린 것이다."

'남백자기'라는 사람이 어느 지방을 여행하다 큰 나무를 보았다. 나무가 어찌나 큰지 그늘 속에 말이 끄는 수레를 1천 대나 숨길 만했다.

"오호, 이것은 반드시 훌륭한 재목이 될 나무로구나!"

남백자기가 감탄하며 나무를 올려다보았다. 그러나 그 가지는 구불구불해서 대들보로 쓸 수 없고 밑동을 보니 뒤틀리고 속이 비어서 관을 만들 수도 없었다. 그 잎을 따서 씹어 보니 입안이 부르터 상처가 나고 냄새를 맡으니 사흘 동안이나 취해서 깨어나지 못했다. 그래서 남백자기가 다시 말했다.

"과연 쓸모없는 나무로다. 그래서 아무도 베지 않아 이토록 크게 자랐구나."

산의 나무는 쓰임새가 있어 스스로 해를 당하고, 기름은 등불을 밝힐 수 있어 불타는 몸이 된다. 계수나무는 약으로 쓰여 베이고 옻나무는 칠로 쓰여 잘려 나간다. 사람들은 쓸모 있는 것만 알지, '쓸모없는 것 가운데 쓸모無用之用'가 있다는 사실을 모른다.

'**무용지용 無用之用**'은 이처럼 "쓸모없는 것이 때에 따라서 크게 쓰인다"라는 뜻이다. 여기에는 도가 사상의 깊은 철학이 담겨 있다. 좋은 재목이라 일찍 베인 나무와 달리 쓸모없는 나무가 제 수명을 다 누려 거목이 되었다.

사람도 마찬가지이다. 세상은 뛰어난 사람만 쓸모 있고 그렇지 않은 사람을 쓸모없다고 여길 수 있지만 절대 그렇지 않다. 쓸모 있다고 여기는 재능 때문에 자신을 망칠 수도 있고 반대로 쓸모없어서 자신을 지켜낼 수도 있다. 세상에는 뛰어난 사람도 필요하고 그렇지 못한 사람도 살아 갈 이유가 있다. 지금 당장 능력이 없는 듯 보여도 언젠가 때를 만나면 생각지도 못하게 '무용지용'의 쓸모가 있을지 누가 알겠는가?

고사성어 돋보기

無 없을 무
- 불(火)이 나서 다 타 없어진 모양을 본떠 "없다"라는 뜻.
- 보기 | 무관 無關 무능력 無能力 무소유 無所有

用 쓸 용
- 나무통에 지게나 나뭇가지 등을 넣어 둔 모습을 본떠 잘 간수해 "쓰다"라는 뜻.
- 보기 | 고용 雇用 비용 費用 사용 使用 용건 用件 채용 採用

之 어조사 지
- 출발선에서 한 발짝 내딛음을 나타내므로 "간다"라는 뜻의 갈 지(之).
- 여기에서는 무엇 '~의'라는 어조사로 쓰였다.
- 보기 | 만인지상 萬人之上 일언지하 一言之下

用 쓸 용
- 나무통에 지게나 나뭇가지 등을 넣어 둔 모습을 본떠 잘 간수해 "쓰다"라는 뜻.
- 보기 | 남용 濫用 용어 用語 운용 運用 전용 全用 활용 活用

무용지용 無用之用
– 쓸모없는 것 가운데서의 쓸모

鵬程萬里
붕정만리

보통 사람은 꿈도 못 꿀 일

장자는 노자와 함께 도가 사상을 대표하는 인물이다. 그의 사상이 고스란히 깃들어 있는 책이 《장자》이다. 이 책 첫머리에 아주 흥미로운 이야기가 나온다. 바로 '붕鵬'이라는 새 이야기인데 옮겨 보면 이렇다.

북쪽 바다에 물고기가 있으니 그 이름을 곤鯤이라 한다. 곤의 크기가 몇천 리인지는 알지 못한다. 그것이 바뀌어 새가 되는데 그 이름을 붕鵬이라 한다. 이 새의 크기 또한 몇천 리인지는 알지 못한다.
이 새가 한번 힘을 써서 날면 그 날개가 마치 하늘 전체를 뒤덮는 구름과 같고 바다를 뒤집을 만큼 큰바람이 일면서 그 바람을 타고 북쪽 바다 끝에서 남쪽 바다 끝까지 날아갈 수 있다. 붕새가 남쪽 바다로 날아갈 때는 물결치는 것이 3천 리이다. 회오리바람을 타고 9만 리나 올라간 붕새는 6개월 동안이나 계속 난 다음에 비로소 날개를 쉰다.

이 글에 나온 '붕'이란 새는 참 기발하다. 붕새가 회오리바람을 타고 9만 리를 올라간다 하여 '붕정만리 鵬程萬里'가 유래했다. 여기에서 묘

사된 붕새는 그 엄청난 크기가 혀를 내두를 정도이고 하늘을 뒤덮는 날갯짓은 감히 상상할 수조차 없다. 장자는 이 붕새를 빌려 세상 사람들 상식을 뛰어넘어 무엇으로도 잡을 수 없는 자유로운 정신세계를 나타내려고 했던 것 같다. '붕정'은 붕새가 나는 것과 같은 지극히 먼 거리를 뜻한다. 붕새가 9만 리 하늘을 날 듯, 보통 사람들은 생각지도 못할 원대한 꿈이나 계획을 빗대는 말로 붕정만리가 쓰이곤 한다.

고사 속 숨은 이야기

참새가 대붕의 뜻을 어찌 알리오?

대붕과 연결해 우리가 자주 쓰는 말 가운데 "참새가 대붕의 뜻을 어찌 알겠는가?"라는 말이 있어요. 이 말도 장자의 글에서 나왔습니다. 대붕은 상식을 뛰어넘는 새이지만 대붕처럼 위대한 존재나 세계를 알지 못하는 경우가 많아요. 장자는 대붕의 뜻을 알지 못하는 작은 참새를 이렇게 풍자합니다.

참새가 이런 대붕을 보고 비웃으며 말한다.
우리는 훌쩍 뛰어올라 두어 길밖에 날지 못하고 땅에 내려앉지만 이도 높이 난 것인데 저들은 도대체 어디로 날아가려는 것일까?

지혜가 얕고 상식에 갇힌 사람을 참새에 빗댄 거예요. 참새는 자신이 오가는 공간이 세상 모두인 줄 알고 그곳을 벗어날 상상조차 하지 못합니다. 그러나 대붕은 뜻을 세우고 때를 기다리지요. 그때가 오면 회오리바람을 타고 9만 리 하늘을 날아가기 때문에 참새는 대붕의 뜻을 알 턱이 없답니다.

고사성어 돋보기

鵬程萬里

鵬 붕새 붕
- 크다의 붕(朋)과 새 조(鳥)로 이루어진 글자.
- 큰 새를 이르는 말.
- 보기 대붕 大鵬

程 길 정
- 벼 화(禾)와 발돋움하다의 정(呈)으로 이루어진 글자.
- 벼가 발돋움해 자라는 상태를 재서 '물건 길이의 한 토막, 단위'라는 뜻.
- 여기에서는 '길의 거리, 노정'이라는 뜻.
- 보기 과정 過程 노정 路程 일정 日程 정도 程度

萬 일만 만
- 꼬리를 번쩍 든 전갈을 본뜬 글자.
- 전갈이 알을 많이 낳는다 하여 '1만'이라는 뜻.
- 보기 만능 萬能 만물 萬物 만반 萬般 만사 萬事 만전 萬全

里 마을 리
- 밭 전(田)과 흙 토(土)로 이루어진 글자.
- 밭이 있고 토지가 있는 곳, 사람이 사는 '마을'이라는 뜻.
- 거리 단위로도 씀.
- 보기 구만리 九萬里 동리 洞里 이장 里長 이정표 里程標

붕정만리 鵬程萬里
– 붕새가 9만 리 하늘을 날다

蝸角之爭
와각지쟁

사소한 일로 싸우다

위나라 혜왕과 제나라 위왕이 서로 침략하지 않기로 굳게 약속했다. 그런데 위왕이 약속을 어기자 화난 혜왕은 자객을 보내 그를 죽이려 했다. 그때, 신하 공손연은 자객을 보내는 일은 부끄러운 짓이니 당당하게 군사를 일으켜 제나라를 쳐야 한다고 주장했다. 하지만 또 다른 신하 계자는 전쟁이 일어나면 백성들이 큰 고통을 겪으니 안 된다고 반대했다. 이 문제로 조정이 시끄러워지자 재상 혜자가 현인으로 이름 높은 대진인을 혜왕에게 소개했다. 대진인이 왕에게 물었다.

"왕께서는 달팽이를 아십니까? 그 달팽이 왼쪽 뿔에 있는 나라를 '촉씨'라 하고 오른쪽 뿔에 있는 나라를 '만씨'라고 합니다. 그들이 가끔 땅을 다투어 죽는 이가 수만이나 되고 달아나는 적을 보름 동안이나 추격한 뒤에 돌아온다고 합니다."

"허, 그런 거짓말이 어디 있소?"

"오직 왕을 위해 이를 사실에 빗대어 보겠습니다. 왕께서는 저 넓은 우주에 끝이 있다고 생각하십니까?"

"그야 끝이 없지요."

"그렇다면 저 끝없는 우주에서 노닐던 사람이 자기가 살고 있는 나라에 돌아와 보면 어떨까요? 너무 작고 보잘것없어서 있는 듯 없는 듯하지 않겠습니까?"

"당연히 그렇겠지요."

"그 나라 가운데 위나라가 있고 위나라 가운데 양이라는 도성이 있고 그 도성 가운데 왕이 계시니, 촉씨나 만씨와 무엇이 다르겠습니까?"

이는 크고 넓은 우주와 세계에서 위나라 제나라는 달팽이 뿔보다도 작은 존재임을 암시한 말이다. 혜왕은 쓴웃음을 지으며 대답했다.

"다르지 않겠지요."

대진인이 나가자 맥이 빠진 혜왕은 혼자 멍하니 앉아 있었다. 혜자가 들어가자 왕이 탄식하며 말했다.

"그는 실로 큰 인물이로다. 성인이라도 그에 미치지 못하리라."

이 이야기는 《장자》〈칙양〉편에 나온다. '와각지쟁 蝸角之爭'은 여기에서 비롯했다. '와우각상쟁'이라고도 하는데, '세상일은 달팽이 뿔 위에서 싸우듯 보잘것없는 다툼'이라는 말이다. 친구들이나 주변 사람들과 싸운 적이 있다면 와각지쟁은 아닌지 되돌아볼 일이다.

고사성어 돋보기

蝸 달팽이 와
- 벌레 충(虫)과 소용돌이의 와(咼)로 이루어진 글자.
- 소용돌이 모양 껍데기가 있는 벌레로 '달팽이'라는 뜻.
- 보기 와우관 蝸牛管

角 뿔 각
- 짐승 뿔을 본떠 '뿔, 모서리'라는 뜻.
- 보기 각도 角度 각막 角膜 사각모 四角帽 삼각형 三角形

之 어조사 지
- 출발선에서 한 발짝 내딛음을 나타내므로 "간다"라는 뜻의 갈 지(之).
- 여기에서는 무엇 '~의'라는 어조사로 쓰였다.
- 보기 만인지상 萬人之上 일언지하 一言之下

爭 다툴 쟁
- 손톱조부(爫, 爪)의 아래쪽은 손을 표현한 글자.
- 손톱을 드러내고 손으로 치며 싸운다 하여 "다투다"라는 뜻.
- 보기 경쟁 競爭 쟁점 爭點 전쟁 戰爭 투쟁 鬪爭

와각지쟁 蝸角之爭
— 달팽이 뿔 위에서 다투다

杞憂
기우

쓸데없는 걱정이나 근심

열자列子의 진짜 이름은 '열어구'이다. 그의 사상이 모인 도가 경전이 바로 《열자》이다. 《열자》〈천서〉편에는 이런 재미난 이야기가 나온다.

옛날, 기나라에 어떤 사내가 살고 있었다. 늘 불안해하던 그가 느낀 걱정은 어처구니가 없는 것이었다.

사내가 하늘을 올려다보며 이렇게 한숨 쉬었다.

'흠, 저 하늘이 내 머리 위에서 무너져 내리면 어쩌지?'

또 그는 땅을 내려다보며 이렇게 근심했다.

'아, 발밑에 있는 땅이 꺼지면 또 어쩌지?'

사내는 근심이 더 심해져 밤에는 잠도 못 자고 낮에는 밥도 못 먹을 지경이었다. 보다 못한 어떤 사람이 그를 찾아가 말해 주었다.

"여보게, 하늘은 공기가 두텁게 쌓여 공기 없는 곳이 없다네. 우리가 하루 종일 하늘의 공기 속에서 움직이며 숨을 쉬는데 어찌 하늘이 무너질까 걱정하나?"

사내가 눈을 깜박거리며 말했다.

"공기가 쌓인 하늘에서 해와 달과 별이 떨어지지 않겠나?"

"한심한 소리 말게. 해와 달과 별도 두터운 공기 속에서 반짝이는 것이라 떨어져도 사람을 다치게 하지 않는다네."

사내가 고개를 끄덕이며 다시 말했다.

"그럼 땅이 꺼지면 어떡하나?"

"천만에! 땅에는 흙이 두텁게 쌓여 이루어졌다네. 사방이 흙으로 꽉 차 있지. 그래서 우리가 걷고 뛰고 밟을 수 있지 않나? 하루 종일 땅 위에서 움직이고 머무는데 어찌 땅이 꺼질까 걱정하는가?"

사내는 그제야 근심이 풀린 듯 크게 기뻐했다.

'기우 杞憂'는 여기에서 비롯했다. 기나라 사내의 터무니없는 근심거리처럼 '쓸데없는 걱정'을 빗대는 말이다. 하지만 요즘은 하늘에서 운석이 떨어지고 도심 한가운데가 꺼지는 싱크홀 현상을 종종 본다. 이처럼 기우가 기우에 그치지 않고 현실로 나타날 수도 있다. 따라서 자연을 소중히 여기지 않으면 언제 재앙이 닥칠지 모른다는 사실을 새겨야 한다.

고사성어 돋보기

杞

나라 이름 기
- 나무 목(木)과 기(己)로 이루어진 글자.
- 나무 이름을 나타내거나 나라 이름을 뜻한다.

보기 　구기자 枸杞子

憂

근심할 우
- 머리 혈(頁)과 마음 심(心) 그리고 천천히 걷는다의 쇠(夊)로 이루어진 글자.
- 머리가 위에서 마음을 무겁게 짓눌러 천천히 걸으며 생각한다 하여 "근심하다"라는 뜻.

보기 　우려 憂慮 우수 우울 憂鬱 우환 憂患

기우 杞憂
— 기나라 사내의 쓸데없는 근심

6-1 국어(7단원) 연계

朝三暮四
조삼모사

간사한 꾀로 남을 마음대로 휘두름

    옛날, 송나라에 '저공'이라는 사람이 있었다. 그는 원숭이를 무척 좋아해 정성껏 보살폈다. 그러다 보니 원숭이가 점차 늘어나 한 무리를 이루었다.

    저공은 말이 통하지 않았지만 원숭이들 뜻을 잘 헤아렸고 원숭이들 역시 저공의 마음을 잘 이해했다. 저공은 집안 식구들이 먹을 양식까지 줄여 가면서 원숭이들을 먹여 살렸다. 하지만 무리가 점차 늘어나자 먹이를 구하는 데 어려움이 커졌다.

    '흠, 원숭이 숫자는 많고 먹이는 부족하니 어떡한담?'

    저공은 먹이 양을 줄이는 수밖에 없다고 생각했지만 여태껏 자기를 잘 따르도록 길들인 원숭이들 기분을 상하게 하고 싶지 않았다. 그래서 원숭이들에게 물었다.

    "너희들이 먹는 도토리를 앞으로 아침에 세 개, 저녁에 네 개씩 주려 하는데 어떠냐?"

    원숭이들은 한결같이 화를 냈다. 저공은 아침에 도토리를 세 개 주면 적다 여기는 원숭이들 마음을 알아차리고 꾀를 부려 말했다.

제자백가에서 비롯한 고사성어 **83**

"그럼, 아침에 네 개를 주고 저녁에 세 개를 주면 어떠하냐?"
이에 원숭이들이 모두 기뻐했다.

이 이야기는《열자》〈황제〉편에 나온다. 열자는 이 이야기를 쓴 뒤에 다음처럼 말을 덧붙였다.

세상에 유능하다는 이들이 속이는 게 이와 같다. 지혜 있다는 이들이 어리숙한 군중을 농락하는 일은 마치 저공이 꾀를 부려 원숭이를 속이는 일과 다를 바가 없다. 사실은 똑같은데 그들을 화나게도 하고 기쁘게도 한다.

이 이야기에서 '조삼모사 朝三暮四'가 나왔다. 아침에 도토리를 세 개 주고 저녁에 네 개 준다는 뜻으로 "간사한 꾀로 남을 속여 놀린다"라는 말이다. 당장 눈앞에 나타나는 차이만 보고 똑같은 결과를 모르는 어리석음을 꼬집는 말이기도 하다.

고사성어 돋보기

朝

아침 조
- 강이나 냇물 건너편 수풀 사이로 솟는 해를 나타내 '아침'이라는 뜻.

보기 　조간신문 朝刊新聞　조례 朝禮　조석 朝夕　조찬 朝餐　조회 朝會

三

석 삼
- 세 손가락을 옆으로 펴거나 나무젓가락 세 개를 옆으로 놓은 모양을 나타내 '셋'이라는 뜻.

보기 　삼각형 三角形　삼박자 三拍子　삼일절 三一節　삼척동자 三尺童子

暮

저물 모
- 없을 막(莫)은 풀숲에 숨은 해를 나타내 "해가 저물다"라는 뜻이었음.
- 뒤에 "없다"라는 뜻으로 쓰이면서 날 일(日)을 덧붙여 저물 모(暮)가 됨.

보기 　모년 暮年　모색 暮色　모춘(음력 3월) 暮春　세모 歲暮
　　　조령모개(법을 자꾸 바꿔 종잡을 수 없음) 朝令暮改

四

넉 사
- 숨이 나오는 코를 본뜬 글자.
- "숨쉬다"는 따로 희(呬)로 나타내고, 사(四)는 숫자 넷을 나타내는 데 씀.

보기 　사군자 四君子　사방 四方　사차원 四次元　사촌 四寸

조삼모사 朝三暮四
- 아침에는 셋을 주고 저녁에 넷을 주다

愚公移山
우공이산

마음을 굳게 먹으면 산도 옮겨

태형산과 왕옥산은 사방이 7백 리에 높이가 1만 길이인 큰 산이다. 두 산은 지금과 다른 곳에 있었는데 기주 남쪽과 하양 북쪽 사이에 있었다.

나이가 이미 90세가 다 된 '우공'이라는 사람은 이 두 산이 마주 보이는 곳에 살았다. 하지만 두 산이 북쪽을 가로막은 탓에 길을 오가려면 돌아가야 해서 몹시 불편했다. 그래서 우공은 온 집안사람들을 모아 놓고 말했다.

"너희들과 힘을 모아 저 산을 평지로 만들고 싶구나. 저 험한 산만 없애면 예주 남쪽으로 곧장 길이 통하고 한수 남쪽까지 이를 수 있는데 너희들 생각은 어떠냐?"

모두 좋다고 찬성했지만 오직 우공의 아내만이 핀잔을 주었다.

"당신 나이가 얼마인지 아시오? 당신 힘으로 작은 언덕 하나도 깎지 못할 텐데 태형산이나 왕옥산 같이 큰 산을 어찌 감당하겠소? 게다가 산에서 파낸 흙이나 돌은 어디다 버린단 말이오?"

그러자 모두 입을 모아 말했다.

"그건 걱정하지 마십시오. 발해 바다 끝머리에 버리면 됩니다."

이리하여 우공은 세 아들과 손자들을 데리고 산의 돌을 깨고 흙을 파냈다. 그러고는 삼태기에 담아 발해 바다 끝머리로 날랐다. 이웃에 사는 과부댁 경성씨도 일고여덟 살인 어린 아들을 보내 그 일을 도왔다. 하지만 거리가 멀어 겨울과 여름이 바뀌는 동안 겨우 한 번 오갈 수 있었다. 황하강 기슭에 사는 늙은이가 이를 보고 비웃었다.

"그대는 참으로 어리석은 사람이오. 앞날이 얼마 남지 않은 그대의 힘으로는 산의 풀 한 포기도 없애기 어려울 텐데. 그 많은 흙과 돌을 도대체 어찌할 생각이오?"

우공이 이 말을 듣고 크게 한숨 쉬며 답했다.

"허허, 생각이 꽉 막힌 사람이로다. 그대가 지혜롭다고 하나 내가 보기에 과부댁 어린아이만도 못하구려. 앞날이 얼마 남지 않은 내가 죽더

라도 자식이 남아 있소. 그 자식이 손자를 낳고 손자가 또 자식을 낳으며, 그 자식은 또 자식을 낳고 그 자식은 또 손자를 낳아서 자자손손 끊이질 않을 것이오. 하지만 산은 아무리 커도 더 늘어나지 않으니 언젠가 산이 깎여 평지가 될 날이 오지 않겠소?"

황하의 늙은이는 더 대꾸할 말이 없었다. 하지만 산에 사는 신령들은 그 말에 놀라고 말았다. 돌과 흙을 파내는 일이 계속 이어지면 언젠가 산이 없어질 테고 산신령들도 머물 곳이 없어지니 큰일이 아닐 수 없었다. 그래서 옥황상제에게 이 일을 어찌하면 좋을지 물었다. 옥황상제는 그 말을 듣고 우공의 정성에 감동했다. 그리하여 하늘나라에서 가장 힘센 두 신에게 산을 등에 지게 해 하나는 삭동 땅으로, 다른 하나는 옹남 땅으로 옮겨 놓았다. 그 후부터 그곳 주위에는 낮은 언덕조차 보이지 않았다.

'우공이산 愚公移山' 이야기는 《열자》〈탕문〉편에 나온다. 어리석어 보였던 우공이 옥황상제를 감동시켜 끝내 산을 옮겼듯, 무슨 일이든 우직하고 뚝심 있게 밀고 나가면 못할 게 없는 법이다.

공부하거나 운동할 때도 마찬가지이다. 어려워 보이는 일이라도 미리 포기하지 말고 우공이산의 마음가짐으로 꾸준히 실력을 쌓아 가면 뜻한 바를 이룰 수 있다.

고사성어 돋보기

愚 어리석을 우
- 우(禺)는 원숭이 비슷한 나무늘보를 본뜬 글자.
- 여기에 마음 심(心)을 더해 마음이 "둔하다, 어리석다"라는 뜻.

[보기] 우둔 愚鈍 우롱 愚弄 우매 愚昧 우직 愚直

公 공평할 공
- 나눈다의 팔(八)과 어떤 물건을 나타내는 모(厶)로 이루어진 글자.
- 물건을 똑같이 나눠 가져 "공평하다"라는 뜻.
- 여기에서는 상대를 높여 부르는 존칭.

[보기] 공개 公開 공공 公共 공원 公園 공인 公人 공평 公平

移 옮길 이
- 곡식의 벼 화(禾)와 많다의 다(多)로 이루어진 글자.
- 수많은 곡식 이삭이 나부껴 흔들리는 모습에서 "옮기다"라는 뜻.

[보기] 이동 移動 이민 移民 이사 移徙 이식 移植 이전 移轉

山 뫼 산
- 뽀족하게 이어지는 산봉우리를 본떠 '산'이라는 뜻.

[보기] 강산 江山 금강산 金剛山 등산 登山 산맥 山脈 산양 山羊

우공이산 愚公移山
– 우공이 산을 옮기다

守株待兎
수주대토

요행만 기다리는 어리석은 사람

한비자는 *법가에서 대표적인 인물 가운데 한 명이다. 당시 법가는 유가와 반대 위치에 있었다. 그래서 유가를 공격하려고 여러 가지 우화를 이용하기도 했다. 그 가운데 하나가 다음 같은 이야기이다.

춘추시대, 송나라에 한 농부가 살았다. 해만 뜨면 밭에 나가 일하는 아주 부지런한 농부였다. 어느 날, 그가 밭에서 한창 일하고 있을 때였다. 난데없이 토끼 한 마리가 달려오더니 밭에 있는 커다란 나무 그루터기에 부딪쳐 나뒹굴었다. 농부가 다가가니 토끼는 죽어 있었다.

"오늘은 재수가 좋은 날이군. 힘들이지 않고 통통하게 살찐 토끼 한 마리를 얻다니. 만날 이런 일이 생기면 좋겠구나!"

그날부터 농부가 농사일을 팽개치고 그루터기를 지키자 동네 사람들이 고개를 갸웃거리며 말했다.

"저 사람, 갑자기 이상해졌어. 일은 안 하고 날마다 밭에 앉아 얼빠진 모습을 하고 있으니 말이야."

동네 사람들이 왜 그러는지 이유를 묻자 농부가 대답했다.

"며칠 전, 이 나무 그루터기에 토끼가 부딪쳐 죽었소. 나는 지금 토

궁금증 보따리

법가와 분서갱유

법가는 제자백가 유파의 하나로 한비자·상앙·이사 등이 대표 사상가입니다. 나라를 다스리는 법으로 유가는 인·의·예 등을 중시하는 덕치주의를, 법가는 엄격한 법치주의를 주장했어요. 처음으로 중국을 통일한 진나라는 법가를 토대로 삼고 유가를 억눌렀죠. 진시황은 유가가 세상을 어지럽힌다며 모든 책을 불태우고 선비들을 산 채로 구덩이에 묻은 '분서갱유'를 일으켰어요. 법가는 나라 질서를 잡기도 했지만 혹독해서 백성들에게 원망을 샀답니다. 진나라가 망하고 한나라가 서면서 법가 대신 자리 잡은 유가가 크게 발전해 중국의 중심 사상이 되었습니다.

끼가 다시 나타나 죽기를 기다리고 있다오."

하지만 그때처럼 기적은 다시 일어나지 않자, 농부는 동네 사람들에게 비웃음거리만 되고 말았다. 그러는 사이 밭에는 잡초가 자라나 농부는 농사조차 망쳐 버렸다.

공자나 맹자 같은 유가는 인을 바탕으로 한 왕도 정치를 주장했다. 그러면서 가장 이상적인 정치를 *요순시대로 꼽았다. 반면, 법가인 한비자는 요순을 이상으로 하는 왕도 정치가 시대에 뒤떨어졌다면서 수주대토의 비유를 들었다. 옛날에 훌륭했던 방법을 지금 적용한다면 이는 그루터기 옆에서 토끼를 기다림과 다를 바 없다는 이야기이다. 한비자는 새로운 시대 흐름을 따르지 않고 예전의 낡은 관습만을 지키려 한다고 꼬집었다. 물론 이것이 옳은 지적인지는 각자가 판단할 몫이다. 지금은 고지식하고 융통성 없이 행운만 바라는 사람을 일컫는 말로 쓰인다. 로또 복권에 인생을 걸고 당첨만을 기다리거나 시험 공부는 하지 않고 잘 찍어서 점수를 높이려 한다면 '수주대토 守株待兎'라 이를 만하다.

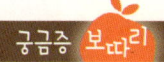

요순시대

부족들로 이루어진 고대 중국은 요임금과 순임금 덕분에 살기 좋은 시기를 맞이합니다. 태평성대를 이룬 요와 순임금의 이름을 따 '요순시대'라고 불렀는데요. 중국에서는 요임금과 순임금을 가장 훌륭한 군주로 보지요. 이때 백성들 삶은 넉넉하고 여유로웠으며 왕이 아들이 아닌 덕이 많은 다른 사람에게 왕위를 물려주는 선양禪讓이 있어 다툼도 없었답니다. 이 요순시대는 오늘날까지 태평성대를 나타내는 대명사로 쓰이고 있어요.

고사성어 돋보기

守

지킬 수
- 갓머리(宀)는 집을, 촌(寸)은 손으로 꽉 잡는 일, 규칙, 법도를 뜻함.
- 관청(宀 갓머리)에서 법도(寸 마디 촌)에 따라 일한다 하여 "지키다"라는 뜻.

보기 사수 死守 수비 守備 수칙 守則 수호 守護 준수 遵守

株

그루 주
- 나무 목(木)과 단단히 서다의 주(朱)로 이루어진 글자.
- 움직이지 않는 단단한 나무뿌리, '그루'라는 뜻.

보기 주가 株價 주식 株式 주주 株主

待

기다릴 대
- 걷다의 두인변(彳)과 사(寺)로 이루어진 글자.
- 사(寺)의 부수 촌(寸)은 "손, 손에 물건을 가짐"을 뜻함.
- 손에 물건을 갖추고 가야 할 때가 오기를 바라 "기다리다"라는 뜻.

보기 고대 苦待 기대 期待 대우 待遇 대접 待接

兎

토끼 토
- 긴 토끼 귀와 짧은 꼬리를 본떠 '토끼'라는 뜻.

보기 옥토 玉兎 토사구팽 兎死拘烹 토영 兎影

수주대토 守株待兎
— 나무 그루터기에서 토끼를 기다리다

矛盾
모순

말이나 행동이 앞뒤가 맞지 않아

　한비자는 제자백가의 한 사람으로, 법가 사상을 대표하는 인물이다. 그의 사상이 담긴 책 《한비자》에 이런 이야기가 나온다.
　옛날, 초나라에 창과 방패를 거리에 늘어놓고 파는 장사꾼이 있었다. 그는 지나가는 사람들에게 큰 소리로 외쳤다.
　"여기 이 방패는 보통 방패가 아니야. 고래 심줄보다도 질기고 거북 등껍데기보다 단단해서 세상 그 어떤 날카로운 창도 막아 낼 수 있어. 자, 그렇게 구경만 하지 말고 한번 써 봐!"
　지나가던 사람들은 귀가 솔깃해져 모여들었다. 당시에는 전쟁이 끊이지 않던 시대라 무기에 관심이 많았다. 사람들이 모이자 신 난 장사꾼은 더 큰 소리로 말했다.
　"이 방패를 뚫는 창이 있으면 나와 보라 그래. 이 방패가 얼마나 단단한지 한번 써 보면 알아! 아무리 좋은 창도 이 방패는 못 뚫어!"
　주위에 모인 사람들은 방패를 만지작거리며 놀라워했다. 그런데 이번에는 상인이 창을 번쩍 들고서 이렇게 자랑했다.
　"이 창도 보통 창이 아니야. 아무 데서나 살 수 있는 창하고는 질이 달라. 이름난 장수들한테만 팔던 창인데 헐값에 판다고!"

주위에 사람들이 더 늘어나자 장사꾼은 더욱 신 나서 소리쳤다.

"자, 이 창은 그 어떤 단단한 방패라도 단숨에 뚫어 버려! 이 무적의 창! 먼저 고르는 사람이 임자야! 날이면 날마다 오는 장사가 아냐, 구경만 하지 말고 하나씩 골라 봐!"

장사꾼이 한창 열을 올리고 있을 때 사람들 속에서 한 명이 불쑥 나섰다.

"여보시오, 무엇이든 뚫을 수 없는 방패와 무엇이든 뚫어 버린다는 창이라니. 그게 말이나 되는 소리요? 그럼, 당신이 가지고 있는 창으로 당신이 가지고 있는 방패를 찌르면 어떻게 되는 거요?"

그러자 장사꾼은 얼굴이 빨개지며 아무 말도 하지 못했다.

여기에서 나온 말이 '모순 矛盾'이다. 창을 뜻하는 한자 '모矛'와 방패를 뜻하는 한자 '순盾'을 더해 생긴 말이다. 모순은 창과 방패를 파는 장사꾼처럼 말이나 행동이 앞뒤가 서로 맞지 않을 때 풍자하는 말로 쓴다. 우리 주위, 혹은 자신이 이 장사꾼처럼 모순된 말과 행동을 한 적 없는지 한번 곰곰이 생각해 볼 필요가 있다.

고사성어 돋보기

矛 — 창 모
- 장식이 달린 긴 창을 본떠 '창'이라는 뜻.
- 보기: 모극(두 갈래로 갈라진 창) 矛戟 모순율 矛盾律 사모창 蛇矛槍

盾 — 방패 순
- 투구용 가림막이 눈(目)을 보호하는 모양을 본뜬 글자.
- 눈을 보호하는 것에서 몸을 보호하는 '방패'라는 뜻으로 바뀜.
- 보기: 순과(방패와 쌍날창) 盾戈 순비(방패 손잡이) 盾鼻

모순 矛盾
— 창과 방패. 앞뒤가 맞지 않는 말이나 행동

螳螂拒轍
당랑거철

분수를 모른 채 함부로 날뛰다

잡가
제자백가에서 여러 설이 한데 어우러져 만든 학설 또는 학파를 이릅니다.

　한나라, 회남왕 유안이 펴낸 《회남자》는 도가·법가·유가·병가 등 여러 학설을 모아서 엮은 백과사전 같은 책이다. 그래서 *잡가의 대표작으로 꼽힌다. 이 책에 흥미로운 사마귀 이야기가 나온다.
　춘추시대, '장공'이라는 제나라 왕족이 있었다. 하루는 수레를 탄 그가 사냥터에 가고 있었다. 길을 오가는 사람들은 모두 왕족의 행차에 무례를 저지르지 않으려고 길가에 멀찌감치 물러섰다. 그런데 웬 벌레 한 마리가 길 한가운데에서 앞발을 치켜들고 수레바퀴를 칠 듯이 덤벼들었다. 수레가 벌레를 깔고 지나치려는 순간, 장공이 급히 수레를 멈추게 하고는 마부에게 물었다.
　"도대체 저 벌레는 무엇이냐?"
　"사마귀입니다."
　어려서부터 궁에서 자란 장공에게 사마귀는 처음 본 희한한 벌레였다. 삼각형 머리에 눈알은 튀어나왔으며, 기다란 더듬이가 채찍 두 개 같았다. 앞가슴은 가늘었으나 배는 크게 부풀었으며 앞발은 마치 톱니가 달린 낫 같았다. 물끄러미 벌레를 보던 장공이 혀를 차며 말했다.

"참, 맹랑한 놈이로군. 수레를 칠 듯한 기세 아니냐?"
"저놈은 앞으로 나아갈 줄만 알지 물러설 줄은 모르며, 제힘도 생각지 않고 마구 덤벼드는 버릇이 있사옵니다."
장공이 고개를 끄덕이고 이렇게 말했다.
"저 벌레가 사람이라면 틀림없이 용감한 장군이었으리라. 벌레이지만 그 용기가 기특하니 수레를 돌려 피해 가라."
마부는 그 말을 따라 길 옆으로 사마귀를 비껴갔다.

이 이야기에서 '당랑거철 螳螂拒轍'이 비롯했다. "사마귀가 앞발을 쳐들고 수레를 막는다"라는 뜻으로 자기 힘도 모른 채, 함부로 덤벼듦을 빗대는 말이다. 이를테면 공자 앞에서 문자를 쓰고 *항우장사 앞에서 힘자랑하는 애송이처럼 어리석기 짝이 없는 짓을 당랑거철이라 할 만하다. 약자에게 이해와 배려를 보여 준 장공 덕에 살아남은 사마귀는 어리석었지만 그 무모함으로 자기 목숨을 구했다. 어린 시절 혹은 청소년 시절에는 이 사마귀와 같은 도전 정신이 필요하기도 하다.

> **궁금증 보따리**
>
> **항우장사**
> 초나라 항우처럼 힘센 사람이라는 뜻으로 힘이 몹시 세고 용기 있는 사람을 빗대어 나타내는 말이에요.

고사성어 돋보기

螳 사마귀 당
- 벌레 충(虫)과 소리를 나타내는 당(堂)으로 이루어진 글자로 '사마귀'라는 뜻.
- 보기 당랑 螳螂

螂 사마귀 랑
- 벌레 충(虫)과 소리를 나타내는 랑(郎)으로 이루어진 글자로 '사마귀'라는 뜻.
- 보기 당랑 螳螂

拒 막을 거
- 손을 나타내는 손수변(扌, 手)과 물리치다의 거(巨)로 이루어진 글자.
- 손으로 물리친다 하여 "막다, 거절하다"라는 뜻.
- 보기 거부 拒否 거식증 拒食症 거절 拒絕 항거 抗拒

轍 바퀴 자국 철
- 수레를 본뜬 거(車)와 꿰뚫다, 빠져나가다의 뜻을 지닌 철(徹)의 생략형 글자로 이루어진 글자.
- 수레가 빠져나간 다음에 남는 '바퀴 자국'이라는 뜻.
- 보기 궤철 軌轍 전철 前轍

당랑거철 螳螂拒轍
― 사마귀가 수레바퀴를 막아서다

3 초한대전에서 생긴 고사성어

진나라 시황제는 전국시대 6국을 멸하고 중국 역사에서 처음으로 통일 왕조를 세웠다.
진나라는 법가 사상을 기본 이념으로 삼아 법이 매우 엄하고 혹독했다.
유학자들을 탄압하여 책을 모조리 불태우고 산 사람을 땅에 묻기도 했다.
엄청난 위세를 떨치던 진시황이 죽자, 진나라는 빠르게 내리막길을 걷기 시작했다.
가혹한 정치에 맞서 곳곳에서 반란이 일어났던 것이다.
결국 진나라는 통일국가를 세운 지 15년 만에 멸망하고 말았다.
이때, 두각을 드러낸 인물이 초나라의 항우와 한나라의 유방이다.
두 세력이 천하를 두고 다투는 초한대전에서 장량·소하·한신 같은 영웅호걸들이
등장했고 이들에게서 수많은 고사성어가 만들어졌다.

指鹿爲馬
지록위마

권세로 진실을 가리다

중국을 처음으로 통일한 사람은 *진나라 시황제이다. 그는 자기 권세를 오래 누리고 싶어 불사약을 찾으려고 온갖 노력을 기울였지만 결국 50이라는 나이에 죽고 말았다.

*진시황이 죽었을 때 태자 부소는 북쪽 흉노족을 막으려고 변방에 가 있었다. 그의 곁에는 어린 호해 왕자만이 있었다. 환관 조고는 승상 이사를 꼬드겨 진시황이 죽으면서 남긴 조서를 가짜로 꾸몄는데 그 내용은 이러했다.

> 황제 자리는 호해가 이어받고 부소에게 사약을 내려 자결케 한다.

효심이 강했던 부소는 이 가짜 조서를 그대로 믿고 스스로 목숨을 끊었다. 호해가 황제 자리를 이어받자 환관 조고는 권력을 잡았다. 어리석은 호해를 마음대로 주무르던 조고는 권력을 독차지하려고 승상 이사를 모함하기까지 했다.

"폐하, 이사가 반역을 꾀하고 있사옵니다."

궁금증 보따리

진나라와 차이나
중국을 뜻하는 영어 '차이나China'는 진에서 나왔어요. 한국을 뜻하는 코리아가 '고려'의 서양식 발음이듯 진의 서양식 발음은 차이나로, 진 → 지나 → 차이나로 바뀌었어요.

진시황과 삼황오제
진시황은 처음으로 황제란 호칭을 썼어요. 그래서 '처음 시始' 자를 써 시황제라 부르죠. 여기에서 황제는 고대 중국, 전설 속 세 명의 임금과 다섯 명의 제왕을 가리키는 삼황오제의 줄임말이에요. 삼황은 신농씨·복희씨·수인씨를, 오제는 황제·전욱·제곡·요순을 말하죠. 진시황은 스스로 삼황오제와 같다고 여겨 황제라 불렸답니다.

결국 이사는 조고가 꾸민 음모로 목숨을 잃었다. 정치적 맞수였던 이사가 죽자 진나라는 완전히 조고의 세상이었다. 조고는 승상 자리를 꿰차고 나라를 마음대로 뒤흔들었지만 그의 욕심은 그치지 않았다. 호해 황제의 자리까지 넘보던 조고는 하찮은 출신 때문에 신하들이 자신을 따르지 않으면 일을 그르칠 수 있다고 생각했다. 그는 자기편이 몇 명일지 신하들을 떠보기로 했다. 하루는 그가 사슴 한 마리를 호해 황제에게 바치며 말했다.

"제가 귀한 말을 한 필 얻어 폐하께 바치옵니다."

그러자 호해는 껄껄 웃으며 대답했다.

"허허, 승상은 농담도 잘하시오. 아무려면 내가 말과 사슴도 구별하지 못하겠소? 이건 사슴이 아니오?"

그러나 조고는 사슴이라고 하면서 신하들에게 물었다.

"그대들은 똑똑히 보시오. 이게 사슴이오? 말이오?"

조고가 눈을 부라리며 신하들을 둘러보았다. 그들은 조고의 위세에 눌려 잠자코 있거나 말이라고 대답했다. 또 말이 아니라고 한 사람은 기억했다가 죄를 뒤집어씌워 죽여 버렸다. 그 뒤, 조고에게 반대하는 사람은 없었다. 뒷날, 조고는 끝내 호해를 없애 버리고 부소의 아들, 자영을 허수아비 황제로 삼는 악행을 저질렀다.

'지록위마 指鹿爲馬'는 여기에서 나온 말이다. 사슴을 가리켜 말이라 우기듯 "윗사람을 멋대로 주무르고 권세를 마음대로 휘두른다"라는 뜻이다. 진실을 가리고 거짓을 일삼는 사람은 한때 떵떵거리며 사는 듯하지만 결국 벌을 받기 마련이다. 실제로 조고는 그가 황제로 세운 자영에게 목숨을 잃고 말았다.

고사성어 돋보기

指
가리킬 지
- 손수변(扌, 手)에 맛있다의 지(旨)로 이루어진 글자.
- 맛있는 것에 손가락이 움직인다 하여 "손가락, 가리키다"라는 뜻.
- 보기 | 지문 指紋 지시 指示 지적 指摘 지휘 指揮

鹿
사슴 록(녹)
- 뿔이 있는 수사슴을 본떠 '사슴'이라는 뜻.
- 보기 | 녹각 鹿角 녹용 鹿茸

爲
할 위
- 코끼리를 끌고 일하는 사람을 본뜬 글자.
- 힘든 일은 코끼리에게 하게 한다 하여 "하다"라는 뜻.
- 보기 | 인위적 人爲的 위인 爲人 위주 爲主 행위 行爲

馬
말 마
- 곧게 서 있는 말을 본떠 '말'이라는 뜻.
- 보기 | 경마 競馬 마부 馬夫 마상(말의 위) 馬上 마패 馬牌 목마 木馬

지록위마 指鹿爲馬
― 사슴을 가리켜 말이라 하다

背水陣
배수진

죽을 각오로 일을 마주함

진나라는 처음으로 중국을 통일했으나 진시황이 죽은 뒤, 황제에 오른 호해 때부터 정치가 어지러웠다. 진나라 안에서는 환관 조고가 권력을 쥐고 마음대로 나랏일을 주물렀고 밖에서는 반란이 일어나 안팎으로 혼란스러웠다. 여기에서 두각을 드러낸 인물이 바로 초패왕 '항우'와 한나라를 세운 *'유방'이다. 언제나 지기만 하던 유방이 항우를 이긴 데에는 '한신'이라는 장수 덕분이었다.

한신이 위나라를 무찌르고 조나라와 싸울 때 일이다. 조나라에서는 20만 대군으로 좁은 길목을 지켜, 공격해 오는 한신을 막았다. 엄청난 대군을 맞아 싸우던 한신은 깊은 고민에 휩싸였다.

'수도 적고 잘 훈련받지 못한 군사로 어떻게 저들을 이길 수 있담?'

한신은 고민하던 끝에 기마병 2천을 뽑아 깃발을 한 자루씩 주며 말했다.

"저 성 근처의 산에 숨어 있어라. 우리 군사가 도망치는 척하고 물러나면 적은 신 나서 쫓아올 것이다. 그 틈에 그대들은 성 안으로 들어가 적의 깃발을 뽑고 우리의 깃발을 꽂아라!"

궁금증 보따리

유방과 한나라 3대 공신
유방은 원래 백수건달이나 다름없는 평민이었어요. 그런 보잘것없는 사람이 군대를 일으켜 황제가 된 데에는 여러 사람이 도와준 덕분이었죠. 그들 가운데 3대 공신이 바로 장량·소하·한신이랍니다. 흔히 장자방이라 불리는 장량은 지략가였고 소하는 행정을 뒷받침했으며, 한신은 싸움에 능한 장군으로 크게 활약했죠.

그런 다음, 한신은 군사 1만여 명을 데리고 큰 강물 바로 앞에 진을 쳤다. 이는 커다란 모험이었다. 병법은 "강을 등지고 싸우는 배수진을 절대 하지 말라"라고 가르치고 있었다. 조나라 군사들은 그런 한신을 비웃었다.

"저것 봐라. 한신이 명장이라더니 모두 헛소문이로구나. 강을 등지고 진을 치다니 병법에 '병' 자도 모르는 멍청이가 아니냐?"

한신은 조나라 군사들과 몇 번 부딪쳐 싸우는 척했다. 그리고 작전대로 후퇴하자 조나라 군사들은 한신을 얕잡아 보고 무작정 쫓아왔다. 서로 한신을 베어 공을 세우려고 야단이었다. 성이 비자, 숨어 있던 한신의 군사 2천여 명은 진격해 들어가 깃발을 바꿔 꽂았다. 한편, 강을 등진 군사들은 더 이상 도망갈 수 없었다. 한신과 군사들은 온 힘을 다해 조나라 군사와 맞섰다. 뜻하지 않은 강한 저항에 조나라 군사는 물러날 수밖에 없었다. 그런데 성으로 돌아가려 하니 이미 그곳에는 한나라 깃발이 펄럭이고 있었다. 오도 가도 못하던 조나라 군사들은 뿔뿔이 흩어지고 말았다. 그때를 놓치지 않은 한신과 군사들은 앞뒤로 공격해 큰 승리를 거둘 수 있었다. 싸움이 끝나고 부하 장수들이 한신에게 물었다.

"병법에는 강을 등지고 싸우지 말라 했는데, 장군께서는 그 반대로 싸워 큰 승리를 거두었으니 어찌 된 노릇입니까?"

그러자 한신이 크게 웃으며 대답했다.

"자네들은 하나만 알고 둘은 모르는군. 우리 군사들은 훈련도 제대로 받지 못한 사람들로 이뤄졌네. 원래 병법대로 싸웠다면 적군에게 겁을 먹어 서로 도망치기 바빴을 걸세. 그런데 뒤에 강이 있으니 도망쳐도 물에 빠져 죽지 않겠나? 그러니 살아야겠다는 생각에 죽기 살기로 싸울 수밖에! 병법에도 죽기를 각오하면 이기고 살기를 바라면 진다고 하지 않았나? 이것이 바로 '배수진'일세."

한신이 하는 말을 듣고 모든 장수가 감탄했다.

'배수진 背水陣'은 여기에서 비롯했다. 병법의 상식을 깨뜨렸던 뛰어난 장군 한신 이야기처럼 물을 등지고 진을 칠 만큼 "필사적으로 싸움에 임한다"라는 뜻이다. 요즘에는 마음을 다잡고 어떤 일에 임할 때 흔히 이런 표현을 쓴다. 이를테면 "배수진의 각오로 경기에 임한다"라던가, "배수진의 각오로 시험 준비를 한다"라는 식이다. 더 이상 뒤로 물러설 곳이 없다는 마음가짐을 나타내는 말이다.

고사성어 돋보기

背 등질 배
- 북쪽 북(北)과 사람 살과 몸의 육달월(月, 肉)로 이루어진 글자.
- 사람 몸에서 북쪽은 등이기 때문에 '등' 혹은 "등지다, 배반하다"라는 뜻.

> [보기] 배신 背信 배영 背泳 배임(임무를 저버림) 背任 배후 背後 위배 違背

水 물 수
- 흐르는 물을 본떠 '물'이라는 뜻.
- 부수로 쓰일 때는 삼수변(氵, 水)이라 한다.

> [보기] 수도 水道 수상(물의 위) 水上 수심 水深 수영 水泳 수증기 水蒸氣

陣 진 칠 진
- 언덕의 좌부방부(阝, 阜)가 있어 "언덕에 뻗은 대열, 진치다"라는 뜻을 나타냄.

> [보기] 적진 敵陣 진두지휘(나서서 지휘함) 陣頭指揮 진영 陣營 진중(군대 진영 안) 陣中

배수진 背水陣
– 강물을 등지고 진을 치다

袴下之辱
과하지욕

어려운 처지에서 참아 낸 굴욕

유방이 항우를 무너뜨리고 한나라를 세운 데에는 대장군 한신의 공이 컸다. 그를 빼고는 초나라와 한나라 대결을 이야기할 수 없을 정도이다. 그 과정에서 한신은 배수진·다다익선·사면초가·필부지용 등 여러 고사 속 주인공이 되었다.

한신은 젊었을 때 보잘것없는 사람이었다. 워낙 가난해 밥을 빌어먹을 정도였고 어머니가 죽었을 때 장례조차 치를 수 없었다. 한번은 그가 남창정이란 마을 *정장 집에 얹혀서 살 때였다. 몇 개월을 함께 살다가, 한신을 미워하던 정장 아내가 밥을 해서 몰래 침실로 가져가 먹어 버렸다. 밥때가 왔는데도 음식을 주지 않자, 한신은 분위기를 눈치 채고 정장을 떠나 버렸다. 한신이 이렇게 남에게 빌붙어 살다 보니 그를 좋아하는 사람이 없었다. 하지만 그는 마음속에 품은 큰 뜻이 있었기에 항상 칼을 차고 다녔다.

어느 날, 한신이 고향 회음의 시장 거리를 거닐 때였다. 칼을 찬 한신이 눈에 거슬렸던 불량배 하나가 그에게 시비를 걸었다.

"이봐! 넌 늘 칼을 차고 다니지만 사실은 아무것도 없는 겁쟁이 아니

> **궁금증 보따리**
> **정장**
> 정장이란 오늘날로 치면 이장 정도에 해당하는 말입니다.

냐? 네놈에게 사람을 죽일 만한 용기가 있다면 그 칼로 어디, 나를 한 번 찔러 보아라. 그렇지 못하겠다면 내 가랑이 밑으로 기어 나가라!"

그 소리에 구경꾼이 모여들어 웅성거렸다. 잠시 머뭇거리던 한신은 바닥에 엎드려 불량배의 바짓가랑이 밑을 기어 나왔다. 이 일로 온 시장 바닥 사람들이 다들 그를 겁쟁이라고 비웃었다.

훗날, 큰 공을 세우고 초왕이 된 한신은 그때 자신을 잠시 데리고 살아 준 남창정 정장에게 1백 전을 내리며 따끔한 가르침을 주었다.

"그대는 소인이오. 은혜를 베풀려면 끝까지 베풀었어야지."

또 시장 거리에서 망신을 준 불량배도 찾았다. 그는 왕이 된 한신이 눈앞에 나타나자 벌벌 떨었다. 무서운 벌을 받으리라 생각했기 때문이다. 하지만 한신은 그에게 순찰을 하는 '중위' 벼슬을 내리고 장수들에게 말했다.

"이 사람은 장부다운 사람이오. 망신 줄 때 내게 그를 죽일 힘이 없었겠소? 그때 모욕을 참지 못하고 칼을 뽑았다면 나는 죄인으로 쫓기는 신세였을 거요. 큰 뜻을 품은 내게 그를 죽이는 일은 아무런 의미도 없었소. 그래서 바짓가랑이 밑을 기어가는 치욕을 참아 이 자리에 오를 수 있었지."

'과하지욕 袴下之辱'은 여기에서 비롯했다. "가랑이 밑을 기어가는 치욕을 참는다"라는 뜻이다. 큰 뜻을 지닌 사람은 쓸데없는 일로 남들과 옥신각신 다투지 않음을 빗대는 말이다. 당시 한신이 남들에게 겁쟁이로 보였을 그 한순간 치욕을 참지 못했다면 어땠을까? 한신은 굴욕을 견디며 묵묵히 때를 기다린 덕분에 훗날, 자기 뜻을 이룰 수 있었다.

고사성어 돋보기

袴 사타구니 과
- 옷의변(衤, 衣)과 가랑이를 벌리고 서다의 과(夸)로 이루어진 글자.
- 바지의 뜻일 때는 '고'로 읽음.
- 보기 고의(남자의 바지와 저고리) 袴衣

下 아래 하
- 밑의 것이 위의 것에 덮인 모양을 나타낸 글자.
- 상(上)의 반대로 '아래, 낮은 쪽'이라는 뜻.
- 보기 낙하 落下 지하철 地下鐵 하강 下降

之 어조사 지
- 출발선에서 한 발짝 내딛음을 나타내므로 "간다"라는 뜻의 갈 지(之).
- 여기에서는 무엇 '~의'라는 어조사로 쓰였다.
- 보기 만인지상 萬人之上 일언지하 一言之下

辱 욕될 욕
- 농사짓기 좋은 때를 가리키는 진(辰)과 법도를 뜻하는 촌(寸)으로 이루어진 글자.
- 옛날, 농사철을 지키지 않는 사람을 죽이거나 욕보이는 일이 있어 "욕보이다, 부끄럼, 수치스러움"이라는 뜻.
- 보기 굴욕 屈辱 모욕 侮辱 욕설 辱說

과하지욕 袴下之辱
– 바짓가랑이 밑을 기어가는 치욕

匹夫之勇
필부지용

보통 사내의 하찮은 용기

궁금증 보따리

집극랑중
집극랑중은 경호원 정도에 해당하는 낮은 벼슬이었어요. 병법에 뛰어난 한신이었지만 자기 재주를 알아봐 주지 않는 항우에게 많이 실망할 수밖에 없었죠.

대장군 한신은 유방을 도와 한나라를 세운 으뜸 공신이다. 처음에 그는 초나라 항우 밑에 들어가 *'**집극랑중**'이라는 낮은 벼슬을 하고 있었다. 항우는 그를 별 볼 일 없는 인물이라 여겨 중요한 일을 맡기지 않았다. 항우에게 실망해 그를 떠나 유방 밑에서 한나라 대장군이 된 한신은 초나라와의 전쟁을 승리로 이끌었다. 업신여기던 한신이 결국 비수가 되어 항우를 찌른 셈이다.

여기에서 알 수 있듯, 항우가 패한 원인은 사람을 제대로 쓰지 못한 데 있다. 또 자기 힘과 용맹을 지나치게 믿어 인재를 쓰지 못한 데다가 남의 의견에도 귀를 기울이지 않았다.

황제가 된 유방은 낙양 궁궐에 대신들을 모아 놓고 이렇게 말했다.

"내가 천하를 차지할 수 있었던 까닭을 아시오? 사람을 제대로 알아보고 능력에 따라 일을 맡겼기 때문이오. 어려운 일의 작전은 장량이, 나라 살림은 소하가, 전투에 한신이라는 뛰어난 인물들이 셋이나 내 곁에 있었소. 하지만 항우는 인재 한 사람도 제대로 쓰지 못했지. 그대들은 항우를 어찌 생각하오?"

이에 한신이 *항우의 사람됨을 이렇게 말했다.

"항우는 천하 누구도 따를 수 없는 용맹을 지닌 사람입니다. 그가 성난 얼굴로 호령하면 군사 1천여 명도 놀라 쓰러질 정도입니다. 하지만 사람을 부리는 데에는 서툴러 인재를 알아보지 못하니 이는 '필부지용'에 지나지 않습니다. 또 인정이 많아 군사가 병에 걸리면 흐느껴 울며 자기가 먹을 음식까지도 나눠 줍니다. 그러나 공을 세운 부하에게 벼슬을 내릴 때면 그것이 아까워 며칠을 망설이니 이는 '부인지인'에 지나지 않습니다."

항우의 사람됨
항우의 힘과 기운을 흔히 '역발산기개세'로 표현했지만 한신은 그를 다르게 봤어요. 용맹하지만 좋은 인재를 쓸 줄 몰라 '보통 사람의 용기'에 지나지 않고 부하 사랑도 부인지인婦人之仁, 즉 한낱 '아녀자의 어진 마음'이라고 깎아내렸던 거지요.

'필부'란 한낱 보잘것없는 남자다. 따라서 '**필부지용 匹夫之勇**'은 '보통 남자의 하찮은 용기'를 뜻한다. 앞뒤 분별없이 자기 힘만 믿고 함부로 날뛰는 것은 필부지용에 지나지 않는다. 필부지용이 되지 않으려면 항상 마음을 열어 놓고 남들과 소통하려는 자세를 가져야 한다.

고사성어 돋보기

匹

짝 필
- 말 꼬리를 본뜬 글자로, 말을 세거나 옷감 길이를 나타내는 단위로도 쓰임.
- **보기** 배필 配匹 필마(말 한 마리) 匹馬 필적 匹敵

夫

지아비 부
- 두 팔과 다리를 벌리고 상투를 튼 어른을 나타낸 글자.
- 옛날, 남자들은 스무 살이면 상투를 틀어, '어엿한 장부'라는 뜻.
- **보기** 광부 鑛夫 농부 農夫 부부 夫婦 부인 夫人

之

어조사 지
- 출발선에서 한 발짝 내딛음을 나타내므로 "간다"라는 뜻의 갈 지(之).
- 여기에서는 무엇 '〜의'라는 어조사로 쓰였다.
- **보기** 만인지상 萬人之上 일언지하 一言之下

勇

날쌜 용
- 손잡이(マ)가 붙은 나무통(用) 모양의 길 용(甬)과 힘을 써서 일하는 팔을 본뜬 력(力)으로 이루어진 글자.
- 힘 력(力) 자로 인해 "날래다, 용감하다"라는 뜻.
- **보기** 용감 勇敢 용기 勇氣 용맹 勇猛 용사 勇士

필부지용 匹夫之勇
— 보통 사내의 하찮은 용기

錦衣夜行
금의야행

비단옷을 입고 밤길을 간들

중국을 통일한 진시황이 죽은 뒤, 곳곳에서 반란이 일어나 나라가 어지러웠다. 항우와 유방 또한 이 무리에 있었다. 초나라 사람이었던 그들은 진나라를 무너뜨리려고 군대를 일으켰다.

진나라 수도 함양은 관중 지방에 있었다. 그 무렵, 초나라에서 새로 왕위에 오른 회왕은 누구든지 함양으로 진격해 성을 차지하는 사람을 그곳 왕으로 삼겠다는 조서를 내렸다. 항우와 유방 두 사람은 길을 달리해 나아갔다. 그때 유방의 군대는 항우의 군대보다 보잘것없었지만 운이 좋게도 먼저 함양에 도착했다.

진왕 자영이 유방에게 항복하면서 진나라는 끝내 망했다. 유방은 함양에 들이닥친 항우에게 궁을 내주고 물러섰다. 항우의 강한 군대와 잘못 부딪쳤다가 큰 화를 당할 수 있었기 때문이다. 항우는 유방이 살려 준 자영을 죽이고 *함양 궁궐에 불을 질렀다. 항우는 그 불길을 술안주 삼아 함양 미녀들과 즐기며 승리를 축하했다. 또 귀한 보물을 빼앗으려고 진시황 무덤을 파헤치기도 했다. 함양은 옛 부귀영화를 뒤로 한 채, 순식간에 폐허로 바뀌었다. 항우는 전쟁이 끝나자 진에서 가져온 보물

궁금증 보따리

함양 궁궐 아방궁
유방이 입성한 이 궁은 아방궁이라 불리던 화려한 궁전이었어요. 이곳이 타는 데에만 3개월이 걸렸다니 얼마나 크기가 컸는지 충분히 짐작할 수 있겠죠?

들과 군사들을 거두어 고향으로 돌아가고 싶었다. 이때, 한생이란 자가 그를 붙들었다.

"이곳 관중은 사방이 산과 강으로 둘러싸인 요새라 적이 함부로 넘볼 수 없고 땅도 기름져 백성들을 넉넉히 먹여 살릴 수 있습니다. 이곳을 도읍으로 정해 천하를 잡고 제후들을 다스리셔야 합니다."

그러나 항우는 이 말을 듣지 않았다. 그의 눈에 비친 함양은 불타 버린 궁전과 전쟁으로 마구 파괴된 메마른 땅이었다. 더구나 그는 오랜 전쟁으로 고향에 대한 그리움에 사로잡혀 있었다. 하루빨리 고향에 돌아가 사람들에게 자신이 이룬 성공을 자랑하고 싶었다.

"사람이 부귀를 이루고도 고향에 돌아가지 않는다면 비단옷을 입고 밤길을 가는 일과 같으니 이를 누가 알아주겠는가?"

이에 한생은 크게 실망하고 물러나와 이렇게 비꼬았다.

"세상 사람들이 초나라 사람은 원숭이에게 관을 씌워 놓은 듯하다던데 항우가 과연 그러하구나!"

이 모욕적인 말이 항우 귀에 들어가자 결국 그는 가마솥에 삶겨 죽었다. 그러나 한때의 성공에 취한 나머지 항우는 훗날, 유방에게 천하를 빼앗기고 말았다.

'금의야행 錦衣夜行'은 "비단옷을 입고 밤길을 간다"라는 뜻이다. 애써 한 일을 아무도 알아주는 사람이 없어서 헛수고로 돌아감을 빗대는 말이다. 누군가 좋은 학용품이나 값비싼 장난감을 가졌으면서 혹 잃어버릴까 염려해 집에 깊이 숨겨 두었다면 금의야행에 빗댈 수 있다.

고사성어 돋보기

錦 비단 금
- 번쩍번쩍 빛난다는 쇠 금(金)과 비단 백(帛)으로 이루어진 글자.
- 오색이 빛나는 '비단'이라는 뜻.
- 보기) 금낭 錦囊 금상첨화 錦上添花 금수강산 錦繡江山

衣 옷 의
- 옷을 입고 깃을 여민 모양을 본떠 '옷'이라는 뜻.
- 보기) 의복 衣服 의상 衣裳 의식주 衣食住 탈의 脫衣

夜 밤 야
- 저녁 석(夕)과 역(亦)의 생략형으로 이루어진 글자.
- 역(亦)은 몸의 양쪽 겨드랑이를 나타냄.
- 하루를 몸에 빗대어 달이 겨드랑이 밑보다 낮게 떨어진 '밤, 새벽녘'이라는 뜻.
- 보기) 심야 深夜 야간 夜間 야식 夜食 야행성 夜行性 주야 晝夜

行 다닐 행
- 왼발이 걷는 모양의 척(彳)과 오른발이 걷는 모양의 촉(亍)으로 이루어진 글자.
- 양쪽 발을 차례로 옮겨 "걷는다"라는 뜻.
- 보기) 병행 竝行 여행 旅行 진행 進行 행동 行動

금의야행 錦衣夜行
― 비단옷을 입고 밤길을 가다

多多益善
다다익선

많으면 많을수록 좋은

한신이 하루아침에 대장군이 된 것은 순전히 승상 소하 덕분이다. 두 사람은 묘한 인연을 가지고 있다. 한신은 항우 밑에서 자기 뜻을 펼 수 없자 우울한 날을 보냈다. 결국 항우 곁을 떠나 유방에게 갔으나 특별하게 대접받지 못했다. 유방에게도 실망한 한신은 어느 날 밤, 도망쳐 버리고 말았다. 그 소식을 듣고 승상 소하는 모든 일을 팽개친 채 그를 뒤쫓아갔다. 다른 사람은 몰라도 소하만은 한신이 지략과 용맹을 갖춘 뛰어난 인물임을 꿰뚫어 보고 있었다. 유방은 사라진 소하에게서 여러 날이 지나도록 소식이 없자 몹시 초조했다. 그는 가장 믿는 신하 소하가 말도 없이 사라지자 정말 자신을 떠나 버렸는지 의심을 품고 있었다. 며칠 뒤, 소하가 한신을 데리고 유방에게 돌아왔다.

"도대체 어디에 무엇 하러 갔다가 이제 오시오?"

"한신이 떠나 버렸다는 이야기를 듣고 너무 급해 미처 보고할 틈도 없었사옵니다. 간신히 그를 쫓아가 데려왔지요."

유방은 이 말을 듣고 불같이 화냈다.

"이제까지 도망간 장수는 많았지만 그대는 한 번도 쫓아간 일이 없었소. 어째서 한신 따위 병졸을 쫓아가 붙잡았단 말이오?"

그러자 소하가 고개를 저으며 말했다.

"다른 장수들이야 어디서에든 얻을 수 있습니다. 그러나 천하를 다 뒤져 봐도 한신 같은 인재는 없습니다. 그저 왕에 만족하신다면 한신이 필요치 않지만 천하를 얻으려 하신다면 기필코 그가 필요합니다."

소하의 말에 따라 유방은 한신을 대장군에 임명했다. 별로 이름도 없던 사람이 대장군이 되자 여러 장수가 깜짝 놀랐다. 대장군 자리에 오른 한신은 유방을 도와 천하 통일을 이루었다.

어느 날, 유방이 한신과 함께 여러 장수가 가진 능력을 이야기했다. "누가 군사 몇만 명을 지휘할 실력을 갖춘 장수일까, 또 어느 정도 군사를 거느릴 수 있을까"를 말하다 넌지시 이렇게 물었다.

"그대는 내가 군사를 얼마나 거느릴 수 있다고 보는가?"

"폐하께서는 10만여 명 정도 군대를 지휘할 수 있을 겁니다."

유방이 불쾌한 표정을 지으며 다시 물었다.

"그럼, 그대는 어느 정도 군대를 거느릴 수 있는가?"

"저야 다다익선이지요. 많으면 많을수록 좋다는 말입니다."

"흠, 나는 기껏해야 10만이고 그대는 많을수록 좋다고? 그렇다면 어찌하여 내 밑에 들어와 있는가?"

"군사들을 이끄는 장수로는 저보다 못하시지만 장수들을 이끄는 우두머리로 더 능력이 뛰어나시어 제가 폐하 밑에 있는 것이옵니다."

'다다익선 多多益善'은 여기에서 나온 말이다. 한신이 자기가 지닌 군사 능력을 한껏 자랑 삼아 한 말에서 비롯했는데 지금은 물건이나 금전 따위가 "많으면 많을수록 좋다"라는 뜻으로 흔히 쓰이곤 한다.

고사성어 돋보기

多 많을 다
- 신에게 바치는 고기를 많이 쌓아 놓은 모양을 본뜬 글자.
- 여기에서 "많다"라는 뜻이 나옴.

보기 　다량 多量　다복 多福　다양 多樣　다정 多情　대다수 大多數

多 많을 다
- 한문에서 두 글자가 겹치는 경우는 다양한 해석이 가능하다.
- 여기에서 '다다(多多)'는 '많으면 많을수록'으로 해석할 수 있다.

보기 　다각형 多角形　다산 多産　다세대 多世帶　다수결 多數決

益 더할 익
- 아래쪽에 부수 그릇 명(皿)이 있어, 그릇에 음식을 수북이 담은 모양을 본떠 "더해지다, 많다"라는 뜻.

보기 　부익부 富益富　빈익빈 貧益貧　수익 收益　유익 有益　이익 利益

善 착할 선
- 아래쪽 입 구(口)가 부수인 글자.
- 양(羊)처럼 온순하며 부드럽게 말(口)하는 사람을 나타내 "착하다"라는 뜻.

보기 　개선 改善　선도 善導　선악 善惡　선의 善意　최선 最善

다다익선 多多益善
— 많으면 많을수록 더욱 좋다

乾坤一擲
건곤일척

자신의 운명을 건 큰 결단

　초나라 항우와 한나라 유방은 서로 황제가 되려고 힘을 겨루었다. 그들은 치열하게 싸웠지만 승부가 나지 않아 결국 협상하기로 했다.
　"더 이상 싸우면 백성들에게 피해가 가니 전쟁을 멈추면 어떻겠소? 땅을 반으로 갈라 서쪽을 한나라로, 동쪽을 초나라로 합시다."
　휴전이 이루어지자 항우는 군사를 이끌고 초나라로 돌아갔다. 유방도 돌아갈 준비를 했다. 이때, 유방 밑에 있던 장량이 말했다.
　"지금 군사를 돌리시면 안 됩니다. 모든 제후가 천하의 반을 차지한 우리를 따르고 초나라 군사들이 지친 지금이 초나라를 칠 기회입니다."
　하지만 유방은 고개를 절레절레 흔들었다.
　"그건 약속을 어기는 일이오. 게다가 우리 군사도 많이 지쳐 있으니 힘을 크게 길러 다음에 초나라를 치면 좋지 않겠소?"
　"이 기회를 놓치신다면 호랑이를 길러 큰 걱정을 남기는 일입니다."
　분명 항우는 힘과 용맹이 뛰어난 인물이었다. 또 훌륭하고 지혜로운 신하들도 많았다. 그가 나중에 힘을 길러 쳐들어오면 한나라는 큰 위험에 빠질 게 틀림없었다. 유방은 계속 고민하다가 마침내 결단을 내렸다.

"좋소, 경의 말대로 초나라를 공격합시다."

한나라가 온 힘을 다해 맹렬한 공격을 퍼붓자 버티지 못한 초나라는 결국 항복하고 말았다.

이리하여 한나라는 천하를 통일하고 유방은 황제 자리에 오를 수 있었다. 200년이라는 세월이 흐른 뒤, 당나라 시인 한유가 이 싸움을 두고 시를 한 편 썼는데, 거기에서 나온 말이 건곤일척 乾坤一擲이다.

건은 하늘, 곤은 땅, 일척은 한 번에 던진다는 뜻인데 이는 '모두를 건 대결단'을 일컫는 말이다. 흔히 천하를 잡느냐, 놓치느냐 하는 큰 모험을 뜻하는 말로 많이 쓰인다. 이를테면 대통령 선거를 앞두고 두 후보가 우열을 가릴 수 없을 만큼 치열한 접전을 벌일 때 건곤일척의 승부라고 말할 수 있다.

고사 속 숨은 이야기

초한지와 장기판

한나라 유방과 초나라 항우의 승부는 사람들 입에 오르내렸습니다. 두 사람은 출신부터 달랐는데 항우는 초나라 명장이자 명문 귀족 항연의 후손이었어요. 유방은 패현 정장 출신의 서민이었죠. 초패왕 항우는 상대할 적이 없을 정도로 용맹을 떨쳤지만 세력을 키운 유방과 천하를 두고 다투었습니다. 그 끝에 유방이 항우를 무너뜨리고 천하를 얻었죠. 이를 소설로 만든 것이 《초한지》이고 놀이판으로 만든 것이 '장기'입니다. 장기를 보면 한쪽 말은 '한漢', 한쪽 말은 '초楚'입니다. 고수가 붉은색 '한漢'을 잡는 까닭은 유방이 항우를 물리치고 천하를 통일했기 때문이에요.

고사성어 돋보기

乾 하늘 건
- 해가 땅 위로 막 떠오르는 간(倝)과 초목이 자라는 새 을(乙, 乚)로 이루어진 글자.
- '하늘'이라는 뜻보다 "마르다"라는 뜻으로 많이 쓰임.
- 보기 건기 乾期 건배 乾杯 건어물 乾魚物 건초 乾草

坤 땅 곤
- 땅의 토(土)와 하늘에서 번개가 번쩍이는 모양 신(申)으로 이루어진 글자.
- 보기 건곤감리 乾坤坎離 곤괘(팔괘의 하나) 坤卦

一 하나 일
- 한 손가락을 펴거나 나뭇젓가락 하나를 놓은 모양을 본떠 '하나'를 뜻함.
- 보기 일가 一家 일등 一等 일세기 一世紀 일인자 一人者

擲 던질 척
- 손동작의 손수변(扌, 手)과 양손으로 술통을 들어 올린다의 정(鄭)으로 이루어진 글자로 "던지다"라는 뜻.
- 보기 투척 投擲 척사(윷놀이) 擲柶 척살 擲殺

건곤일척 乾坤一擲
– 하늘과 땅에 운명을 맡기고 겨루는 커다란 승부

四面楚歌
사면초가

사방으로 큰 어려움에 빠지다

초나라 항우와 한나라 유방이 천하를 다투던 때 이야기이다.

역발산기개세, "힘은 산을 뽑을 만하고 기세는 세상을 덮을 만하다"라는 초패왕 항우도 싸움에 져서 쫓기는 신세가 되었다.

"항우를 잡아라! 이제 적들은 독 안에 든 쥐다. 공격하라!"

항우는 계속 쫓기다가 결국 해하 지역에서 유방과 한나라 군사들에게 완전히 포위되었다. 한나라 군사들은 맹렬하게 공격을 퍼부었지만 싸움은 쉽게 끝나지 않았다. 궁지에 몰렸지만 항우가 워낙 용맹해 쉽게 사로잡을 수 없었기 때문이다. 싸움이 오래 이어지던 어느 날, 한나라 최고 지략가 장량이 유방에게 말했다.

"항우는 힘을 잃었지만 절대 얕잡아 볼 인물이 아닙니다. 무조건 공격만 하지 말고 작전을 바꿔야겠습니다."

"무슨 좋은 방법이라도 있소?"

"지금 초나라 군사들은 오랜 싸움에 지쳐 있고 멀리 있는 가족과 고향을 그리워하고 있습니다. 이때, 구슬픈 초나라 노래를 밤마다 들려주면 초나라 군사들이 듣고 고향 생각에 젖어 사기가 크게 떨어지겠지요."

"그것 참 좋은 생각이오!"

그날 밤부터 날마다 초나라 노랫소리가 사방에 울려 퍼졌다. 어느 날, 군사를 돌아보던 항우는 크게 놀랐다.

"아니, 도대체 누가 부르는 노래냐?"

"한나라가 꾀를 써서 항복한 우리 초나라 군사들에게 노래를 부르게 한 듯합니다."

항우는 하늘을 우러러 탄식했다.

"아, 한나라에 항복한 초나라 군사들이 저렇게 많단 말인가! 들려오는 소리에 또 우리 군사들 마음이 흔들리겠지. 저 구슬픈 노랫소리가 백만 대군보다 더 무섭구나."

오랜 싸움에 지친 초나라 군사들은 노래를 듣자 온몸에 힘이 쭉 빠졌다. 그리고 모두 고향 생각에 젖어 눈물을 흘렸다.
"고향에 두고 온 아내와 자식들이 보고 싶구나. 늙은 부모님은 잘 계신지. 흐흐흑!"
초나라 군사들은 싸울 의욕을 잃어버린 채, 하나씩 둘씩 도망쳤다. 그렇게 군사들을 잃어버린 항우는 이 싸움에서 결국 패하고 말았다.

'사면초가 四面楚歌'는 "사방에 초나라 노래가 가득하다"라는 뜻으로, "주위에 온통 자기를 노리는 사람이 들끓고 있다"라는 뜻이기도 하다. 오늘날에도 여기저기에서 큰 곤경에 빠졌을 때, 사면초가에 놓여 있다는 표현을 쓰곤 한다.

고사 속 숨은 이야기

역발산기개세力拔山氣蓋世 항우의 최후

역발산기개세는 항우가 가진 힘과 용맹을 나타내는 말이에요. 한신의 군대에 포위되었을 때, 항우 곁에는 '우미인'이라는 아리따운 여인과 그가 타고 다니는 준마 오추마가 있었답니다. 항우는 마지막 전투에서 패배를 예감하고 우미인이 따라 주는 술을 마시며 역발산기개세가 들어간 시를 지어 탄식했어요.

"힘은 산을 뽑을 만하고 기운은 온 세상을 덮을 만하다. 때가 이롭지 않으니 오추마도 달리지 않는구나. 이를 어찌할꼬. 우미인이여, 우미인이여!"

그렇게 부르짖은 항우는 끝까지 맞서 싸우다 스스로 목숨을 끊었답니다.

고사성어 돋보기

四

넉 사
- 숨이 나오는 코를 본뜬 글자.
- "숨쉬다"는 따로 희(呬)로 나타내고 사(四)는 숫자 넷을 나타내는 데 씀.

  보기 사각형 四角形 사계 四季 사군자 四君子 사서삼경 四書三經

面

낯 면
- 사람 얼굴과 그 윤곽을 나타낸 글자.
- '물건 겉'이나 "얼굴을 그쪽으로 돌리다" 등으로 쓰임.

  보기 면도 面刀 수면 水面 정면 正面 평면 平面

楚

초나라 초
- 한자 뜻은 가시나무를 나타내는 '초'이지만 나라 이름으로는 춘추전국시대 '초나라'를 뜻함.

  보기 초패왕 楚覇王 초한지 楚漢志

歌

노래 가
- 노래하다의 가(哥)와 하품하는 모양의 흠(欠)으로 이루어진 글자.

  보기 가곡 歌曲 가수 歌手 가요 歌謠 가창력 歌唱力

사면초가 四面楚歌
– 사방이 초나라 노랫소리로 가득하다

捲土重來
권토중래

실패를 교훈으로 삼아

항우는 키가 8척이고 힘이 장사이며 재주가 뛰어나 사람들이 그를 모두 존경하며 두려워했다. 처음에 항우는 군사 8천 명을 일으켜 서쪽 진나라로 진격했다. 그러면서 점차 세력을 키워 진나라를 무너뜨리고 천하 주인이 되었다. 유방과의 전투에서도 승리를 거듭했지만 마지막 해하 전투에서 한나라 군사에게 겹겹이 포위된 채, 곤경에 빠졌다. 그는 죽을 힘을 다해 포위망을 뚫고 남쪽 오강으로 달아났다. 이 과정에서 군사들이 모두 죽고 남은 건 오직 스물여덟 명뿐이었다. 이때 오강 정장이 배를 강변에 대고 항우에게 손짓하며 말했다.

"어서 배에 오르십시오! 강동 지방이 땅은 작으나 사방 천 리나 되고 수십만 명이 살고 있으니 그곳에서 왕 노릇을 할 수 있습니다. 시간을 끌면 한나라 군사들이 쫓아와 강을 건널 수 없으니 서두르십시오!"

항우는 이를 거절하고 쓴웃음을 지으며 말했다.

"하늘이 나를 보살피지 않고 멸하고자 하는데 강은 건너 무엇 하오? 강동 젊은이 8천 명과 함께 서쪽으로 왔으나 지금은 거의 돌아오지 못했소. 강동의 부모 형제 들이 나를 가엾게 여겨 왕으로 섬긴들 무슨 낯으로 그들을 대하겠소? 또 그들이 탓하지 않는다고 해도 내 마음이 부끄럽지 않겠는가?"

그러고는 남은 군사들과 끝까지 용맹스럽게 싸우다 자결했다. 그때 항우 나이는 서른한 살이었다. 훗날, 당나라 말기 유명한 시인 두목이 항우의 장렬한 최후를 안타깝게 여겨 시로 읊었다.

전쟁에서 이기고 지는 것은 뜻대로 되지 않으니	勝敗兵家事不期
수치를 안고 치욕을 참는 것이 대장부이건만	包羞忍恥是男兒
강동에는 뛰어난 인재들이 많았으니	江東子弟多才俊
흙먼지를 일으키며 다시 왔을지 어찌 알겠소	捲土重來未可知

여기에서 마지막 구절 '권토 捲土'는 군대가 말을 달려 전진할 때, 땅을 말면서 올라가는 듯 보이는 흙먼지를 말한다. 따라서 '권토중래 捲土重來'는 "한 번 졌다가 세력을 회복하여 다시 쳐들어온다"라는 뜻으로, 실패하고 다시 일어서는 것을 빗대는 말이다.

고사성어 돋보기

捲 말 권
- 부수 손수변(扌, 手)과 권(卷)으로 이루어진 글자.
- 권(卷)에 몸을 구부린 사람을 본뜬 병부절(卩, 㔾)이 있어 "말다"라는 뜻.
- 보기 | 권포(천을 감음) 捲布 석권 席捲

土 흙 토
- 흙을 뚫고 땅 위로 돋아나는 새싹을 본떠 '흙'이라는 뜻.
- 보기 | 영토 領土 토기 土器 토대 土臺 토지 土地 토양 土壤

重 무거울 중
- 무거운 자루를 등에 진 사람에서 비롯한 글자로 "무겁다"라는 뜻.
- 보기 | 중량 重量 중력 重力 중압감 重壓感 중증 重症

來 올 래
- 보리를 나타낸 글자.
- 옛 중국말로 "오다"와 보리의 래(來)는 소리가 같아 "오다"를 래(來)로 씀.
- 보리라는 글자는 별도로 맥(麥)을 만듦.
- 보기 | 내일 來日 미래 未來 왕래 往來 장래 將來 전래 傳來

권토중래 捲土重來
– 흙먼지를 날리며 다시 돌아오다

兎死狗烹
토사구팽

쓸모없으면 버려지는 신세

한나라 명장 한신은 항우를 물리치고 유방이 천하를 통일하는 데 큰 공을 세웠다. 유방은 황제 자리에 오르자 한신이 세운 공을 높이 사 그를 초나라 왕으로 임명했다. 그런데 한신의 이름이 점점 더 높아지고 힘이 커지는 데다 그가 반란을 꾀한다는 소문도 떠돌았다. 불안해진 유방은 어느 날, 이런 명령을 내렸다.

"내가 오랜만에 사냥을 즐기고 큰 잔치를 열 생각이니, 모든 제후는 한 사람도 빠짐없이 모이시오."

사냥과 잔치 핑계를 댔지만 이는 한신을 잡으려는 꾀였다. 한신은 이 소식을 듣고 오랫동안 고민했다.

'나를 노리고 있는 게 틀림없어. 이를 어쩌면 좋지? 가자니 잡힐까 두렵고 안 가자니 더욱 크게 의심받을까 걱정이고.'

그때 거느리던 부하 한 사람이 말했다.

"종리매를 죽여서 그 목을 황제께 바치면 의심을 풀 수 있지 않겠습니까?"

종리매는 본디 항우 밑에 있던 뛰어난 장수였으나 항우가 죽고 한나라에 항복해 한신에게 의지하고 있었다. 유방은 종리매에게 원한이 있어, 한신에게 그의 목을 베어 올리라고 이미 명령을 내린 상태였다. 하지만 한신은 종리매를 숨겨 둔 채, 명령을 따르지 않았다. 항복한 사람을 죽이는 일은 도리가 아닐 뿐더러 종리매는 쉽게 죽이기 너무 아까운 장수였기 때문이다.

어느 날, 한신이 종리매를 찾아가 그동안 있던 사정을 털어놓자 그는 몹시 화난 얼굴로 말했다.

"유방이 그동안 당신을 치지 못한 까닭은 우리가 같이 있었기 때문이오. 그런데 이제 유방에게 비위를 맞추려고 나를 잡으려 한다면 내 스스로 여기에서 목숨을 내놓겠소. 다만, 내가 없어지면 그 다음은 당신 차례임을 명심하시오!"

이렇게 말한 종리매는 스스로 목을 찔러 자결했다. 그 목을 가지고 간 한신은 유방의 오해를 풀 수 있으리라 생각했지만 결과는 정반대였다. 유방은 종리매가 죽었다는 소식에 즉시 한신을 붙잡아 묶었다.

'아, 종리매의 말이 맞았구나!'

한신은 뒤늦게 하늘을 우러러 탄식했다.

"토끼 사냥이 끝나면 사냥개를 삶아 먹고 하늘을 나는 새가 떨어지면 활을 부러뜨리며 적국이 망하고 나면 장수들을 내친다더니. 그 말이 맞았구나! 내 그동안 유방을 도와 항우를 무찌르고 전쟁에서 큰 공을 세웠건만 이제 천하를 가졌다고 나를 잡아 없애려 하는가!"

결국 한신은 토끼몰이가 끝나자 버림 받은 사냥개 신세가 되고 말았다.

'토사구팽 兎死狗烹'은 여기에서 비롯한 말로 "토끼 사냥이 끝나면 사냥개를 삶아 먹는다"라는 뜻이다. 따라서 '토사구팽'은 필요할 때 중요하게 쓰고 필요 없으면 매정하게 버리는 비정한 인간 세상을 꼬집은 말이다.

고사성어 돋보기

兎
토끼 토
- 긴 토끼 귀와 짧은 꼬리를 본떠 '토끼'라는 뜻.

보기   옥토 玉兎   토영 兎影

死
죽을 사
- 죽을사변(歹, 歺)은 산산이 흩어지는 뼈를 나타냄.
- 여기에 사람 인(人) 변형 글자 비(匕)를 더해 사람이 "죽음"이라는 뜻.

보기   불사신 不死身   사망 死亡   사형 死刑   생사 生死   참사 慘死

狗
개 구
- 개의 개사슴록변(犭, 犬)과 소리를 나타내는 구(句)로 이루어진 글자.

보기   주구(사냥개) 走狗   해구신(물개 생식기) 海狗腎   황구 黃狗

烹
삶을 팽
- 솥을 본떠 삶다라는 뜻의 형(亨)과 불의 불화발(灬, 火)로 이루어진 글자.

보기   팽란(삶은 달걀) 烹卵   팽멸 烹滅

토사구팽 兎死狗烹
– 토끼 사냥이 끝나면 사냥개를 삶아 먹는다

4 위촉오 삼국지에서 생긴 고사성어

《삼국지》는 중국 후한 말기를 배경으로 한 역사 소설이다.
위나라 조조·촉나라 유비·오나라 손권이 천하를 두고 한판 승부를 겨루는 이야기이다.
아주 유명한 소설이라 누구나 한 번쯤 읽어 봤을 《삼국지》.
읽지 않았다 하더라도 유비와 관우·장비·조자룡·제갈공명 같은 인물을
모르는 사람은 거의 없다. 실제로 한번 손에 잡으면
절대로 책을 놓을 수 없을 만큼 흥미진진한 이야기가 펼쳐지는데,
여기에서 비롯한 고사성어 또한 아주 재미있다.

桃園結義
도원결의

의리로 맺은 형제

갈라짐이 오래 가면 반드시 합쳐지고 합쳐짐이 오래 가면 반드시 갈라진다.

《삼국지》 첫머리에 나오는 유명한 구절이다. 진나라에 이어 두 번째로 통일을 이룩한 왕조인 한나라는 400여 년 동안 이어지다가 갈라지기 시작했다.

한나라 말기, 권력을 쥔 환관들이 날뛴 탓에 정치가 어지러워지고 백성들 삶은 고통에 빠졌다. 굶주림과 질병에 시달리던 백성들은 마음의 안식처를 찾았다. 이때, 백성들은 새롭게 일어난 종교 태평도에 빠져들었다. 교주 장각은 이를 이용해 세력을 넓히다 끝내 난을 일으켰는데 이것이 한나라를 멸망으로 이끈 *황건적의 난'이다. 조정에서는 하진을 대장군으로 삼아 이를 억누르려 했으나 마른풀에 불길이 번지듯 일어난 황건적을 감당해 낼 수 없었다.

생각다 못해 조정에서는 각 지방에 의병을 모집하라는 지시를 내렸다. 유비가 사는 유주 탁현에도 의병 모집 포고문이 붙었다. 이를 보자 유비는 나라 걱정에 크게 한숨을 쉬었다. 효성이 지극했던 유비는 어머니를 위

> **궁금증 보따리**
>
> **황건적**
> 이들 무리는 머리에 노란 수건, 황건을 둘렀다고 해서 '황건적'이라 불렀어요.

해 차를 사러 낙양에 갔다가 황건적 무리의 횡포를 직접 경험하기도 했다.

"나라가 위기에 빠졌는데 사내대장부가 한숨만 내쉬는 거요? 나라를 위해 싸워야 하지 않겠소?"

유비는 누군가 꾸짖는 소리에 뒤를 돌아보았다. 우락부락하게 생긴 건장한 사내, 장비가 서 있었다. 마음이 통한 두 사람은 주막으로 자리를 옮겼다. 그곳에는 기골이 장대하고 멋진 수염을 가진 호걸이 있었다. 유비와 장비가 범상치 않은 인물임을 알아채고 인사를 나눈 그가 바로 관우였다.

세 사람은 자리를 같이해 이야기를 나누는 동안 서로 뜻이 맞았다. 그들은 천하를 바로잡고자 손을 잡기로 했다. 이때, 성질 급한 장비가 말했다.

"우리가 이렇게 뜻을 뭉쳤으니 의형제를 맺으면 어떻겠소? 우리 집 후원에 복숭아밭이 있으니 거기에서 모입시다."

그 말에 세 사람은 형제의 의를 맺었다. 짚신을 짜고 자리를 치는 일로 먹고살던 유비, 푸줏간을 하던 장비, 그리고 악한 관료의 횡포를 참지 못해 베어 버린 뒤, 떠돌던 관우. 이들 셋은 복숭아밭에서 소를 잡아 제사 지내며 하늘에 맹세했다.

"유비·관우·장비가 성씨는 다르오나 의를 맺어 형제가 되었으니, 한마음으로 힘을 합해 천하 사람들을 도와 위로는 나라에 보답하고 아래로는 백성을 편안케 하려 합니다. 한날한시에 태어나지 못했어도 한날한시에 죽기를 바라니, 천지신명께서는 굽어살펴 의리를 저버리고 은혜를 잊는 자는 천벌을 내려 죽이소서."

맹세를 마치고 유비가 첫째, 관우가 둘째, 장비가 셋째가 되었다.

얼마 뒤, 이들은 젊은이 3백여 명을 이끌고 황건적 토벌에 나섰다.

그 뒤, 온갖 고초를 겪으며 촉나라를 세워 위나라 조조, 오나라 손권과 함께 천하를 다투었다.

유비와 관우 그리고 장비가 복숭아밭에서 의형제를 맺은 데서 '도원결의 桃園結義'가 비롯했다. 이 장면은 훗날, 의형제 결의의 모범이 되었다. "뜻이 맞는 사람끼리 한 목적을 위해 행동을 같이하기로 약속한다"라는 뜻으로 지금도 많은 사람 입에 오르내리는 말이다.

고사 속 숨은 이야기

《삼국지》와 《삼국지연의》

《삼국지》는 중국 한나라 말기, 위촉오 삼국 역사를 기록한 역사서입니다. 서진시대 사람, 진수가 기록한 책이며 《위서》·《촉서》·《오서》 3서로 이루어져 있어요. 이 《삼국지》를 바탕으로 명나라 초, 장편 소설이 나왔는데 이것이 《삼국지연의》입니다. 우리가 읽는 소설 《삼국지》가 바로 나관중이 지은 《삼국지연의》예요. 유비·관우·장비·제갈량·조조·손권 등 유명 주인공을 비롯해 수많은 인물과 웅대한 구성이 돋보이는 이 작품은 최고의 역사 소설로 오늘날까지 사랑받고 있죠.

고사성어 돋보기

桃 복숭아나무 도
- 나무 목(木)과 조짐 조(兆)로 이루어진 글자.
- 조(兆)는 점칠 때 거북 등 껍데기를 태워 나타난 갈라진 금을 본뜬 글자.
- 씨가 두 개로 쪼개지는 나무라 하여 '복숭아나무'라는 뜻.

보기 도화 桃花 천도 天桃 황도 黃桃

園 동산 원
- 원(袁)이 소리를 나타내고 큰입구몸(口 에울 위)이 경계를 두른 지역을 나타내 작은 산이나 숲을 뜻하는 '동산'이라는 뜻.

보기 공원 公園 낙원 樂園 동물원 動物園 유치원 幼稚園

結 맺을 결
- 실타래의 사(糸)와 단단히 죄다의 길(吉)로 이루어진 글자.
- 실로 단단히 얽어 묶는다 하여 "맺다"라는 뜻.

보기 결말 結末 결박 結縛 결성 結成 결연 結緣 결합 結合

義 옳을 의
- 양 양(羊) 아래 나 아(我)를 더한 글자.
- 내(我) 마음 씀씀이를 양(羊)처럼 착하고 의리 있게 가져 "옳다, 의롭다"라는 뜻.

보기 정의 正義 의리 義理 의무 義務 의협심 義俠心

도원결의 桃園結義
– 복숭아나무 밭에서 형제의 의리를 맺다

髀肉之嘆
비육지탄

덧없이 보내는 세월을 한탄

한나라 황실 후예인 유비는 무너진 한나라 황실을 다시 세우려는 큰 꿈이 있었다. 그는 관우, 장비와 도원결의를 맺고 군사를 일으켰으나 힘이 약하여 자기 세력을 가지지 못했다. 반면, 조조는 스스로 대장군이라 부르며 조정에서 실권을 쥐고 있었다.

유비는 조조에게 쫓겨 이곳저곳을 떠돌아다니다 형주 지역 유표에게 몸을 맡겼다. 하지만 그는 천하를 함께 꾀할 큰 그릇이 아니었다. 유비는 그에게 신야 지역에 있는 작은 성을 얻어 그곳을 지키며 세월을 보냈다. 군사를 일으킨 지 10년 가까운 세월이 흘렀으나 그 시간은 유비에게 비운의 연속이었다. 게다가 나이도 50을 바라보고 있었다.

어느 날, 유표가 술자리를 마련해 후계자 문제를 의논하려고 유비를 불렀다. 한창 이야기를 나누다 화장실에 간 유비는 바지를 벗고 앉다가 살이 두둑하게 오른 자기 넓적다리를 보았다. 문득 신세가 한심스러워진 유비는 저도 모르게 눈물을 흘렸다. 자리에 돌아온 유비의 얼굴을 무심코 바라본 유표는 깜짝 놀라 물었다.

"아니, 대체 무슨 일이시오? 얼굴에 눈물 흔적이 있소이다."

유비가 깊이 한숨 쉬며 대답했다.

"지난날, 몸이 하루도 말안장을 떠난 적이 없어 넓적다리에 살이 오를 틈이 없었는데 이제 보니 살이 두둑이 올라 있습니다. 말을 타고 전장을 누빈 지가 오래됐기 때문인가 봅니다. 아무런 공도 쌓지 못한 채로 헛되게 세월을 보내는 사이, 몸마저 늙으니 마음이 서러워 저절로 눈물이 흘렀습니다."

'비육지탄 髀肉之嘆'은 여기에서 비롯했다. '비육'은 넓적다리 살을 말한다. 장수가 말을 타고 싸움터를 헤집고 다니면 거기에 살이 오를 틈이 없다. 10여 년을 평화롭게 지낸 유비의 말처럼 *비육지탄은 "넓적다리 살이 오른 것을 한탄한다"라는 뜻으로 헛되이 세월만 보냄을 빗대는 말이다.

유비의 비육지탄
유비의 비육지탄은 몇 해 더 이어졌습니다. 하지만 적벽대전에서 손권과 함께 조조를 물리친 유비는 이 기회를 잡아, 서쪽으로 가서 촉나라를 세워 위나라 조조, 오나라 손권과 더불어 삼국을 이루었죠. 이는 유비가 형주 땅에서 비육지탄을 말한 지 다시 10여 년 뒤의 일이었답니다.

고사성어 돋보기

髀肉之嘆

髀 넓적다리 비
- 부수 뼈 골(骨)이 뜻을, 비(卑)가 소리를 나타내 '넓적다리'라는 뜻.
- 보기: 비골 髀骨, 비구 髀臼

肉 고기 육
- 자른 고기 힘줄을 본떠 '고기, 몸'이라는 뜻.
- 보기: 근육 筋肉, 육신 肉身, 육체 肉體, 편육 片肉

之 어조사 지
- 출발선에서 한 발짝 내딛음을 나타내므로 "간다"라는 뜻의 갈 지(之).
- 여기에서는 무엇 '~의'라는 어조사로 쓰였다.
- 보기: 만인지상 萬人之上, 일언지하 一言之下

嘆 탄식할 탄
- 입 구(口)와 진흙 근(堇)으로 이루어진 글자.
- 굶주림에 진흙을 구워 먹는 상황이 괴로워서 "탄식하다"라는 뜻.
- 보기: 개탄 慨嘆, 비탄 悲嘆, 탄식 嘆息

비육지탄 髀肉之嘆
― 넓적다리 살이 오른 것을 한탄하다

單騎千里
단기천리

옛 주인을 찾아가는 의리

《삼국지》에서 가장 매력 있는 인물을 단 한 명만 꼽으라면 아마도 *관우가 아닐까? 그는 의리의 상징으로 많은 사람에게 사랑받고 있다. 단기천리는 그가 왜 의리의 상징인지를 보여 주는 좋은 일화이다.

유비의 군대는 조조와의 서주 전투에서 크게 패했다. 유비·관우·장비 세 형제는 뿔뿔이 흩어졌는데 안타깝게도 관우는 조조군에게 사로잡히고 말았다. 항복을 권하자 관우는 세 가지 조건을 내걸었다.

첫째, 조조가 아니라 한나라 황실에 항복한다.
둘째, 유비의 부인 두 명을 보호한다.
셋째, 언제라도 유비의 행방을 알면 떠난다.

조조는 관우의 인물 됨됨이에 반해 포로인 그를 아주 극진하게 대접했다. 사흘마다 작은 잔치를 베풀고 닷새마다 큰 잔치를 베풀어 주었다. 또 관우의 멋진 수염이 자주 빠진다는 말에 비단 수염 주머니를 내리고 '한수정후'라는 벼슬까지 받게 해 주었다. 한번은 관우가 탄 말이 비쩍

> **궁금증 보따리**
>
> **《삼국지》의 영웅, 관우**
> 《삼국지》 속 관우는 키가 9척으로, 2미터가 넘었어요. 또한 수염 길이는 2자로 약 60센티미터였죠. 얼굴은 잘 익은 대추처럼 붉고 입술은 기름을 바른 듯했으며, 붉은 봉황 눈과 누에가 누운 듯한 눈썹을 가졌다고 합니다. 여기에 무게만 82근(약 49.2kg)이나 나가는 청룡언월도를 대장간에서 제작해 무기로 썼답니다. 그의 의리와 충성심, 인품을 존경하는 사람들 덕분에 관우는 《삼국지》 최고 영웅으로 인기가 많죠.

마르자 그 까닭을 물었다.

"내 무거운 몸을 말이 견디지 못하는 듯합니다."

그 대답에 조조는 말을 한 필 가져오라 했다. 온몸에 붉은 털이 나 있는 튼실한 말이었다. 관우는 단번에 유명한 적토마임을 알아보고 조조에게 두 번이나 크게 절하며 감사했다. 조조가 관우에게 물었다.

"내가 미녀들이나 금은보화를 보냈을 때는 그러지 않더니, 말 한 필에 그리 감사하는 까닭이 무엇이오?"

"저에게는 미녀나 금은보화 따위는 필요치 않습니다. 적토마는 하루에 1천 리를 간다고 들었습니다. 그러니 지금이라도 형님 소식을 듣는다면 이 말을 타고 하루 만에 갈 수 있지 않겠습니까?"

고사 속 숨은 이야기

신으로 모시는 관우 장군

의리의 상징 관우는 오나라 장수 여몽에게 죽었는데 이를 안타까워한 후세 사람들은 그를 신으로 숭배했어요. 이때, 관왕 또는 관제라고 해서 장군이 아니라 왕이나 황제로 높여 불렀죠. 우리나라도 관우를 신으로 모시는 사당이 있는데, 그 기원은 임진왜란으로 거슬러 올라갑니다. 조선에 온 명나라 군은 주둔지에 관우 사당을 세웠는데 조선 백성들에게 이곳이 위험을 피하기 좋다고 소문이 났어요. 중국뿐만 아니라 우리나라, 일본까지 《삼국지》가 유행해서 이를 읽어 본 사람들은 관우를 존경했죠. 그래서 왜군도 관우 사당이 있는 곳은 함부로 공격하지 않았고 이후, 민간 신앙에서 숭배했어요. 지금도 서울 동묘를 비롯해 안동·남원·강화 등지에 관우 사당이 남아 있어요.

조조는 이 말을 듣고 놀라면서 말을 준 것을 후회했다. 조조 밑에 머물던 관우는 그를 떠나더라도 마음의 빚은 갚을 생각이었다. 그래서 원소의 군대가 쳐들어왔을 때, '안량'과 '문추'라는 두 적장을 베어 큰 공을 세웠다. 이 덕분에 관우는 이름이 널리 알려졌는데 공교롭게도 그때 유비는 원소 밑에 있었다.

유비 소식을 듣자 관우는 떠날 준비를 갖추고 조조를 찾았다. 하지만 조조는 일부러 관우를 피했다. 의리와 예의를 아는 관우가 인사하지 않으면 떠나지 못하리라는 사실을 알았기 때문이다. 하는 수 없이 관우는 길을 떠나면서 이별을 고하는 편지를 남겼다.

새로 입은 은혜가 두텁다고는 하지만 옛날 의리를 저버릴 수 없습니다.

새로 입은 은혜는 조조, 옛날 의리는 유비를 말한다. 관우는 조조가 보인 호의에 감사하면서도 유비를 잊지 않았다. 조조의 부하들은 관우가 유비에게 돌아가면 후환이 되리라 염려해 뒤쫓으려고 했다. 하지만 조조는 옛 주인을 잊지 않는 관우를 칭찬하면서 부하들을 말렸다.

"말 하나를 타고 1천 리를 내달린다"라는 뜻을 가진 '단기천리 單騎千里'는 여기에서 비롯했다. 하지만 유비에게 가려면 조조의 맹장들이 버티고 있는 관문 다섯 개를 통과해야 했다. 여기에서 나온 고사성어가 '오관돌파' 혹은 *오관참육장'이다. "다섯 관문을 돌파하면서 앞길을 가로막는 장수 여섯을 베었다"라는 말이다. 단기천리·오관돌파·오관참육장은 같은 뜻으로, 옛날 의리를 지키려고 천 리를 멀다 않고 겹겹이 쌓인 난관을 꿋꿋이 돌파함을 빗댄 말이다.

궁금증 보따리

오관참육장의 장수들은?
제1관 동령관은 '공수', 제2관 낙양관은 '한복과 맹탄', 제3관 사수관은 '변희', 제4관 형양관은 '왕식', 제5관 활주관은 '진기'라는 장수였어요.

고사성어 돋보기

單 홑 단
- 입 구(口)에 밭 전(田), 열 십(十)으로 이루어진 글자.
- 많은 식구를 먹여 살리려고 밭에서 열심히 홀로 일한다 하여 '홑'이라는 뜻.

보기 단독 單獨 단순 單純 단식 單式 단위 單位

騎 말 탈 기
- 말 마(馬)와 양다리를 구부려 걸터앉다의 기(奇)로 이루어진 글자.
- "말에 올라타다"라는 뜻.

보기 기마 騎馬 기병 騎兵 기사 騎士

千 일천 천
- 사람 인(人)과 하나 일(一)로 이루어진 글자.
- 여기에서 인(人)은 많은 사람의 뜻을 지녀 천 단위 가운데 하나(一)의 숫자 '일천'을 뜻함.

보기 삼천리 三千里 천금 千金 천년만년 千年萬年 천자문 千字文

里 마을 리
- 밭 전(田)과 흙 토(土)로 이루어진 글자.
- 밭이 있고 토지가 있는 곳, 사람이 사는 '마을'이라는 뜻.
- 거리 단위로도 씀.

보기 구만리 九萬里 동리 洞里 이장 里長 이정표 里程標

단기천리 單騎千里
– 한 마리 말을 타고 천 리를 가다

三顧草廬
삼고초려

인재를 얻으려 몸을 낮추는

유비는 관우나 장비, 조자룡 같은 천하 명장을 곁에 두었으나 늘 조조군에게 이기지 못했다. 군대 전체를 거느리고 계책을 세울 지략가가 없었기 때문이다.

그러던 가운데 '서서'라는 지략가를 어렵게 둘 수 있었다. 하지만 조조가 꾸민 계략에 빠져 그를 떠나보내야 했다. 서서가 지닌 깊은 효심을 알고 조조가 그의 어머니를 붙잡아 두었기 때문이다. 서서는 유비가 그와의 이별을 아쉬워하자 이렇게 말했다.

"어머니를 저버릴 수 없어 조조에게 가지만 결코 그를 위해 꾀를 내지는 않겠습니다. 저보다 열 배나 뛰어난 인재가 있는데 한번 만나 보시겠습니까?"

유비가 깜짝 놀라며 되물었다.

"아니, 그런 사람이 어디에 있답니까?"

"와룡 선생이라 불리는 제갈량 공명입니다. 지금은 초막에 묻혀서 한가하게 밭을 갈고 있지만 천하에 둘도 없는 훌륭한 인재입니다."

"당장 그를 불러 만나 보겠습니다."

그러자 서서가 고개를 저으며 말했다.

"친히 찾아가신다면 그를 만나 볼 수는 있겠으나 여기 앉아서 부르신다면 그는 결코 오지 않습니다."

서서가 떠나고 제갈량이 '융중'에 있다는 이야기를 들은 유비가 관우와 장비를 데리고 멀고 험한 길을 몸소 나섰다. 유비 일행이 물어물어 제갈량이 있다는 초막을 찾았을 때, 동자가 나와 말했다.

"지금 선생께서는 산에 약초를 캐러 가셨습니다. 한번 나가시면 며칠이 걸릴 때도 있고 몇 달이 걸릴 때도 있어서 언제 돌아오실지 알 수 없습니다."

유비 일행은 하는 수 없이 발길을 돌려야 했다.

그 후, 섣달이 오자, 융중에서 와룡 선생이 돌아와 있다는 소식이 들려왔다. 유비는 다시 관우, 장비와 함께 길을 떠났다. 때마침 눈이 내려 발밑에 푹푹 쌓이는 눈밭을 헤치면서도 그들은 어렵게 융중을 다시 찾았다.

"아, 지난번에 오셨던 분들이군요. 선생께서는 집에 돌아와 며칠 머무시다 또다시 나가셨습니다."

헛걸음한 채, 다시 돌아가던 길에서 관우와 장비가 불평을 터뜨렸다.

"와룡 선생인지 뭔지 너무 무례하지 않습니까? 저번에 다시 오겠다고 했는데 또 나가다니. 이젠 다시 찾아오지 맙시다!"

"잔소리 마라. 그리 불평한다면 다음에 너희들은 따라오지 않아도 좋다!"

유비는 관우와 장비의 만류에도 아랑곳없이 이듬해 세 번째 방문길에 올랐다. 이번에는 제갈량이 돌아와 집에 머물고 있었다. 하지만 동자가 말했다.

"선생께서 지금 낮잠을 주무시고 계시니 깰 때까지 조금만 기다려 주시지요."

성질 급한 장비가 당장 그를 깨우라고 난리를 피울 때도 유비는 그저 말릴 뿐이었다. 한참을 기다려도 소식이 없자 장비가 끝내 불을 지르겠다며 소란을 피워 댔다. 그 탓에 제갈량이 깨어나자 유비는 비로소 그를 마주할 수 있었다. 당시 제갈량은 27세, 유비는 47세였다. 제갈량은 유비가 몸을 낮춰 세 번씩이나 자기 집을 찾아 준 일에 감동해 마침내 그를 따라 세상에 나왔다. 그 뒤, 유비는 호랑이가 날개를 단 듯, 전투에서 승리하며 이름을 떨칠 수 있었다.

'삼고초려 三顧草廬'는 여기에서 비롯했다. 유비가 초가집을 세 번이나 방문한 끝에 비로소 제갈량을 얻었듯, 뛰어난 인재를 맞아들이려고 '참을성 있게 하는 노력'을 빗대는 말이다.

고사성어 돋보기

三

석 삼
- 세 손가락을 옆으로 펴거나 나무젓가락 세 개를 옆으로 놓은 모양을 나타내 '셋'이라는 뜻.

  보기 삼각형 三角形 삼국지 三國志 삼박자 三拍子 삼일절 三一節

顧

돌아볼 고
- 글자 왼쪽 고(雇)가 소리이고 오른쪽 부수가 머리를 뜻하는 혈(頁)로 이루어진 글자.
- "머리를 돌려보다, 돌아보다"라는 뜻.

  보기 고객 顧客 고명(임금이 유언으로 부탁하는 일) 顧命 회고 回顧

草

풀 초
- 부수 초두머리(艹, 艸)가 '풀, 풀의 싹'을 뜻함.
- 처음에는 艹(초)로 썼지만 나중에 조(早)를 곁들여 초(草)로 씀.

  보기 감초 甘草 약초 藥草 초가 草家 초록 草綠 화초 花草

廬

농막집 려
- 부수인 집을 뜻하는 엄 호(广 집 엄)와 허름한 집을 나타낸 로(盧)를 더한 글자.
- 논밭에 간단히 지어진 '오두막집'이라는 뜻.

  보기 와려(달팽이 집) 蝸廬 촌려(시골집) 村廬

삼고초려 三顧草廬
– 초가집을 세 번이나 돌아보다

水魚之交
수어지교

물 만난 물고기

유비는 인재를 얻으려고 세 번씩이나 발걸음을 해 간신히 제갈량을 만나 정중하게 청했다.

"이미 한나라 왕실은 기운 지 오래이고 간신들이 천하를 차지하려고 합니다. 나는 천하를 구하고자 하는 큰 뜻을 품었으면서도 지혜롭지 못해 세월만 허비하며 오늘에 이르렀습니다. 아무쪼록 저를 도와 세상을 구할 계책을 알려 주십시오."

"초야에 묻혀 살아온 보잘것없는 저를 이렇게 세 번씩이나 찾아 주시니 몸 둘 바를 모르겠습니다. 앞으로 주군으로 모시면서 함께 천하를 꾀하겠습니다."

제갈량은 유비를 따라 세상에 나오면서 *천하삼분지계를 내놓았다.

"북쪽에는 조조가 튼튼한 터전을 갖고 있어 지금 그와 싸우기는 어렵습니다. 동쪽 오나라와 손잡고 조조를 견제하면서 서쪽으로 들어가 촉나라를 세워 때를 기다린다면 천하를 얻을 수 있습니다."

"과연 탁월한 계책입니다. 선생 이야기를 들으니 속이 후련하고 장님이 눈을 떠 밝은 세상을 보는 듯합니다."

천하삼분지계
위나라 조조, 오나라 손권과 더불어 천하를 3등분으로 나눈 뒤, 촉나라를 세운다는 계책이었습니다.

유비는 제갈량을 굳게 믿으며 먹고 자는 일을 같이할 정도로 가깝게 지냈지만 관우와 장비는 이를 몹시 못마땅하게 여겼다.

"제갈량은 아직 젊은 애송이에 불과합니다. 형님께서 고개를 숙이는 일은 옳지 않습니다. 너무 그러지 마십시오."

그러자 유비가 아우들을 나무라며 대답했다.

"그런 말 말게나. 내가 공명 선생을 얻음은 마치 물고기가 물을 얻음이나 마찬가지라네."

'수어지교 水魚之交'는 여기에서 비롯했다. 말 그대로 해석하면 '물과 물고기의 사귐'이지만 '물 만난 물고기'라는 뜻이 더 알맞다. 임금과 신하 사이 두터운 사귐, 혹은 부부 사이 친밀함을 표현하는 말이다. 아주 가까워 떨어질 수 없는 친구 사이도 수어지교라는 말을 쓸 수 있다.

고사성어 돋보기

水　물 수
- 흐르는 물을 본떠 '물'이라는 뜻.
- 부수로 쓰일 때는 삼수변(氵, 水)이라 한다.
- 보기 | 수도 水道 수심 水深 수영 水泳 수증기 水蒸氣

魚　물고기 어
- 물고기를 본떠 '물고기'라는 뜻.
- 보기 | 문어 文魚 어류 魚類 어패류 魚貝類 열대어 熱帶魚

之　어조사 지
- 출발선에서 한 발짝 내딛음을 나타내므로 "간다"라는 뜻의 갈 지(之).
- 여기에서는 무엇 '~의'라는 어조사로 쓰였다.
- 보기 | 만인지상 萬人之上 일언지하 一言之下

交　사귈 교
- 사람 종아리가 엇갈려 겹쳐 있는 모습을 본뜬 글자.
- 다리가 엇갈리듯 사람 관계도 엇갈려 "사귀다"라는 뜻.
- 보기 | 교류 交流 교제 交際 교환 交換 외교 外交

수어지교 水魚之交
- 물고기가 물을 만나다

苦肉之策
고육지책

자기 몸을 희생해 적을 속임

전쟁에서 이기려면 여러 가지 꾀가 필요하다. 중국 병법서에는 서른여섯 가지 계략을 모아 놓은 '삼십육계'가 있다. 이 가운데 서른네 번째는 고육계를 다루고 있다.

《삼국지》 적벽대전에도 이 고육계가 나온다. 적벽대전은 《삼국지》를 읽어 보지 않은 사람도 한 번쯤 들어봤을 아주 유명한 전쟁이다.

양자강 이북 지역을 통일한 위나라 조조가 강남 지역의 오나라 손권을 치려고 100만 대군을 보냈다. 이때 유비와 손권은 손을 잡고 조조에게 맞서 전쟁을 벌인다. 두 세력이 양자강을 사이에 두고 벌인 전쟁이 바로 적벽대전이다.

이 전쟁에서 가장 큰 활약을 펼친 인물은 오나라 대도독 '주유'이다. 주유는 뛰어난 전술로 전쟁을 승리로 이끄는데 이때, 황개의 고육계가 조조와 주유 사이에서 승패를 나누었다.

처음에 오나라에서는 조조의 대군이 몰려온다는 소식을 듣고 싸울지, 항복할지를 두고 논란이 많았다. 이때 노장 황개가 은밀하게 주유를 찾아가 말했다.

"지금 적군은 많고 아군은 적기 때문에 오래 시간을 끌어서는 곤란합니다. 조조의 군사들이 뱃멀미 때문에 배들을 쇠사슬로 묶어 놨다 하니 거짓으로 투항하는 척하며 다가가 불을 지르면 이길 수 있습니다."

"꾀 많은 조조가 거짓 투항을 믿겠소?"

"고육계를 쓰시면 어떻겠습니까? 제가 희생하지요."

"나이도 많은데 어찌 그 고통을 감당하시겠소?"

"늙은 몸이 살면 얼마나 더 살겠소? 나라를 위한 일이니 어떠한 고통도 달게 받겠소이다."

다음 날, 주유는 모든 장수를 불러 모아 놓고 작전 회의를 열었다. 이 자리에서 각자 양식과 말먹이 풀을 준비해 적을 맞아 싸울 준비를 하라고 일렀다. 그러자 황개는 일부러 강력히 반대하면서 조조를 격파하지 못할 바에야 차라리 항복하는 편이 낫다고 주장했다. 이에 주유는 불같이 화내며 말했다.

"싸움도 하기 전에 사기를 떨어뜨리는 이는 용서할 수 없다. 당장 목을 베어 군법을 바로 세워라!"

주변 장수들이 모두 놀라 용서를 구하는 바람에 황개는 곤장 100대로 죽음을 피했다. 하지만 곤장 50대에 황개는 살갗이 터지고 피투성이가 되어 기절하고 말았다. 주유는 그제야 화가 조금 풀린 듯 말했다.

"50대는 남겨 두되, 다시 한 번 내 명령을 어기면 그때는 두 가지 죄를 한꺼번에 벌하리라!"

황개는 주유를 욕하며 곧바로 조조에게 거짓 항복 편지를 바쳤다. 조조는 첩자들에게 이미 보고 받은 터라 그 편지에 깜빡 속아 넘어갔다.

일부러 어두운 밤을 골라 항복하기로 약속한 황개는 배에 기름과 유황, 마른풀을 싣고 조조군이 있는 배로 다가가 불을 질렀다. 엉겁결에 당한 조조군 진영은 순식간에 불바다가 되었다. 조조는 이 패배로 천하를 통일하겠다는 꿈을 접고 군사를 돌릴 수밖에 없었다.

'고육지책 苦肉之策'은 이처럼 고통스럽게 자기 몸을 희생해 적을 속이는 꾀이다. 고육지책은 이 고육계에서 비롯한 말로 줄여서 '고육책'이라고도 한다. 뜻한 바를 이루려고 자기 한 몸을 희생해야 할 때 지금도 고육책이라는 말을 자주 쓴다.

고사성어 돋보기

苦 쓸 고
- 부수인 풀의 초두머리(艹, 艸 풀 초)와 소리를 나타내는 옛 고(古)로 이루어진 글자.
- 풀 초(艹)가 본디 씀바귀를 뜻하는데 그 맛이 써서 "쓰다"라는 뜻.

  보기 고뇌 苦惱 고민 苦悶 고충 苦衷 고통 苦痛

肉 고기 육
- 자른 고기 힘줄을 본떠 '고기, 몸'이라는 뜻.

  보기 육류 肉類 육식 肉食 육질 肉質 육포 肉脯 육회 肉膾

之 어조사 지
- 출발선에서 한 발짝 내딛음을 나타내므로 "간다"라는 뜻의 갈 지(之).
- 여기에서는 무엇 '~의'라는 어조사로 쓰였다.

  보기 만인지상 萬人之上 일언지하 一言之下

策 채찍 책(꾀 책)
- 글자 위, 대나무 죽(竹)이 있어 말을 때릴 때 쓰는 '대나무 말채찍'을 뜻함.
- 오늘날, '꾀·계략'이라는 뜻으로 쓰임.

  보기 정책 政策 책략 策略 책정 策定

고육지책 苦肉之策
– 자기 몸을 희생하는 계략

虛虛實實
허허실실

서로 재주와 꾀를 다하여 다툼

　조조는 100만 대군을 이끌고 자신 있게 출전했으나 적벽대전에서 유비와 손권 연합군에 크게 패한 뒤, 쫓기는 신세가 되었다. 그는 가는 곳마다 제갈량이 숨긴 군사들에게 공격 받았다. 오림 지역 서쪽으로 도망치다 조자룡에게 당하고 다시 호로구 쪽으로 도망쳤으나 장비에게 혼이 났다. 마침내 화용도에 이르자 그곳에는 관우가 기다리고 있었다.

　사실, 관우는 이곳에 오기 전에 제갈량과 실랑이를 벌였다. 제갈량은 장수들에게 해야 할 임무를 맡겼지만 관우에게는 무엇도 맡기지 않았다. 관우가 이를 강하게 따지자 제갈량이 말했다.

　"장군은 의리가 깊은 사람이오. 조조를 만나면 지난날, 입은 은혜 때문에 틀림없이 그를 살려 보낼 것이오."

　관우는 이 말에 불같이 화를 냈다.

　"절대 그런 일은 없소. 조조를 살려 보낸다면 군법에 따라 내 목숨을 내놓겠다는 각서를 쓰겠소."

　"좋소. 장군께서는 지금 당장 군사들을 이끌고 화용도에 매복해, 모닥불을 피워 연기를 내시오. 틀림없이 조조는 그 길로 올 것이오."

"매복하려면 조용히 숨어 있어야지 왜 불을 피운단 말이오? 적들이 연기를 보면 당연히 도망칠 텐데 어찌 조조를 잡겠소?"

"병법에 '허허실실'이라는 게 있소. 허한 곳은 실한 듯, 실한 곳은 허한 듯 꾸미라는 말이지요. 조조는 병법에 능해 우리가 허세를 부린다 생각하고 그리로 올 것이오. 내 말이 틀리다면 나도 목숨을 내놓겠소."

관우는 그 말에 따라 숨어서 모닥불을 놓아 연기를 피워 올렸다.

화용도에 이른 조조는 갈림길에서 고민에 휩싸였다. 숨어 있던 유비 군에게 혼이 난 터라 군사를 보내 앞을 살폈다. 살펴보러 간 군사가 돌아와 말하길, 한쪽 길은 쥐죽은 듯 고요하고 또 한쪽 길에서 연기가 난다고 했다.

장수들은 고요한 길로 가기를 청했지만 조조는 제갈량이 그곳에 군사를 숨겨 두었다고 생각했다. 연기가 나는 화용도로 향했던 조조는 제 꾀에 넘어가고 말았다. 골짜기 깊숙이 들어섰을 때 느닷없이 관우와 군사들이 이끌고 나타난 것이다. 위기에 빠진 조조는 관우에게 몸을 굽히며 목숨을 구걸했다.

"나 조조가 싸움에 져서 이곳까지 쫓겨 왔으나 갈 길이 막혔구려. 부디 옛정을 가볍게 여기지 말아 주시오."

"공께 입은 은혜는 이미 안량과 문추를 베어 갚았소. 어찌 사사로운 정을 앞세워 큰일을 망칠 수 있겠소?"

"장군께서는 신의를 중히 여기는 분이 아니시오? 그대가 나를 떠날 때 뒤쫓지 않은 일을 기억하시구려. 부디 우리를 풀어 주시오."

그 말에 마음이 흔들린 관우는 결국 군사를 뒤로 물리며 조조를 살려 보냈다. 조조를 놓아준 관우는 돌아와 제갈량에게 죽음을 청한다. 제갈량이 군법대로 처형하려 할 때 유비가 막아서며 용서를 구하자 마지못한 듯 이를 받아들여 관우는 죽음을 피할 수 있었다.

'**허허실실 虛虛實實**'은 허와 실이 일정하지 않은 것이다. 빈곳처럼 보이는 곳이 차 있고 차 있는 듯 보이는 곳이 비어 있어 짐작하기가 매우 어렵다. 한마디로 상대방의 허점을 찌르는 계략이다. "허술해 보이지만 실제로 아주 튼실하고 실속이 있다"라는 뜻으로 쓰인다. 이를테면 여러분이 운동장에서 축구할 때 수비하지 않는 듯 골 앞을 비워 두었다가 그쪽으로 공격이 오면 재빨리 압박해 공격을 막는 것도 허허실실 전법이라고 할 수 있겠다.

고사 속 숨은 이야기

허허실실과 공성계

허허실실 전법에 재미난 예가 하나 더 있어요. 훗날, 제갈량이 위나라와 싸울 때 사마의가 15만 대군을 이끌고 양평관에 몰려왔습니다. 제갈량은 정예군을 모두 전투에 내보내서 군사가 적었죠. 제아무리 뛰어난 제갈량이라도 어쩔 수 없었던 터라 성을 비우는 공성계를 썼답니다. 제갈량은 성문을 활짝 열고 부하들과 함께 성루에 올라 거문고를 탔습니다. 사마의는 허술한 그 모습이 함정에 빠뜨리려는 속셈이라 생각하고 군사를 뒤로 물렸어요. 나중에 이 사실을 안 사마의는 크게 후회했으며, 제갈량은 "두 번 쓰지 못할 위험한 계책이었다"라고 되뇌었습니다.

고사성어 돋보기

虛 빌 허
- 호랑이 머리를 본뜬 부수 범 호(虍)와 언덕의 구(丘)로 이루어진 글자.
- 범 호(虍)는 "크다"라는 뜻으로 큰 언덕에 무엇도 없어 "텅 비다"라는 뜻.

보기 허구 虛構 허언 虛言 허위 虛僞 허점 虛點

虛 빌 허
- 호랑이 머리를 본뜬 부수 범 호(虍)와 언덕의 구(丘)로 이루어진 글자.
- 범 호(虍)는 "크다"라는 뜻으로 큰 언덕에 무엇도 없어 "텅 비다"라는 뜻.

보기 공허 空虛 허무 虛無 허심탄회 虛心坦懷

實 열매 실
- 집을 뜻하는 부수 갓머리(宀)와 꿴 동전들의 관(貫)으로 이루어진 글자.
- 집안에 금은보화가 가득해 씨가 잘 여문 '열매, 참다움, 내용'이라는 뜻.

보기 과실 果實 실제 實際 실태 實態

實 열매 실
- 집을 뜻하는 부수 갓머리(宀)와 꿴 동전들의 관(貫)으로 이루어진 글자.
- 집안에 금은보화가 가득해 씨가 잘 여문 '열매, 참다움, 내용'이라는 뜻.

보기 결실 結實 매실 梅實 실상 實相

허허실실 虛虛實實
– 허와 실이 일정치 않아, 허한 듯 실하고 실한 듯 허하다

白眉
백미

여럿 가운데 가장 뛰어난

유비는 적벽대전 이후, 제갈량이 낸 꾀에 따라 형주·양양·남군 등 여러 성을 얻었다. 그는 이를 몹시 기뻐하며 신하들을 모아 놓고 말했다.

"제갈 군사 덕분에 조조를 물리치고 우리도 터전을 마련했소. 앞으로 천하를 얻고자 멀리 내다보고 세울 만한 계책이 있으면 스스럼없이 이야기하시오."

그러자 문득 한 사람이 나섰다. 지난날, 곤경에 빠진 유비를 구해 준 '이적'이라는 사람이었다. 유비가 공손한 자세로 듣기를 청하자 그가 말했다.

"공께서 천하에 뜻이 있다면 어찌하여 어진 선비를 데려오지 않으십니까? 새로운 땅을 얻어 지키려면 인재가 우선입니다."

"그런 인재가 정말 있단 말이오?"

"있고말고요. 형주와 양양 지역에서 이름난 선비, 마량에게 다섯 형제가 있는데 모두 재주가 있으며 학문에도 뛰어납니다. 그 가운데 맏형 마량이 가장 뛰어나 주위 사람들에게 칭찬이 자자합니다. 공께서 그를 쓰시면 큰 보탬이 될 것입니다."

이후, 마량은 유비 아래에 들어와 많은 공을 세웠다. 오나라 손권에게 사신으로 가서 뛰어난 외교력을 선보였고 촉나라를 괴롭히던 남방 오랑캐들을 찾아가 신하로 삼을 만큼 남다른 능력을 보였다. 관우가 형주를 다스릴 때는 그의 곁에서 행정을 맡기도 했다. 그는 제갈량과도 아주 가까운 사이였으며, 유비에게 신임을 얻어 높은 벼슬에도 올랐다. 관우가 죽은 뒤, 복수를 위해 유비가 대군을 일으켜 오나라를 칠 때 함께했지만 안타깝게도 이릉 전투에서 전사하고 말았다. .

그에게서 나온 말이 '백미 白眉'이다. 마량은 태어날 때부터 눈썹이 하얘서 그를 가리켜 흰 눈썹, 백미라 불렀다. '여럿 가운데 가장 뛰어난 사람, 좋은 것에서도 가장 좋은 물건'을 가리켜 백미라 한다. 영화나 문학 작품 내용에서 가장 뛰어난 부분을 빗대는 말로도 쓰인다.

고사성어 돋보기

白
흰 백
- 해가 땅 위로 막 떠오를 때 비치는 눈부신 햇살을 본떠 "희다, 밝다"라는 뜻.

  보기 명백 明白 백설 白雪 백악관 白堊館 백인 白人 백지 白紙

眉
눈썹 미
- 눈 위에 있는 눈썹 털을 본떠 '눈썹'이라는 뜻.

  보기 두미(머리와 꼬리) 頭眉 미간 眉間 수미(빼어나게 아름다운 눈썹) 秀眉 아미(가늘고 아름다운 눈썹) 蛾眉

백미 白眉
― 흰 눈썹. 여럿 가운데 가장 뛰어나다

刮目相對
괄목상대

몰라볼 정도로 달라짐

오나라 손권에게 ***여몽**이라는 장수가 있었다. 여몽은 집이 가난해 제대로 글을 배우지 못했다. 그는 무식했지만 용맹이 뛰어나 수많은 전공을 세워 장군이 되었다. 어느 날, 손권이 그를 불러 말했다.

"그대는 앞으로 이 나라에 큰일을 할 사람이오. 그러니 글을 읽어 학문을 쌓으면 좋겠소."

"군사 일로 쉴 새 없이 바쁘니 글 읽을 시간이 없습니다."

"장군, 그대에게 뛰어난 대학자가 되라는 말이 아니오. 그저 옛날 사람들이 남긴 좋은 책들을 많이 읽어 두라는 말이오. 공자께서도 책 읽기가 가장 유익하다 했고 역적 조조도 책 읽기를 좋아한다고 자랑 삼아 떠드는데 어찌 스스로 힘쓰지 않는단 말이오?"

그날 이후, 여몽은 깨우친 바가 있어 책 읽기를 게을리하지 않았다. 책에서 많은 지식을 얻었고 그 이치를 깨달았다. 그 뒤, 노숙이 주유의 뒤를 이어 대도독이 되었다. 여몽과 오랜 친구 사이인 노숙은 손권의 신하 가운데 학식이 가장 뛰어났다.

하루는 노숙이 나랏일을 의논하고자 여몽을 찾아 이런저런 이야기

궁금증 보따리

여몽과 관우
여몽은 형주를 지키던 관우를 상대로 큰 승리를 거둔 인물입니다. 관우가 그에게 죽임을 당한 탓에 관우를 좋아하는 《삼국지》 독자들에게 애꿎은 미움을 받기도 하지요.

를 나누다 깜짝 놀라고 말았다. 그 지식이 넓어 모르는 것이 없었기 때문이다.

"자네, 언제 그렇게 공부했는가? 오직 무예만 뛰어난 줄 알았는데, 오늘 보니 학식이 넓고 깊어서 그 옛날 여몽이 아닐세그려."

노숙이 크게 칭찬하자 여몽이 미소 지으며 대꾸했다.

"사람은 헤어진 지 사흘이 지나면 눈을 비비고 상대를 쳐다볼 정도로 달라져야 하는 법이라네, 허허허!"

'괄목상대 刮目相對'는 여몽에게서 비롯한 말이다. 옛날에는 보잘것없었으나 학식이나 재주가 갑자기 훌륭해지는 것을 뜻한다. 몸이 둔한 친구가 어느 날, 날렵한 몸놀림으로 운동을 능숙하게 잘하거나 공부를 못 하던 친구가 성적이 쑥 올라갔을 때 괄목상대라는 말을 쓸 수 있다.

고사성어 돋보기

刮目相對

刮 비빌 괄
- 글자 오른쪽에 베다, 자르다의 선칼도방(刂, 刀)이 부수로 쓰임.
- "깎다, 베다, 긁다" 뜻에서 "눈을 비비다"라는 뜻이 나왔다.
- **보기** 괄삭 刮削 귀배괄모(불가능한 일을 무리하게 하다) 龜背刮毛

目 눈 목
- 사람 눈을 본떠 '눈'이라는 뜻.
- **보기** 목격 目擊 안목 眼目 이목 耳目 주목 注目

相 서로 상
- 재목을 고르려고 나무(木)를 살펴본다(目) 하여 생긴 글자.
- 나무와 눈이 서로 마주 본다 하여 '서로'를 뜻함.
- **보기** 상등(서로 비슷함) 相等 상반 相反 상속 相續 일맥상통 一脈相通

對 마주할 대
- 오른쪽 부수 마디 촌(寸)이 손을 본뜬 글자.
- 손을 기둥에 대고 서 있어 "대하다, 마주하다"라는 뜻.
- **보기** 대결 對決 대상 對象 대화 對話 반대 反對 상대방 相對方

괄목상대 刮目相對
– 눈을 비비고 상대방을 마주 대하다

鷄肋 계륵

버릴 수도, 취할 수도 없는

　유비와 조조가 한중 지역을 놓고 전쟁을 벌일 때 일이다.
　두 세력의 싸움은 수개월 동안 이어졌다. 식량이 바닥나고 사기도 떨어지자 조조군에서 도망치는 군사가 늘어났다. 나아갈 수도 물러설 수도 없는 처지였다. 어느 날, 조조는 저녁 식사로 들인 닭국을 먹으면서도 마음속으로 진퇴를 놓고 고민에 휩싸였다. 그때, 장수 하후돈이 들어와 물었다.
　"오늘 밤 암호는 무엇으로 할까요?"
　조조는 깊은 생각에 잠겨 있다 무심코 내뱉었다.
　"계륵이라고 하시오, 계륵!"
　하후돈은 장수들과 군사들에게 '계륵'이라고 명령을 전달했다. 모두가 무슨 뜻인지 몰라 어리둥절할 때 *행군주부 양수가 웃으며 말했다.
　"계륵이라면 닭갈비가 아니오? 닭갈비는 버리기 아까우나 먹을 것이 없소. 승상께서는 이 한중을 유비에게 내주기는 아깝지만 이득이 없으니 곧 철수할 생각으로 암호를 계륵이라 정하셨소. 떠날 때 허둥대지 말고 모두 미리 짐부터 꾸리시오."

궁금증 보따리

행군주부
행군주부라는 벼슬은 군대를 이끌고 나갈 때 군대 문서 등을 관리하거나 잘못을 따져 벌을 정하는 일을 맡았다고 합니다.

이 말을 들은 군사들이 짐을 꾸리느라 진이 소란스러웠다. 보고 받은 조조는 소스라칠 듯이 놀랐다. 양수가 자기 속마음을 환히 읽고 있었기 때문이다. 조조는 "양수를 살려 두면 위험하다"라고 생각했다. 결국 양수는 군을 어지럽혔다는 죄로 목숨을 잃었는데 얼마 뒤, 조조는 군대에 철수 명령을 내리고 돌아갔다.

여기에서 비롯한 고사성어가 '계륵 鷄肋'이다. 무엇을 취해도 이렇다 할 이익은 없지만 버리기에는 아까운 것을 빗댈 때 흔히 쓰인다.

고사 속 숨은 이야기

뛰어난 재주로 목숨을 잃은 양수

뛰어난 인재 양수와 관련한 일화가 몇 개 있습니다. 조조가 신하들에게 정원을 만들라고 했어요. 정원이 만들어지자 조조는 대문에 활活만 쓰고 돌아갔지요. 신하들이 누구도 그 뜻을 알지 못하고 있을 때 양수는 "문門에 활活을 썼으니 넓다는 뜻의 활闊이 아니겠소? 정원 크기를 줄이라는 말씀이오"라고 했습니다. 또 한 번은 누군가 조조에게 낙酪이라는 술을 선물했는데요. 조조는 한 모금 마시고 병에 일합一合이라는 글자를 써 신하들에게 돌렸답니다. 신하들이 멍하니 있을 때 이번에도 양수는 일합一合을 풀면 일인일구一人一口이니 한 사람당 한 모금씩 마시라는 조조의 뜻을 알아챘지요. 이렇듯 양수는 재주가 뛰어났으나 그 탓에 일찍 죽고 말았답니다.

고사성어 돋보기

鷄 닭 계
· 글자 오른쪽 부수 새 조(鳥)가 새벽을 알리는 새 '닭'을 뜻함.
[보기] 계란 鷄卵 삼계탕 蔘鷄湯 양계 養鷄 오골계 烏骨鷄

肋 갈빗대 륵(늑)
· 사람 살과 몸의 육달월(月, 肉)과 힘 력(力)으로 이루어진 글자로 '갈빗대'라는 뜻.
[보기] 늑간 肋間 늑골 肋骨 늑막염 肋膜炎 늑목(체조 기구) 肋木

계륵 鷄肋
— 닭갈비. 먹을 수도, 버릴 수도 없다

七縱七擒
칠종칠금

상대방을 마음대로 다룸

죽은 유비의 뜻을 받들던 제갈량은 북쪽 위나라를 칠 계획을 짜고 있었다. 그때, 촉나라 뒤쪽인 남만 지역에서 반란이 일어났다. 남만은 오늘날 중국 남부와 베트남, 미얀마 북부에 걸쳐 있던 포악하고 공격적인 나라였는데, 당시 남만 우두머리는 '맹획'이었다. 제갈량은 위나라를 치기 전에 촉나라의 뒤를 다스릴 목적으로 남만을 먼저 공격하기로 했다. 남만 정벌을 시작하자 마속이 제갈량에게 말했다.

"승상, 남만은 멀리 있는 데다 가파른 산세를 믿고 우리에게 복종하지 않은 지가 오래입니다. 이번에 대군을 이끌고 그들을 친다 해도 곧 다시 배반할 것입니다. 승상의 군대가 들이닥치면 틀림없이 항복하겠지만 군사를 돌이켜 위나라를 칠 때면 우리 내부가 비었음을 알고 다시 침범할 테지요. 무릇 군사 작전의 순서는 마음을 공략한 뒤 성을 무너뜨리는 것입니다. 그러니 승상께서 그들 마음을 먼저 복종시키십시오."

제갈량이 감탄하며 대답했다.

"그대가 내 속마음을 꿰뚫어 보고 있구려. 나도 같은 생각이오."

제갈량은 마속과 함께 50만 대군을 이끌고 남만으로 진격했다. 한

편 자기 용맹만 믿던 맹획은 제갈량의 꾀에 걸려 사로잡혔다.

"당신 꾀에 속아 싸움다운 싸움을 못해 봤소. 다시 당신과 싸워 지면 그때는 정말 항복하겠소."

제갈량이 맹획을 풀어 주자 장수들이 물었다.

"남만 우두머리인 맹획을 사로잡았는데 어찌 풀어 주셨습니까?"

"맹획을 사로잡는 일은 주머니 속 물건 꺼내기만큼이나 쉬운 일이오. 하지만 그 마음을 복종시키는 일은 어려우니 진심으로 항복한다면 남만은 저절로 손에 들어올 테지."

싸움에 나선 맹획은 또 사로잡혔지만 여전히 항복하지 않았다. 제갈량은 그를 풀어 주었다가 다시 잡곤 했는데 그러기를 무려 일곱 차례나 했다. 그제야 맹획은 진심으로 더 이상 맞서 싸울 마음을 품지 않았다. 제갈량은 맹획을 굴복시킨 뒤, 그에게 촉나라 관직을 내려주었다.

'**칠종칠금 七縱七擒**'은 제갈량이 맹획을 일곱 번 놓아주고 일곱 번 사로잡았다는 이야기에서 비롯했다. 그가 맹획을 다루듯 상대방을 자기 마음대로 쥐락펴락함을 빗대는 말이다. 자기가 부리는 사람들을 '칠종칠금'해 완전히 자기편으로 만들 수 있다면 정치나 사업에서 크게 성공하는 사람이라 할 수 있다.

고사 속 숨은 이야기

제갈량과 만두

제갈량은 남만 정벌 뒤, 노수라는 강을 건너려 했습니다. 그때, 거센 폭풍우로 강물이 심하게 요동쳤답니다. 강을 건너지 못하자 누군가 "남만 풍습처럼 사람 마흔아홉 명과 검은 소, 흰 양 머리를 베어 제물로 바치면 풍랑이 잠잠해진다"라고 말합니다. 제갈량은 곰곰이 생각하다가 "죄 없는 이들을 또 죽일 수 없으니 사람 머리처럼 반죽을 만들고 그 안에 양고기와 소고기를 넣어 제사를 지내라"라고 합니다. 그렇게 만든 사람 머리 모양 음식을 강에 던지니 놀랍게도 물결이 잔잔해져 건널 수 있었습니다. 오늘날 만두는 여기에서 유래했어요. '남만 사람 머리라는 뜻에서 '만두蠻頭'라고 하다가 만두饅頭라고 바뀌었죠. 만饅이 "속이다"라는 뜻도 있는데, 해석하면 속이려고 만든 머리라는 뜻입니다.

고사성어 돋보기

七
일곱 칠
- 다섯 손가락을 위로, 나머지 손의 두 손가락을 편 모양에서 '일곱'이라는 뜻.
- 보기 칠석 七夕 칠순 七旬 칠전팔기 七顚八起

縱
놓아줄 종
- 부수 실 사(糸)와 사람이 세로로 뒤따르다의 종(從)으로 이루어진 글자.
- "세로, 놓아주다, 바쁘다"라는 뜻.
- 보기 방종(제멋대로 행동하다) 放縱 종대 縱帶 종횡무진 縱橫無盡

七
일곱 칠
- 다섯 손가락을 위로, 나머지 손의 두 손가락을 편 모양에서 '일곱'이라는 뜻.
- 보기 칠거지악 七去之惡 칠면조 七面鳥 칠칠재(49재) 七七齋

擒
사로잡을 금
- 손을 나타낸 손수변(扌, 手)과 날짐승의 금(禽)으로 이루어진 글자.
- 손으로 날짐승을 감싸 잡는다 하여 "사로잡다"라는 뜻.
- 보기 금참(사로잡아 죽임) 擒斬 생금 生擒
  종금(놓아주고 사로잡음) 縱擒

칠종칠금 七縱七擒
– 일곱 번 사로잡아 일곱 번 놓아주다

泣斬馬謖
읍참마속

사사로운 정을 버리고
질서를 바로 세움

촉나라 제갈량이 위나라와 싸울 때 일이다. 제갈량은 위나라를 물리칠 작전이 있었으나 꼭 한 곳이 불안했는데 바로 촉군 식량을 옮기는 가정 지역이었다. 이곳을 위군에게 빼앗긴다면 촉군은 독안에 든 쥐 꼴이라 누구에게 맡길지 큰 고민거리였다. 이때, 한 장수가 나섰다.

"승상, 제가 그 땅을 지키겠습니다. 위나라 군사는 그 그림자도 얼씬거리지 못하게 할 테니 맡겨 주십시오."

스스로 청한 사람은 마속이었다. 그는 젊지만 재주가 뛰어나고 앞으로가 기대되는 인물이라 제갈량이 아끼는 신하였다. 하지만 그가 선뜻 결단을 내리지 못하고 망설이자 마속이 다시 간청했다.

"오랫동안 병법을 배운 제가 가정 하나를 지키지 못하겠습니까? 싸움에서 패한다면 군법에 따라 엄하게 벌 받겠으니 믿어 주십시오."

"각오가 그렇다니 한번 맡겨 보지. 만에 하나 실패한다면 그대 목숨을 거두겠네."

그러고는 곧바로 계략을 일러 주었다.

"가정은 세 면이 절벽이라 기슭에 진을 치면 위나라 군이 접근하지 못할 것이네."

 마침내 군사를 이끌고 가정에 도착한 마속은 지형을 가만히 살피다 빙그레 웃었다.

 '이곳은 적군을 끌어들여 역습하기 꼭 알맞군. 그렇다면 산기슭이 아니라 산꼭대기에 진을 쳐야겠구나. 이번에 공을 세워 승상께 내 실력을 보여 드려야지.'

 마속은 제갈량이 내린 명령을 어기고 산 위에 진을 쳤지만 그의 작전은 빗나갔다. 위군이 산기슭을 둘러싸 물을 끊어 버리자 마속과 촉나라 군사들은 궁지에 몰렸기 때문이다. 마속은 하는 수 없이 군사를 이끌고 내려왔으나 이를 미리 눈치 챈 위군에게 당해 크게 패하고 말았다.

마침내 마속이 군법으로 벌을 받게 되자 신하들이 이를 말렸다.

"마속은 뛰어난 인재입니다. 그를 잃으면 나라에 손실이니 승상께서 용서해 주십시오."

"마속이 아까운 인재임을 모르는 바 아니지만 군법은 누구에게나 공정해야 하오. 그를 용서하면 군대 질서가 서지 않아 더욱 큰 손실이 오겠지. 인재일수록 더 엄히 벌해야만 대의가 바로 서지 않겠소?"

마속이 끌려가자 제갈량은 소매로 얼굴을 가리고 자리에 엎드려 통곡했다. 이를 본 주위 신하들과 군사들도 그 마음을 헤아리고 모두 울었다.

'읍참마속 泣斬馬謖'은 "눈물을 머금고 마속을 베었다"라는 말이다. 여러분이 잘못을 저질렀을 때 부모님이 회초리를 든다면 이는 읍참마속의 심정이라 할 수 있다.

고사 속 숨은 이야기

마속은 인재였을까?

마속은 '백미'라는 고사성어를 만든 마량의 동생이에요. 그는 뛰어난 인재였지만 자기 재주에 자만심이 컸던 모양입니다. 그래서 유비는 세상을 떠날 무렵 제갈량에게 "마속은 말이 너무 앞서고 사람들 평이 실제보다 부풀려 있으니 크게 쓸 재목이 아니다"라고 당부합니다. 그래서 그와 함께 중요한 전략을 의논하던 제갈량은 마속을 벌할 때 그 말을 떠올리며 눈물을 흘렸다고 하죠.

고사성어 돋보기

泣斬馬謖

泣 울 읍
- 물의 삼수변(氵, 水)과 땅에 선 사람을 본뜬 립(立)으로 이루어진 글자.
- 사람이 소리 없이 "눈물을 흘린다"라는 뜻.

보기 감읍 感泣 읍소 泣訴

斬 벨 참
- 수레 차(車)와 도끼 근(斤)으로 이루어진 글자.
- 수레에 실은 무기로 적을 벤다 하여 "베다"라는 뜻.

보기 참수 斬首 참형 斬刑

馬 말 마
- 곧게 서 있는 말을 본떠 '말'이라는 뜻.

보기 경마 競馬 낙마 落馬 승마 乘馬

謖 일어날 속
- 말하다의 언(言)과 날카로울 측(畟)으로 이루어진 글자로 "일어나다"라는 뜻.

보기 속속 謖謖 속연(정신을 집중하는 모양) 謖然

읍참마속 泣斬馬謖
— 눈물을 흘리며 마속을 베다

出師表 출사표

세상에 대한 용감한 도전

'출사표 出師表'란 본디 군사를 데리고 출정할 때 신하가 왕이나 황제에게 올리던 글이다. 가장 유명한 것은 중국 삼국시대 촉나라 승상 제갈량이 지은 글이다.

이 글은 비장한 각오로 쓰였는데 거기에는 나라를 걱정하는 마음과 황제에게 바치는 충성 그리고 천하를 통일해 백성을 구하려는 큰 꿈이 절절히 드러나 있다. 이 글을 읽고 울지 않은 이가 없다 할 정도로 문장이 빼어나 오늘날까지 칭송받고 있다.

촉나라 황제 유비는 천하를 통일하려는 꿈을 이루지 못한 채 죽어, 제갈량에게 그 뜻을 이루어 달라고 유언을 남긴다. 제갈량은 그 유언을 받들어 두 번씩이나 군사를 이끌고 위나라를 치러 떠나는데, 그에 앞서 제2대 황제 유선에게 출사표를 올린다. 첫 번째를 '전출사표', 두 번째를 '후출사표'라고 한다. 전출사표가 더 명문장으로 알려졌는데 내용을 간추리면 다음과 같다.

선제(유비)께서 시작하신 천하 통일 꿈이 아직 반절에도 이르지 못하였는데, 촉나라는 오랜 전란으로 메말라 있으니 실로 나라가 망하느냐 흥하느냐 갈림길에 있나이다. 그렇지만 감히 신하들이 궁중에서 게으름을 피우지 않고 장수들이 밖에서 충성스럽게 자기 몸을 내던져 싸움은 모두 선제께 입은 두터운 은혜를 폐하께 갚으려 하기 때문입니다.

어진 신하를 가까이하고 간사한 이를 멀리한 것은 처음 한나라가 융성한 까닭이요, 거꾸로 간사한 이를 가까이하고 어진 신하를 멀리한 것은 훗날 한나라가 망한 까닭입니다.

신은 본디 삼베옷을 입은 평범한 백성으로 어지러운 세상에 헛되이 이름이 알려져 등용되기를 원치 않았나이다. 그러하되 일찍이 선제께서 비천하다 여기지 않으시고 몸소 신이 사는 초가에 세 번씩이나 찾아오시어 세상 일을 물으셨습니다. 신은 이에 감동하여 마침내 선제께 힘써 일할 것을 맹세하였습니다.

선제께서 돌아가시며 제게 천하 통일의 큰 소임을 맡기시니, 신은 밤새 한숨을 내쉬고 걱정하였습니다. 맡기신 일을 제대로 처리하지 못해 선제의 유언을 받들지 못할까 늘 두려워하였습니다.

지금은 이미 남쪽 오랑캐 땅이 평정되고 무기와 갑옷이 충만하니, 마땅히 삼군을 거느리고 북으로 위나라를 토벌하여 간악한 무리를 소탕하는 것이 선제의 은혜에 보답하는 방법이자 폐하께 충성을 다하는 도리인 것입니다.

부디 많은 선량한 선비들의 좋은 의견에 귀를 기울이십시오. 그러면 나라가 평안해질 것입니다. 먼 길을 떠남에 있어 눈물이 앞을 가리어 말씀 올릴 바를 더 이상 알지 못하겠나이다.

요즘은 선거를 앞두고 후보로 출마할 때 "출사표를 던졌다"라는 표현을 많이 쓴다. 학생들이 회장 선거에 나간다거나 혹은 과감히 어떤 일에 도전할 때 출사표를 던졌다고 말할 수 있다.

고사성어 돋보기

出

날 출
- 땅에 돋아나는 싹을 본떠 "나다"라는 뜻.
- [보기] 수출 輸出 창출 創出 출발 出發 출입 出入 출처 出處

師

스승 사
- 작은 언덕 퇴(垖, 堆)와 둘러 있다의 잡(帀 두를 잡)으로 이루어진 글자.
- 언덕에 사람과 군대가 있어 "사람이 많다, 군대"라는 뜻.
- 군대를 이끄는 사람과 관련해 남의 모범이 되는 '스승'이라는 뜻이 나옴.
- [보기] 교사 敎師 사단 師團 사범대 師範大 사부 師傅

表

겉 표
- 옷 의(衣)와 털 모(毛)로 이루어진 글자.
- 옛날에는 털로 윗옷을 만들어 입어 본디 '윗옷'이라는 뜻이었음.
- 털옷을 입을 때 털이 있는 부분을 겉쪽으로 입어 '바깥'이라는 뜻.
- [보기] 표면 表面 표시 表示 표정 表情 표현 表現

출사표 出師表
– 군사를 이끌고 싸움터에 나가며 올리는 글

5 역사 인물에서 유래한 고사성어

옛말에 '호사유피虎死留皮 인사유명人死留名'이라는 말이 있다.
"호랑이는 죽어서 가죽을 남기고 사람은 죽어서 이름을 남긴다"라는 뜻이다.
역사를 돌이켜 보면 그 속에 이름을 남기고 간 사람들은 수없이 많다.
그 가운데 눈살을 찌푸리게 할 만큼 추한 이름도 있지만 후세에 본보기가 될 만한
의롭고 훌륭한 이름도 있다. 어떤 삶을 살지는 우리 스스로의 몫이다.
한 시대를 주름잡은 역사 속 인물들에 얽힌 고사성어에서
진정한 삶의 가치와 교훈을 되돌아보면 어떨까?

姜太公
강태공

낚시꾼의 대명사

옛날, 중국 은나라 왕이 악한 정치를 펼쳐 나라가 몹시 어지러웠다. 이때, 새로 일어난 주나라 문왕은 올바른 정치와 덕을 베풀어 백성들이 많이 따랐다. 어느 날, 문왕은 사냥을 나가려고 점을 쳐 보았다.

"오늘 사냥에서는 어떤 큰 짐승을 잡을 듯하오."

이번에는 점쟁이가 한참 운세를 점쳐 보더니 고개를 갸웃거렸다.

"오늘 점괘는 이상합니다. 오늘 잡으실 것은 곰도 아니요, 호랑이도 아닙니다. 대왕을 도와줄 큰 신하를 만날 점괘입니다."

그날, 문왕은 사냥을 즐기다가 위수라는 강가에 다다랐다. 그곳에서 수염이 허연 70세 노인이 낚싯대를 드리우고 있었다. 문왕은 문득 점쟁이가 한 말이 생각나 다가갔는데 노인은 물고기가 바늘에 걸리면 금방 다시 강에 놓아주었다. 이를 이상히 여긴 문왕이 먼저 말을 걸었다.

"노인장! 왜 애써 잡은 물고기를 놓아주는 거요?"

"물고기를 잡는 것이 아니니 놓아줄 수밖에요. 저는 그저 세월을 낚고 있을 뿐입니다."

뜻하지 않은 대답에 문왕은 눈을 크게 떴다.

"그게 도대체 무슨 소리요?"

"지금 천하는 몹시 어지럽습니다. 난 여기에서 이 어지러운 세상을 함께 구할 어진 임금을 기다리며 수십 년 동안 빈 낚싯대를 드리운 채, 세월을 낚고 있습니다."

문왕은 그제야 노인이 보통 인물이 아님을 깨닫고 간청했다.

"나는 주나라 왕으로 어지러운 세상을 구하고자 인재를 바라고 있소. 세상을 편안하게 다스릴 계책을 부디 나에게 알려 주길 바라오."

"저 같은 늙은 노인에게 어찌 그런 계책이 있겠습니까? 다른 분을 찾아보시지요."

노인이 점잖은 말로 거절하자 문왕이 다시 말했다.

"선왕이신 태공께서 돌아가시기 전 내게 말하길, 후에 반드시 성인이 찾아와 주나라가 성하리라 하셨는데 당신이 그 인물임에 틀림없소. 부디 사양하지 마시고 나를 도와주시오."

그제야 노인은 낚싯대를 접고 문왕을 따라나섰다. 문왕은 수레에 태워 궁궐로 모셔 온 그를 '태공이 바라던 성인'이라는 뜻에서 '태공망'이라 불렀다.

이 사람이 바로 주나라 문왕을 도와 백성들에게 어진 정치를 베푼 '강태공 姜太公'이다. 요즘 낚시광을 가리켜 '강태공'이라 함은 "강태공이 문왕을 만나기 전까지 늘 강가에 나가 낚싯대를 드리우고 있었다"라는 고사에서 비롯했기 때문이다.

고사성어 돋보기

姜 성씨 강
- 양(羊)과 여자의 여(女)로 이루어진 글자.
- 옛 민족 성씨이기도 하며 우리나라에도 강(姜)을 성으로 쓰는 이가 많다.

  보기 강감찬 姜邯贊 강유(중국 촉나라 장수) 姜維

太 클 태
- 크다의 대(大)에 점(·)을 찍어 더 크다는 것을 나타낸 글자.

  보기 태극기 太極旗 태양 太陽 태양계 太陽系 태평양 太平洋

公 공평할 공
- 나눈다의 팔(八)과 어떤 물건을 나타내는 모(厶)로 이루어진 글자.
- 물건을 똑같이 나눠 가져 "공평하다"라는 뜻.
- 여기에서는 상대를 높여 부르는 존칭.

  보기 공고 公告 공금 公金 공무원 公務員 공약 公約 공익 公益

강태공 姜太公
— 강태공이 낚시로 세월을 낚아 '낚시꾼'을 가리키다

流言蜚語
유언비어

터무니없는 헛소문

중국 한나라 때 명장인 두영 장군 이야기이다.

두영은 이웃 나라의 침략을 물리쳐 나라에 공을 많이 세웠다. 그래서 황제였던 경제가 그를 몹시 아껴 준 덕분에 두영은 벼슬도 높고 권세도 강했다. 그러나 경제 다음으로 무제가 황제 자리에 오르자 사정이 달라졌다. '전분'이라는 왕족이 세력을 키워 두영과 힘겨루기에 나섰기 때문이다. 그때부터 두영은 차츰 세력이 기울기 시작했다.

"경제 황제가 없으니 이제 두영은 끈 떨어진 두레박 신세야. 한데 전분이라는 왕족이 궁을 휘어잡고 있다며?"

"앞으로는 그분한테 잘 보여야 출셋길에 지장이 없을 거야."

모두 이렇게 쑤군대며 전분에게 환심을 사려고 애를 썼다. 하지만 '관부'라는 장수만은 두영과 의리를 지켰다.

'달면 삼키고 쓰면 뱉는다더니. 세상 인심이 참으로 고약하군. 난 두영 장군과 쌓은 의리를 절대 배반하지 않겠다!'

그 후, 관부가 연나라 공주와 결혼할 때 공교롭게도 전분과 두영이 함께 자리했다. 그 자리에서 술에 취한 전분이 거만하게 말했다.

"요즘 어떤 사람을 일컬어 끈 떨어진 두레박이요, 이빨 빠진 호랑이라고 놀려대는데 누굴 보고 하는 말인지 아시오?"

갑자기 분위기가 나빠지자 사람들은 모두 숨을 죽였다. 이때, 전분이 방자하게 웃으며 계속 말을 이었다.

"그게 누군가 하니…… 바로 저기 앉은 두영이라는 늙은이를 두고 하는 말이라오."

두영은 속에서 불덩이가 치밀었지만 꾹 참았다. 그러나 옆에서 이를 지켜보던 관부가 전분을 꾸짖었다.

"아니, 그 무슨 무례한 말이오? 옛말에 아무리 권세가 높아도 10년을 가지 못한다 했소. 그렇게 자기 권세만 믿고 오만을 부리다간 언젠가 큰 화를 당할 것이오."

결국 이 일을 빌미로 관부와 두영은 옥에 갇히고 말았다. 다만 두영은 지난날, 반란군을 무찌른 공으로 풀려났다. 이 소식에 전분은 다시 무서운 음모를 꾸몄다.

'이 기회에 두영을 아예 없애 버려야지.'

다음 날, 두영이 옥에서 황제를 헐뜯었다는 유언비어가 나라 곳곳에 퍼졌다. 물론 이는 두영을 모함하려고 전분이 퍼뜨린 거짓 소문이었다. 거짓 소문이 무제의 귀에 들어가자 두영은 처형당하고 말았다. 중국 역사책인 《사기》에는 이 같은 유언비어로 무제가 공이 많은 훌륭한 장수를 죽였다고 써 놓았다.

'유언비어 流言蜚語'란 '터무니없는 헛소문'을 말한다. 요즘에도 선거 때면 원인을 모르는 유언비어들이 수없이 퍼져 후보자들을 괴롭히곤 한다. 친구를 따돌리거나 골탕 먹이려고 없는 말을 지어내는 일도 유언비어이다. 유언비어를 퍼뜨리는 사람은 언젠가 자신도 그 덫에 걸릴 수 있다는 사실을 명심해야 한다.

고사성어 돋보기

流 흐를 유(류)
- 물의 삼수변(氵, 水)과 아기가 태어나는 모양을 나타낸 류(㐬)로 이루어진 글자.
- 아기가 양수와 함께 나와 "흐르다"라는 뜻.

보기 유량 流量 유입 流入 유출 流出 표류 漂流

言 말씀 언
- 나팔 모양 신(辛)과 입 모양 구(口)로 이루어진 글자.
- 입에서 나팔 소리가 나 입으로 "말하다"라는 뜻.

보기 발언 發言 선언 宣言 언론 言論 언어 言語 증언 證言

蜚 날 비
- 날개를 펴고 난다는 비(韭)와 벌레 충(虫)으로 이루어진 글자.
- 날개를 펴서 나는 벌레, "바퀴벌레, 날다"라는 뜻.

보기 비등 蜚騰

語 말할 어
- 말씀 언(言)과 번갈아하다의 오(吾)로 이뤄진 글자로 "번갈아 말하다"라는 뜻.

보기 논어 論語 어문 語文 어원 語源 어투 語套 어학 語學

유언비어 流言蜚語
– 아무 근거 없이 널리 떠돌아다니는 헛소문

九牛一毛
구우일모

아주 많은 것 가운데 하나

　　한나라 무제 때 '이릉'이라는 장수가 있었다. 그는 아주 용맹스럽고 싸움을 잘하기로 이름나 있었다. 이릉은 군사 5천 명을 이끌고 북쪽 흉노족을 정벌하러 갔다. 흉노족은 군사 3만 명으로 앞을 가로막았지만 이릉의 군대는 용감하게 싸워 수천 명을 죽였다. 흉노족 왕 선우는 다시 군사를 더 끌어 모아 8만 명에서 모두 11만 명으로 이릉을 공격했으나 도무지 이길 수 없었다. 하는 수 없이 선우는 공격을 멈추고 군사를 물리기로 했다.

　　그때, 잘못을 저지르고 흉노로 도망간 이릉의 부하에게서 뜻하지 않은 군사 기밀이 새어 나왔다.

　　"지금 이릉의 군대는 화살도 거의 떨어졌고 식량도 바닥이 났습니다. 구원병도 오지 않을 테니 조금만 더 공격하면 이길 수 있습니다."

　　"그런 비밀이 있었군. 그렇다면 이 기회를 놓칠 수 없지."

　　흉노 왕 선우는 말 머리를 돌려 이릉의 군대를 겹겹이 포위한 채, 공격을 퍼부었다. 이릉의 군대는 화살과 식량이 다 떨어지고 죽는 이도 반이 넘었다. 후퇴할 길이 막히고 구원병도 오지 않자 이릉은 눈물을 머금은 채, 항복하고 말았다. 포로로 잡힌 이릉은 장수답게 목숨을 끊으려 했지만 훗날, 복수를 다짐하며 치욕을 참기로 했다. 흉노 왕 선우는 이릉의 용맹함을 높이 사 자기 딸을 아내로 주며 아주 후하게 대접했다.

이 소식이 전해지자 크게 화난 한나라 무제는 이릉의 노모와 처자를 모두 죽이고 그 죄를 물으려 했다. 그 자리에서 이릉의 옛 친구들이나 신하들은 황제가 두려워 아무 말도 꺼내지 못했다. 오직 사관으로 있던 사마천만이 그를 변호하며 말했다.

"이릉은 불과 군사 5천으로 그 배에 달하는 흉노족과 맞서 싸웠습니다. 화살과 식량이 떨어지고 구원병도 도착하지 않은 데다 군사들 가운데 배신자가 있어 패한 것입니다. 이릉이 한 투항은 어쩔 수 없는 선택이옵니다. 언젠가 기회를 엿보아 한나라에 충성을 다할 테니 그 마음을 헤아려 주시옵소서."

무제는 이릉을 감싸고 나선 사마천을 똑같은 반역자라 여겼다.

"저놈을 당장 옥에 가두어라!"

사마천은 죄인이 되어 옥에 갇힌 뒤, *궁형을 당했다. 그리고 그는 억울한 심정을 친구 임소경에게 편지로 써 보냈는데 거기에는 이런 구절이 나온다.

처음에 궁형을 당하고 난 뒤, 스스로 목숨을 끊어 모두 잊으려 했네. 하지만 나 죽는 일쯤은 소 아홉 마리에서 빠진 털 하나와 같으니 죽어 봤자 개미 한 마리가 없어진 듯, 누구도 거들떠보지 않지 않겠나? 이런 치욕을 참고 견디며 살아 있는 것은 꼭 해야 할 일이 남아 있어서라네. 아버지께서 *유언으로 남긴 역사서 《사기》를 아직까지 완성하지 못했기 때문일세.

'구우일모 九牛一毛'는 여기에서 비롯했다. 아홉 마리 소에서 뽑은 터

궁형
궁형은 남자의 생식기를 자르는 참혹한 형벌이었습니다. 그 당시 형벌 가운데 가장 치욕스러운 벌이었죠.

사마천 아버지의 유언은?
옥에 갇힌 사마천에게는 사형당하거나 돈 50만 냥을 내고 풀려나거나 궁형을 받는 선택이 있었어요. 사마천의 아버지 사마담은 역사를 바로잡으려고 고대부터 한나라 무제까지 역사를 기록하고자 많은 자료를 모았어요. 이를 완성하지 못하자, 아들 사마천에게 뒷일을 부탁했지요. 사마천은 궁형을 당한 지 2년 만에 옥에서 나와 집필에 전념했고 그 끝에 유명한 역사서 《사기》를 완성했습니다.

럭 하나라는 뜻으로 사마천이 "자기 목숨이 그처럼 보잘것없다"라는 뜻으로 썼던 말이다. 요즘은 수없이 많은 것 가운데 하나, 즉 아무것도 아닌 하찮은 것을 빗대는 말로 쓰인다.

고사 속 숨은 이야기

《사기》 그리고 그 가치

《사기》의 원 이름은 '태사공서'인데, 고대 요순시대부터 한나라 무제까지 약 3000여 년 역사를 다루었습니다. 총 130편에 이르며 〈본기〉 12권, 〈표〉 10권, 〈서〉 8권, 〈세가〉 30권, 〈열전〉 70권으로 이루어졌어요. 사마천은 '기전체'라는 새로운 역사 서술 방식으로 기록했죠. 〈본기〉, 〈열전〉 등과 같은 서술 방식이라 해서 뒷 글자만 따 '기전체'라 불리는 거예요. 그 전까지 역사서는 연대기 순으로 역사를 나열하는 '편년체' 방식이었습니다. 이후, 기전체는 역사 서술의 모범이었다고 해요. 《사기》는 정곡을 찌르는 역사의식뿐만 아니라 필체가 매끄럽고 훌륭해서 문학적으로도 높이 평가받고 있어요. 우리나라와 일본 등 여러 나라에서 오늘날까지 많은 사람이 즐겨 읽는 책이기도 하죠.

고사성어 돋보기

九
아홉 구
· 다섯 손가락을 위로, 나머지 손의 네 손가락을 옆으로 편 모양으로 '아홉'이라는 뜻.
보기 구구단 九九段 구공탄 九孔炭 구미호 九尾狐

牛
소 우
· 뿔 달린 소 머리를 본떠 '소'라는 뜻.
보기 광우병 狂牛病 우유 牛乳 투우 鬪牛 한우 韓牛

一
하나 일
· 한 손가락을 펴거나 나무젓가락 하나를 놓은 모양을 본떠 '하나'를 뜻함.
보기 일각(짧은 시간) 一刻 일개 一介 일격 一擊 일괄 一括

毛
털 모
· 사람 눈썹이나 머리털 또는 짐승 털을 본떠 '털'이라는 뜻.
보기 모공 毛孔 모발 毛髮 모피 毛皮 탈모 脫毛

구우일모 九牛一毛
— 아홉 마리 소에서 털 하나

難兄難弟
난형난제

우열을 가리기 어려움

후한 말기에 '진식'이라는 사람이 있었다. 그는 '양상군자'라는 고사성어를 만들어 낸 인물로 사람됨이 어질고 덕이 높았다. 그에게는 진기와 진심이라는 두 아들이 있었다. 두 아들 역시 아버지를 닮아 학문이 깊고 영특했다.

이 두 아들이 결혼해서 또 아들을 두었는데 진기의 아들은 진군이고 진심의 아들은 진충이었다. 하루는 진군과 진충이 서로 자기 아버지가 더 학문이 깊고 훌륭하다며 입씨름을 벌였다.

"우리 아버지는 뛰어난 분이야. 모르는 게 없고 글재주도 보통이 아니거든."

"무슨 소리! 우리 아버지가 더 뛰어나. 《사서삼경》도 줄줄 외우시고 덕이 높아 사람들이 모두 존경하고 있지."

둘은 이렇게 한참 동안이나 티격태격 다투었다. 하지만 시간이 흘러도 도무지 결판나질 않았다.

"좋아. 그럼 할아버지에게 가서 여쭤 보자!"

할아버지라면 어느 한쪽을 편들지 않고 공평하게 말해 주리라 생각했던 두 사람은 진식을 찾아갔다. 헐레벌떡 달려오는 두 손자를 보고 진식이 물었다.

"아니, 너희들이 어쩐 일이냐?"

둘은 그동안 입씨름한 내용을 진식에게 말했다. 진식은 몹시 난처했다. 손자들 앞에서 진군의 아버지나, 진충의 아버지가 낫다고 할 수 없기 때문이었다. 진식은 잠시 생각하다가 이렇게 말했다.

"형이라 하기도 어렵고 아우라 하기도 어렵구나!"

이 말은 형이 나은지 동생이 나은지 잘라 말하기가 어렵다는 뜻이다. 진식은 둘 가운데 누가 더 나은지 알고 있었다. 하지만 손자들에게 한쪽이 더 낫다고 말하면 그렇지 않은 쪽이 크게 상처를 받을 게 틀림없었다. 그래서 굳이 어느 쪽이 낫다고 말하지 않았다.

'난형난제 難兄難弟'는 여기에서 비롯했다. "형이라 하기도 어렵고 아우라고 하기도 어렵다"라는 뜻으로 둘 가운데 우열을 가리기 어려울 때 쓰는 말이다. 비슷한 말로 '막상막하莫上莫下'가 있다.

실력이 비슷한 팀이나 선수가 시합을 벌여 누가 이길지 모를 때 난형난제라고 말할 수 있다.

고사성어 돋보기

難 어려울 난
- 진흙 근(堇)과 새 추(隹)로 이루어진 글자.
- 진흙에 빠진 새는 빠져 나오기 어려워 "어렵다"라는 뜻.

보기 고난 苦難 난제 難題 논란 論難 비난 非難 재난 災難

兄 형 형
- 입 구(口)와 사람 다리의 어진사람인발(儿)로 이루어진 글자.
- 형이 아우를 말로 이끌어 '형, 맏이, 나이 많은 사람'이라는 뜻.

보기 자형 姉兄 형부 兄夫 형제 兄弟

難 어려울 난
- 진흙 근(堇)과 새 추(隹)로 이루어진 글자.
- 진흙에 빠진 새는 빠져 나오기 어려워 "어렵다"라는 뜻.

보기 난관 難關 난이도 難易度 난치병 難治病 난해 難解

弟 아우 제
- 활이나 창에 가죽끈을 위에서 아래로 차례차례 감은 모양을 본떠 '차례, 순서'라는 뜻.
- 여기에서 출생 순서가 낮은 쪽, '아우'라는 뜻이 나왔다.

보기 사제 師弟 자제 子弟 제자 弟子 형제 兄弟

난형난제 難兄難弟
– 형이라 하기도 어렵고 아우라 하기도 어렵다

群鷄一鶴
군계일학

많은 사람 가운데 돋보이는 인물

시대가 혼란스러울 때, 뜻있는 선비들이 어지러운 세상을 피해 산속으로 숨는 경우가 많았다. 중국, 위진시대에도 그런 인물들이 있었는데, *죽림칠현이 대표적이다. 이들은 세상을 벗어나 시를 읊고 음악을 즐기며 세월을 보냈다.

죽림칠현의 한 사람인 '혜강'은 특히 문학 재능이 뛰어났다. 그는 끝까지 세상에 나오기를 거부하다가 미움을 사 죽임을 당했다. 당시 그에게는 열 살배기 아들 혜소가 있었다.

훗날, 혜소가 자라나 아버지를 닮아 갔다. 이때, 죽림칠현 한 사람으로 벼슬살이를 하던 산도가 진나라 무제 사마염에게 그를 추천했다.

"《서경》에 이르기를 '아버지의 죄는 아들에게 묻지 않는다'라고 했습니다. 아비 혜강이 처형당했지만 그 일은 아들 혜소와 아무 상관이 없습니다. 혜소가 가진 재능이 뛰어나니 그를 비서랑에 임명하십시오."

무제가 매우 밝은 얼굴로 대답했다.

"그대가 말하는 사람이라면 비서랑으로 되겠소? 더 높은 벼슬에 앉혀야겠소."

궁금증 보따리

죽림칠현

조조의 위나라 말기, 사마의의 후손, 사마염이 정권을 잡았습니다. 그는 황제 자리를 빼앗아 진나라를 세웠어요. 이 무렵, 어지러운 세상을 두고 산속에 들어간 선비들이 많았는데 혜강·산도·왕융·완적·완함·상수·유영 등 일곱 사람이 가장 뛰어났어요. 이들이 죽림에 모여 풍류를 즐겼기 때문에 세상은 '죽림칠현'이라 불렀답니다. 이들을 본받아 후세 사람들도 세상이 어지러워지면 산에 숨는 풍습이 생겼어요.

혜소가 무제에게 부름받아 가던 날, 그를 지켜보던 어떤 사람이 왕융에게 말했다.

"어제, 구름처럼 많은 사람 틈에서 혜소를 처음 보았습니다. 의젓하고 늠름한 모습은 마치 학이 닭 무리에 있는 듯했습니다."

그러자 그의 아버지 혜강을 잘 알던 죽림칠현 왕융이 말했다.

"자네는 혜소의 아버지 혜강을 본 적 없겠지? 그는 혜소보다 훨씬 뛰어났네."

'군계일학 群鷄一鶴'은 여기에서 비롯했다. 닭 무리에 끼어 있는 한 마리 학처럼 '여러 평범한 사람들 가운데 유난히 돋보이는 사람'을 이르는 말이다. 이를테면 무수히 많은 피겨 스케이팅 선수 가운데 얼음 위에서 예술 연기를 선보인 김연아 선수는 군계일학이라 불릴 만하다.

고사성어 돋보기

群 무리 군
- 소리를 나타내는 군(君)과 양(羊)으로 이루어진 글자.
- 양은 흔히 무리지어 사는 동물이라 '무리'라는 뜻.

  보기 군무 群舞 군중 群衆 군집 群集 학군 學群

鷄 닭 계
- 글자 오른쪽 부수 새 조(鳥)가 새벽을 알리는 새 '닭'을 뜻함.

  보기 계란 鷄卵 삼계탕 蔘鷄湯 양계 養鷄 오골계 烏骨鷄 투계 鬪鷄

一 하나 일
- 한 손가락을 펴거나 나무젓가락 하나를 놓은 모양을 본떠 '하나'를 뜻함.

  보기 일념 一念 일단락 一段落 일대기 一代記 일독 一讀 일동 一同

鶴 학 학
- 희다의 학(寉)과 새 조(鳥)로 이루어진 글자로 '학'이라는 뜻.

  보기 백학 白鶴 학익진 鶴翼陣 홍학 紅鶴

군계일학 群鷄一鶴
– 여러 닭 무리 속 한 마리 학

畵龍點睛
화룡점정

핵심이 되는 일의 마무리

　　남북조시대, 양나라에 '장승요'라는 사람이 있었다. 관리로서 높은 지위에 올랐던 그는 그림으로 더욱 유명해졌다. 그는 그림 솜씨가 뛰어나 온갖 것을 살아 있는 듯 그리는 놀라운 재주가 있었다.

　　어느 날, 장승요는 금릉에 있는 절 안락사에서 벽에 용 한 쌍을 그려 달라고 부탁받았다. 처음에 그는 거절했으나 주지 스님이 간곡하게 청하는 바람에 하는 수 없이 붓을 들었다. 장승요가 붓을 쥐고 칠하자 신비로운 용이 나타났다. 용 한 쌍은 뭉게뭉게 피어오르는 구름을 박차고 금방 하늘로 치솟아 오를 듯한 모습이었다. 구름을 뚫고 나온 머리는 물론, 날카롭게 펼친 발톱과 비늘 하나하나에도 생명력이 넘쳐흘렀다. 그런데 장승요는 그림을 완성하고도 용의 눈에 눈동자만은 그리지 않았다. 사람들이 모두 고개를 갸웃거리며 까닭을 물었다.

　　"훌륭한데 눈동자가 없어서 아쉽군. 왜 눈동자를 그리지 않소?"
　　"눈동자를 그리면 벽의 용이 하늘로 날아가 버린다오."
　　사람들은 그 말을 믿지 않고 오히려 코웃음을 쳤다.
　　"그대가 그림을 잘 그리는 건 알겠는데 허풍이 심하오. 눈동자를 그리면 용이 하늘로 날아간다니. 그런 얼토당토 않는 말이 어디 있소?"

"눈동자를 그리는 데 자신이 없는 거 아니오? 한번 그려 넣어 보시구려. 정말 용이 날아가는지 어떤지 두고 봅시다."

사람들이 조르는 통에 장승요는 어쩔 수 없이 붓을 잡고 눈동자를 그렸다. 그 순간, 거짓말 같은 일이 벌어졌다. 갑자기 천둥소리가 울리고 번개가 치더니 벽이 깨지면서 그림 속 용이 구름을 타고 하늘로 올라가 버렸다. 사람들이 놀란 마음을 진정하고 벽을 살펴보니, 눈동자를 그리지 않은 용만 그대로 남아 있었다.

여기에서 '화룡점정 畫龍點睛'이 비롯했다. "용을 그리고 눈동자를 넣는다"라는 뜻으로, 무슨 일을 할 때 가장 중요한 부분을 완성하거나 마지막 손질을 끝내는 일을 빗댈 때 쓰는 말이다. 생일 잔칫상을 푸짐하게 차린 뒤, 마지막으로 케이크에 촛불을 밝히거나 학교 체육 대회에서 마지막 경기를 이겨 우승을 차지했다면 화룡점정이라 말할 수 있다.

고사성어 돋보기

畫   그림 화
- 손에 붓을 들고 무언가를 그리는 모양에서 비롯해 '그림'이라는 뜻.
- **보기**   벽화 壁畫 초상화 肖像畫 화가 畫家 회화 繪畫

龍   용 용(룡)
- 머리에 뿔이 있는 용을 본떠 '용'이라는 뜻.
- **보기**   공룡 恐龍 용궁 龍宮 용마 龍馬 용왕 龍王

點   점 점
- 검을 흑(黑)과 점친다의 점(占)으로 이루어진 글자.
- 옛날, 갈라진 거북 등 껍데기를 보고 점쳐 나타난 검은색 작은 무늬와 관련해 '점'이라는 뜻.
- **보기**   장점 長點 점심 點心 점자 點字 지점 地點 흑점 黑點

睛   눈동자 정
- 눈 목(目)에 푸르다, 맑다의 청(靑)으로 이루어져 맑은 '눈동자'라는 뜻.
- **보기**   안정 眼睛 흑정 黑睛

화룡점정 畫龍點睛
― 용을 그리고 눈동자를 찍다

推敲 퇴고

퇴로 할까, 고로 할까?

당나라 중기, '가도'라는 시인이 있었다. 어느 날, 그는 나귀 등에 앉아 길을 가면서 무언가 중얼거리고 있었다.

"밀다로 할까? 아니야, 두드린다가 더 좋아. 밀다가 더? 아니지 두드리다. 허 참, 헷갈리네."

그러면서 혼자 손짓으로 미는 시늉도 해 보고 두드리는 시늉도 해 보았다. 길을 가던 사람들이 그를 힐끗거리며 이상한 눈길을 주었다. 하지만 가도는 아무런 눈치도 채지 못하고 생각에 잠겨 있었다. 그는 지금 시 한 편을 두고 혼자 씨름 중이었다. 시의 내용은 이러했다.

한가로이 혼자 머무니 함께하는 이웃도 드물고	閑居隣竝少
풀이 우거진 마당은 숲 속 오솔길로 이어지네	草徑入荒園
새는 연못가 나무 위에서 잠들어 있고	鳥宿池邊樹
스님은 달 아래 고요히 문을 두드리는구나	僧敲月下門

가도는 앞의 세 구절은 만족스러워지만 마지막 구절이 마음에 들지

않았다. 그는 고敲로 할까, 퇴推로 할까 갈피를 잡지 못했다. '두드릴 고敲'를 쓰면 "스님이 문을 두드린다"가 되고 '밀 퇴推'를 쓰면 "스님이 문을 밀었다"라는 뜻이었다. 그때 높은 관리의 행차가 나타났다. 하지만 가도는 어떤 글자가 더 좋을지에만 깊이 빠져 앞에 누가 오는지도 몰랐다. 이윽고 제멋대로 가던 나귀가 행차를 가로막았다.

"무엄하구나! 이분이 누구신 줄 알고 행차를 가로막느냐!"

가도는 시종들에 붙잡혀 앞으로 끌려갔다. 다행히 그 관리는 유명한 시인 *한유였다. 가도가 길을 막은 사연을 이야기하자 한유는 빙그레 웃으면서 말했다.

"여보게, 그건 두드릴 고敲로 하는 편이 낫겠네."

이 일을 인연으로 두 사람은 고삐를 나란히 하고 돌아가 함께 시를 논하며 친구가 되었다.

'퇴고 推敲'는 여기에서 비롯했다. 글자 그대로 해석하면 미는 것과 두드리는 것이지만 '글을 쓸 때 여러 번 생각해 잘 어울리도록 다듬고 고치는 일'을 뜻한다.

> **궁금증 보따리**
>
> **한유**
> 한유는 당송시대 대문장가 여덟 명을 일컫는 당송팔대가의 한 사람일 만큼 뛰어난 문장가였어요. 자가 '퇴지'이기 때문에 '한퇴지'라고도 불렸답니다.

고사성어 돋보기

推 밀 퇴(옮길 추)
- 손의 손수변(扌, 手)에 새를 본뜬 추(隹)가 소리를 이룬 글자.
- 손으로 밀어서 옮긴다 하여 "밀다, 옮기다"라는 뜻.
- 옮길 추로 읽을 때가 더 많다.

  보기 유추 類推 추리 推理 추정 推定 추천 推薦 추측 推測

敲 두드릴 고
- 소리를 나타내는 고(高)와 치거나 때린다의 칠 복(攴)으로 이루어진 글자로 "두드리다"라는 뜻.

  보기 고격(치고 때림) 敲擊

퇴고 推敲
– 글을 지을 때 문장을 가다듬다

口蜜腹劍
구밀복검

입에는 꿀, 뱃속에는 칼

당나라 현종은 어진 정치를 베풀어 나라를 발전시킨 인물이다. 처음 황제 자리에 오른 뒤, 그는 백성들의 삶을 우선하고 나라를 튼튼히 하여 태평성대를 이루었다. 그래서 그가 통치하던 시대를 '개원의 치'라 부르며 칭송했다. 하지만 현종이 나이가 들자 상황은 달라졌다. 정치에 싫증났는지 술과 여자 그리고 사치에 빠져들었다. 현종은 정치를 버려 둔 채, 양귀비와 사랑에 빠졌고 간신 이임보에게 나랏일을 맡겨 버렸다. 황제의 일가친척으로 권세가 대단했던 이임보는 글과 그림에도 재주가 뛰어났다. 그러나 사람됨이 음흉하고 아첨에 능했다.

그는 권력을 독차지하자 제멋대로 굴었다. 조금이라도 마음에 들지 않는 사람은 모두 죽여 버렸다. 충신 수백 명이 죽자 모두 그를 두려워해 누구도 감히 바른 말을 하지 못했다. 심지어 황태자까지도 그를 두려워할 정도였다. 그래서 《자치통감》은 이임보를 이렇게 평가했다.

이임보는 현명한 사람을 미워하고 능력 있는 사람을 질투한다. 성격이 음흉해 자기보다 나은 사람을 멀리하고 어떻게든 찍어 누르려고 한다. 그래서 사람들은 그를 이렇게 말한다.

"입에는 꿀이 있고 뱃속에는 칼이 있다."

이임보가 밤늦게까지 무언가를 궁리하면 다음 날, 누군가 모함으로 죽으니 많은 사람이 그를 두려워하며 떨었다. 재상 지위에 있는 19년 동안 천하를 크게 어지럽혔으나 현종은 깨닫지 못했다.

이임보가 죽자 양귀비의 친척 양국충이 재상 자리에 올랐다. 양국충은 이임보의 죄를 낱낱이 현종에게 고했다. 화난 현종은 이임보가 누린 관직을 모두 빼앗고 ***부관참시**에 처했다. 하지만 양국충도 이임보 못지않은 간신이라 '안록산의 난'을 불러왔다. 결국 나라는 혼란에 빠지고 그동안 현종이 쌓았던 빛나는 업적도 물거품으로 바뀌었다.

궁금증 보따리

부관참시
부관참시는 무덤에서 이미 썩은 시체를 꺼내 목을 자르는 형벌이었습니다.

'**구밀복검 口蜜腹劍**'은 이 이야기에서 비롯했다. 입에는 꿀을 바르고 뱃속에는 칼을 품고 있다 하여 "겉으로는 꿀처럼 달콤한 말을 내뱉으면서도 속으로는 상대를 해칠 생각을 품는다"라는 뜻이다. 눈앞에서는 웃음을 짓다가도 뒤돌아서면 남을 헐뜯거나 뒤통수치는 사람이 '구밀복검' 인간이라고 말할 수 있다. 이런 사람은 되도록 멀리하는 게 좋다.

고사 속 숨은 이야기

미인의 대명사, 양귀비

양귀비는 서시·왕소군·초선과 더불어 중국 4대 미인이에요. '양옥환'이라는 이름의 그녀는 처음에 현종 아들과 결혼했어요. 현종은 아끼던 후궁 무혜비가 죽고 크게 슬퍼했는데요. 당시 권력자였던 고력사는 무혜비와 닮은 양옥환을 현종과 만나게 했어요. 미모는 물론, 시와 노래에 능한 양옥환에게 현종은 한눈에 반해 버렸죠. 고력사는 양옥환을 가로채 현종에게 바쳤는데 양옥환은 22세, 현종은 57세였답니다. 양옥환은 황후 다음 자리인 귀비가 되었어요. 당시 황후가 죽어서 그녀는 황후 역할을 대신했죠. 덕분에 사촌 오빠인 양검도 큰 힘을 얻었습니다. 현종에게 '국충'이라는 이름까지 받은 양검은 승상이 되어 나라를 마음대로 주물렀어요. 그때, 안록산이 양국충을 없앤다는 이유로 반란을 일으킵니다. 피난 가던 현종은 신하들에게 나라를 어지럽힌 양국충을 베고 양귀비 또한 죽이라는 말을 듣습니다. 어쩔 수 없이 자결을 명한 현종의 말에 따라 양귀비는 나무에 목을 매 죽고 말았답니다.

고사성어 돋보기

口

입 구
- 사람 입을 본떠 '입'이라는 뜻.
- 보기: 구설수 口舌數 식구 食口 인구 人口 입구 入口

蜜

꿀 밀
- 꽉 차 있다의 밀(宓)과 벌레 충(虫)으로 이루어진 글자.
- 벌이 집 속에 꽉 채워 넣은 '꿀'이라는 뜻.
- 보기: 밀감 蜜柑 밀랍 蜜蠟 밀어 蜜語 봉밀(꿀) 蜂蜜

腹

배 복
- 사람 살과 몸의 육달월(月, 肉)과 가운데가 불룩한 모양을 나타낸 복(复)으로 이루어진 글자.
- 내장을 싸고 있는 불룩한 신체 부위 '배'를 뜻함.
- 보기: 공복 空腹 복식호흡 腹式呼吸 복통 腹痛 포복(배를 끌어안음) 抱腹

劍

칼 검
- 뽀족하다의 첨(僉)과 베다, 자르다의 선칼도방(刂, 刀)으로 이루어진 글자.
- 끝이 날카롭고 뽀족한 '칼'이라는 뜻.
- 보기: 검객 劍客 검도 劍道 검술 劍術 단검 短劍

구밀복검 口蜜腹劍
– 입에는 꿀을 바르고 뱃속에는 칼을 품고 있다

白髮三千丈
백발삼천장

흰 머리털의 쓸쓸함

이태백은 유명한 당나라 시인이다. 본디 이름은 이백이지만 자가 태백이어서 이태백으로 더 많이 통한다. 이름을 들어보지 않은 사람이 거의 없을 만큼 그는 시인으로서 이름을 날렸다.

이태백의 시에 중국 동쪽 안휘성에 있는 호수 추포를 배경으로 한 〈추포가〉가 있다. 귀양살이에서 풀려난 이태백은 추포에 와서 거울을 보고 늙어 버린 자기 모습을 이렇게 노래했다.

흰 머리털이 무려 삼천장이네	白髮三千丈
시름이 깊어서 이처럼 자랐구나	緣愁似個長
알지 못하는 사이 거울 속에는	不知明鏡裏
어느새 허연 서리가 내 머리털에 내려앉았네	何處得秋霜

'백발삼천장 白髮三千丈'은 이 시에서 나온 말이다. 이 말처럼 중국인들은 실제보다 부풀려 말하기로 유명한데 송아지를 집채만 하다거나 구슬을 보름달만 하다고 하는 것이 이런 과장에 속한다. 송아지가 아무리

커도 집채만 할 수 없고 구슬이 커도 보름달만 할 수 없지만 이런 표현을 쓰면 크기를 강조할 수 있다. 그런데 과장도 정도가 있다. 이 시에서 백발이 삼천 *장이라고 했다. 이 구절은 중국식 과장법이 얼마나 허풍이 심한지 이야기할 때 곧잘 인용되곤 한다. 하지만 여기에서는 단순히 흰 머리털 길이뿐만이 아니라 그만큼 시름과 근심이 길게 이어진다로 이해해야 한다.

호방한 성품을 지닌 이백은 젊어서 누구보다 낭만적이었으며 세상 사람들과 어울려 풍류를 즐겼지만 그의 말년은 외롭고 처량했다.

백발삼천장은 '세상에 이름을 떨친 쓸쓸한 천재 시인'을 나타내는 표현이다. 이 말은 오늘날에도 머리가 몹시 세었음을 과장하거나 늙은 몸의 서글픔을 빗대는 뜻으로 쓰이곤 한다.

궁금증 보따리

장의 길이?
옛날, '장丈'은 길이를 재던 단위였어요. 1장丈은 10척, 약 3미터에 이르렀습니다. 그러니까 삼천 장이면 무려 9,000미터, 즉 9킬로미터에 이르죠.

고사 속 숨은 이야기

이백과 두보
중국에서 가장 유명한 시인은 당나라 이백과 두보랍니다. 두 사람은 같은 시대를 살면서 쌍벽을 이루었지만 스타일은 아주 달랐어요. 흔히 이백을 시선詩仙으로, 두보를 시성詩聖이라 하는데요. 시에서 이백이 신선이라면 두보는 성인 같은 인물이라는 뜻이랍니다. 이백이 풍류를 즐기며 단숨에 시를 썼다면 두보는 써 놓은 시를 오래 고민하며 자주 고쳤습니다. 이백은 타고난 천재였지만 두보는 노력형이었어요. 사람들은 이백이 쉽게 따라갈 수 없는 천재라서, 두보는 노력하면 이룰 수 있는 경지였기 때문에 좋아했답니다.

고사성어 돋보기

白

흰 백
- 해가 땅 위로 막 떠오를 때 비치는 눈부신 햇살을 본떠 "희다, 밝다"라는 뜻.

  보기 결백 潔白 명백 明白 백설 白雪 백악관 白堊館 백인 白人

髮

터럭 발
- 털 등이 늘어진 터럭 발(髟)과 좌우로 나누다의 발(犮)로 이루어진 글자.
- 늘어진 머리칼을 빗으로 나누어 빗은 '머리털'이라는 뜻.

  보기 가발 假髮 단발 短髮 두발 頭髮 모발 毛髮

三

석 삼
- 세 손가락을 옆으로 펴거나 나무젓가락 세 개를 옆으로 놓은 모양을 나타내 '셋'이라는 뜻.

  보기 삼각형 三角形 삼박자 三拍子 삼일절 三一節 삼지창 三枝槍

千

일천 천
- 사람 인(人)과 하나 일(一)로 이루어진 글자.
- 여기에서 인(人)은 많은 사람의 뜻을 지녀 천 단위 가운데 하나(一)의 숫자 '일천'을 뜻함.

  보기 천리마 千里馬 천부당 千不當 천추(먼 세월) 千秋

丈

어른 장
- 숫자 십(十)과 손바닥 한 뼘을 나타낸 우(又)로 이루어진 글자.
- 길이 단위로 열 자를 나타내거나 '사람 키, 어른'이라는 뜻도 있음.

  보기 노인장 老人丈 대장부 大丈夫 장인 丈人

백발삼천장 白髮三千丈
— 흰머리가 3천 길로, 근심이 쌓이며 늙어 가다

馬耳東風
마이동풍

한 귀로 듣고 한 귀로 흘리다

다른 사람 의견이나 충고에 전혀 귀를 기울이지 않을 때, 마이동풍이라는 말을 쓴다. '말의 귀에 스치는 동풍'이라는 말은 어디에서 왔을까? 이백의 친구 가운데 '왕거일'이라는 사람이 있었다. 그는 밤늦도록 혼자서 술을 마시다 느낀 감정을 이백에게 시로 적어 보냈다. 이백은 곧장 제목이 '답왕거일한야독작유회'라는 시로 답했다. 그는 홀로 술잔을 기울이며 근심에 잠겨 있을 왕거일을 생각해 이 시를 썼는데, 첫 구절은 이렇게 시작한다.

우리 인생 아차 하는 사이에 백 년도 채우지 못하니　人生飄忽百年內
한 잔 술을 기울이며 만고의 시름 풀어 버리세　　　　且須酣暢萬古情

이백은 이 시에서 왕거일처럼 고결하고 뛰어난 인물이 지금 세상에 쓰이지 못함을 안타까워하며 세상을 탄식한다.

세상 돌아가는 꼴을 보아하니 참으로 한심하다. 닭싸움 솜씨가 뛰어나

야지만 황제에게 총애를 받아 대로를 활보하고 오랑캐를 막는 데 작은 공이라도 세워야지 충신 노릇 하는 세상이다. 그런데 자네나 나나 그런 짓은 못 하며 창가에 기대어 시를 읊을 뿐이니, 제아무리 걸작을 쓴들 한 잔 물보다 값어치가 없구나. 사람들이 이를 듣고 머리를 흔드는 것이 말의 귀에 동풍이 스치는 듯하도다.

당시 황제였던 현종은 닭싸움을 몹시 좋아하여 싸움닭을 바친 이들을 기억했다. 이백과 왕거일은 그렇게 출세한 이들과 작은 공을 세운 이들이 날뛰는 세상에서 살고 있었다. 결국 시인들이 훌륭한 작품을 써도 알지 못하니 말의 귀에 동풍이 불어치는 격이라고 안타까워한 것이다. 동풍은 동쪽에서 부는 봄바람이다. 봄바람은 부드러워 말의 귀를 스쳐 가도 아무런 자극을 주지 못한다. 말의 귀에 동풍이 스치듯 남의 말을 귓등으로 흘림을 빗대어 '마이동풍 馬耳東風'이라 했다. 속담 '소 귀에 경 읽기'와 비슷한 뜻이다. 부모님이 컴퓨터 게임을 그만 하라고 타이르거나 책을 읽으라 해도 들은 척 만 척한다면 이 또한 마이동풍 아닐까?

고사성어 돋보기

馬

말 마
- 곧게 서 있는 말을 본떠 '말'이라는 뜻
  보기 경마 競馬 낙마 落馬 마부 馬夫 승마 乘馬 천리마 千里馬

耳

귀 이
- 사람 귀를 본떠 '귀'라는 뜻.
  보기 이명 耳鳴 이목 耳目 이비인후과 耳鼻咽喉科 중이염 中耳炎

東

동녘 동
- 나무 목(木)과 날 일(日)로 이루어진 글자.
- 해가 동산에 떠오르면서 나무(木)에 걸린 모습을 나타내 '동쪽'이라는 뜻.
  보기 극동(동쪽 끝) 極東 근동(서유럽에 가까운 동양 여러 나라) 近東
  동문서답 東問西答

風

바람 풍
- 옛 글자에는 돛과 봉황을 본뜬 두 가지가 있음.
- 바람을 받는 돛이나 바람처럼 자유로운 봉황에서 '바람'이라는 뜻이 나왔다.
  보기 광풍 狂風 돌풍 突風 열풍 熱風 태풍 颱風 폭풍우 暴風雨

마이동풍 馬耳東風
– 말의 귀에 스치는 동풍

古稀
고희

나이 70세

예부터 나이를 가리키는 말은 따로 있었다. 그 말들은 주로 동양 고전이나 문학에서 나온 경우가 많다. 나이 70세는 '고희'라 한다. 한자로는 '옛 고古'와 '드물 희稀'로 쓰는데 이 말은 대체 어디에서 왔을까?

이 말은 두보의 시 〈곡강이수〉에서 나왔다. '곡강'은 당나라 수도, 장안 동남쪽에 있던 연못 이름이다. 이곳은 경치가 아름다워 봄이면 꽃구경을 나온 사람들로 북적였다. 두보도 곡강에 가서 시 몇 편을 남겼다.

당시 두보는 '좌습유'라는 낮은 벼슬을 했으나 어지러운 정치 상황에 마음이 편치 않았다. 〈곡강이수〉는 그 무렵 곡강에 가서 술로 마음을 달래며 지은 시이다. 그 시에는 이런 구절이 나온다.

조정에서 돌아오면 날마다 봄옷을 저당잡혀	朝回日日典春衣
하루하루 강가에서 술에 취하여 돌아오네	每日江頭盡醉歸
외상 술값이야 어디를 가든 늘 있는 것이지만	酒債尋常行處有
인생 칠십은 예부터 드문 것이라네	人生七十古來稀

'고희 古稀'는 여기에서 비롯했는데 시의 끝 구절 '인생칠십고래희'에서 '고희'라는 말을 따왔다. 사람이 70까지 살기는 드물다고 한 두보는 70을 한참 채우지 못한 59세로 생을 마쳤다. 그의 삶은 여기저기 떠돌아다니던 고달픈 일생이었다. 옛날에는 '고희'뿐만 아니라 환갑 때에도 크게 잔치를 벌이며 장수를 축하했다. 요즘은 의학이 발전해 '인생칠십고래희'라는 말이 무색해졌다. 하지만 아직도 70세를 고희라 하며 그 나이를 기념해 치르는 생일잔치를 '고희연'이라 부르곤 한다.

> **고사 속 숨은 이야기**
>
> **나이를 부르는 명칭**
>
> ❶ 지우학志于學 15세 → 학문에 뜻을 두는 나이 ❷ 약관弱冠 20세 → 남자 나이 20세 ❸ 이립而立 30세 → 모든 기초를 세우는 나이 ❹ 불혹不惑 40세 → 세상 유혹에 흔들리지 않는 나이 ❺ 상수桑壽 48세 → 상桑을 쪼개 십十 네 개와 팔八이 하나인 글자로 풀어 읽으면 48 ❻ 지천명知天命 50세 → 하늘이 내린 명을 아는 나이 ❼ 이순耳順 60세 → 인생에 경륜이 쌓이고 사려와 판단이 자라 남의 말을 잘 듣는 나이 ❽ 환갑還甲 61세 → 육십갑자六十甲子가 돌아와 환갑 또는 회갑回甲이라 함 ❾ 고희古稀 70세 → 인생칠십고래희라는 두보의 시에서 유래 ❿ 희수喜壽 77세 → 희喜를 약자로 쓰면 칠십칠七十七이 되는 데에서 유래 ⓫ 산수傘壽 80세 → 산傘을 팔八과 십十으로 풀어서 부름 ⓬ 미수米壽 88세 → 쌀 미米를 풀면 열 십十 위아래에 팔八이 있어 팔십팔88을 뜻함 ⓭ 졸수卒壽 90세 → 졸卒의 약자 아홉 구九 아래 열 십十을 쓰는 데에서 유래 ⓮ 망백望百 91세 → "91세이면 100세까지 사는 것을 바라본다"라는 뜻 ⓯ 백수白壽 99세 → 일백 백百에서 하나 일一을 빼면 흰 백白이 되는 뜻에서 부름 ⓰ 상수上壽 100세 → 사람의 수명에서 '최상의 수명'이라는 뜻 ⓱ 천수天壽 120세 → '하늘이 내린 타고난 수명'이라는 뜻

고사성어 돋보기

古 옛 고
- 열 십(十)과 입 구(口)로 이루어진 글자.
- 여러(十) 대에 걸쳐 입(口)으로 전해 와 '옛날'이라는 뜻.

보기 고대 古代 고전 古典 고조선 古朝鮮

稀 드물 희
- 곡식의 벼 화(禾)와 적다의 희(希)로 이루어진 글자.
- 드문드문 성기게 심은 벼가 적다 하여 "드물다"라는 뜻.

보기 희귀 稀貴 희대 稀代 희미 稀微 희박 稀薄

고희 古稀
– 나이 70세를 가리키는 말

美人薄命
미인박명

미인은 명이 짧거나 운명이 불행해

궁금증 보따리

당송팔대가
우리나라 사람들이 숫자 3을 좋아하듯, 중국 사람들은 숫자 8을 무척 좋아해요. 그래서 뛰어난 중국 당나라와 송나라 문장가 여덟 명을 가리켜 당송팔대가라 부르죠. 당나라 한유, 유종원과 송나라 구양수·소순·소식·소철·증공·왕안석이 바로 그들입니다. 이 가운데 소순은 소식의 아버지이며 소철은 동생이라 이들을 묶어서 '삼소'라 부르기도 한답니다.

아호
문인이나 예술가 들이 갖고 있는 진짜 이름을 소중히 여겨 함부로 부르지 않도록 불렀던 자字 대신 높여 불렀던 말입니다.

　소식은 중국 송나라 때 시인이다. *당송팔대가의 한 명으로 대시인이었을 뿐만 아니라 글씨와 그림에도 뛰어난 솜씨를 보였다.
　*아호가 동파이기 때문에 소동파로 더 잘 알려져 있다.
　그는 벼슬길에 오른 뒤, 반대파에게 시기를 받아 보잘것없는 지방 관직만을 맴돌거나 귀양살이를 했다. 소식은 파란만장한 삶을 살면서도 활발한 작품 활동을 펼쳤는데 《적벽부》는 그가 남긴 가장 유명한 글이다. 위촉오 삼국시대 적벽에서 벌어진 영웅호걸들의 치열한 전쟁을 돌아보며, 덧없는 인생과 자연에서 노니는 즐거움을 노래한 명문장이다.
　소식이 지방에서 벼슬할 때 일이다. 그는 우연히 절에 들렀다가 한 여승을 보았는데 예쁜 얼굴에 파르라니 깎은 머리가 애처롭기 그지없었다. 나이 어린 여승은 방에 고요히 앉아 있었다. 봄이 저물어 버드나무 꽃도 지고 있는데 구슬픈 여승의 모습이 아련한 슬픔을 자아냈다. 그래서 소식은 〈가인박명〉이라는 시를 지어 이렇게 노래했다.

두 뺨은 우윳빛 같고 머리칼은 옻칠한 듯 새까맣구나
빛나는 여인의 눈동자는 구슬처럼 또렷하도다
원래 선녀의 옷은 하얀 비단으로만 짓는 듯
타고난 고운 얼굴 망칠까 입술엔 연지조차 바르지 않았네
오나라 말투의 애교스러운 목소리는 어린아이처럼 앳되기만 한데
어떤 인생살이 근심을 지녔는지 알 수 없네
예부터 아름다운 여인 중에는 기구한 운명이 많으니
문 닫힌 절에서 봄이 다하면 버드나무 꽃이 하염없이 지고 말겠지

이 시 끝을 보면 아름다운 여인의 운명을 봄날에 잠시 피었다가 져 버리는 버드나무 꽃에 빗대고 있다. 그처럼 목숨이 짧다는 뜻이다. 이것이 바로 '가인박명'이다. 가인佳人은 미인을 가리키기 때문에 '미인박명 美人薄命'이라는 말이 나왔다. 또 '박명薄命'은 목숨이 짧다 외에도 "운명이 박하다, 팔자가 사납다"라는 뜻이기도 하다. 따라서 미인은 수명이 짧음만이 아니라 "무언가 순탄치 못한 운명이나 불행에 빠지기 쉽다"라는 뜻이기도 하다. 인기를 끌던 연예인이 갑작스러운 사고로 운명할 때 흔히 미인박명이라는 말을 쓰곤 한다.

고사성어 돋보기

美

아름다울 미
- 양 양(羊)과 큰 대(大)로 이루어진 글자.
- 중요한 가축이었던 양이 크고 살이 찌면 보기가 좋다는 데에서 "아름답다"라는 뜻.

  보기 감미 甘美 미덕 美德 미모 美貌 미술 美術

人

사람 인
- 허리를 굽히거나 서 있는 사람을 본떠 '사람'이라는 뜻.

  보기 개인 個人 노인 老人 인간 人間 인구 人口 인물 人物

薄

엷을 박
- 풀의 초두머리(艹, 艸)와 넓을 부(溥)로 이루어진 글자.
- 넓게 펼쳐진 풀을 나타내어 "엷다"라는 뜻.

  보기 각박 刻薄 경박 輕薄 박봉 薄俸 야박 野薄 척박 瘠薄

命

목숨 명
- 입 구(口)와 명령을 내린다의 령(令)으로 이루어진 글자.
- 입으로 명령을 내려 '명령' 혹은 운명은 하늘에 달려 '목숨'이라는 뜻.

  보기 비명 非命 생명 生命 숙명 宿命 운명 運命

미인박명 美人薄命
– 아름다운 여인은 대개 명이 짧거나 불운하다

紅一點
홍일점

한 떨기 붉은 꽃

궁금증 보따리

당송팔대가, 왕안석
당송팔대가인 왕안석은 뛰어난 문장으로 이름났어요. 그는 어려서 시에 재능을 보였고 21세에 과거에도 합격했죠. 벼슬에 오른 그는 지방관을 지내며 곧은 성격과 뛰어난 문장, 행정 능력까지 갖춰 고위직에 추천받았으나 가족 문제를 들어 사양했다고 해요. 신종 황제가 즉위하면서 정치를 바꾸고자 왕안석을 다시 등용했는데 훗날, 재상 자리에까지 오르기도 했답니다.

남자들 틈에 여자 혼자 있을 때 흔히 '홍일점'이라는 표현을 쓰곤 한다. 본디 홍일점은 송나라 때 유명한 시인 *왕안석의 시에서 나온 말이다. 어느 날, 왕안석이 뜰을 거닐다가 석류꽃을 보고 이런 시를 지었다.

온통 푸른빛으로 가득 찬 곳에 한 떨기 붉은 꽃 피니
萬綠叢中紅一點
이런 봄 풍경은 흔하게 볼 수 있는 것이 아니로다
動人春色不須多

이 시는 온통 초록빛이 우거진 가운데 석류꽃 한 송이가 붉게 피어 있는 모습을 보고 그 아름다움을 노래했다.

여기에서 '한 떨기 붉은 꽃'이 '홍일점 紅一點'인데, 여럿 가운데 유독 하나가 눈에 띔을 이르는 말이다. 오늘날에는 많은 남자 속에 여자 한 사람이 있을 때 이 말을 쓰곤 한다.

고사성어 돋보기

紅 붉을 홍
- 실 사(絲)와 장인 공(工)으로 이루어진 글자.
- 실을 길쌈할 때 힘주어 일하면 손바닥이 붉어져 "붉다"라는 뜻.

  보기 안면홍조 顏面紅潮 주홍 朱紅 홍삼 紅蔘 홍시 紅柿 홍차 紅茶

一 하나 일
- 한 손가락을 펴거나 나무젓가락 하나를 놓은 모양을 본떠 '하나'를 뜻함.

  보기 일번 一番 일세기 一世紀 일직선 一直線 제일 第一

點 점 점
- 검을 흑(黑)과 어떤 위치를 차지하다라는 뜻의 점(占)으로 이루어진 글자.
- 어떤 위치나 글자 등을 검게 칠하는 것, 즉 '점'이라는 뜻.

  보기 문제점 問題點 시점 時點 약점 弱點 초점 焦點 허점 虛點

홍일점 紅一點
– 한 떨기 붉은 꽃. 여럿 가운데 눈에 띄는 하나

6. 삶의 가르침이 담긴 고사성어

사람을 만물의 영장이라 말하곤 한다.
영장은 '오묘한 힘과 지혜를 가진 우두머리'라는 뜻이다.
하지만 사람이 꼭 현명하기만 한 건 아니다.
어리석기 짝이 없을 때도 있다.
작은 일로 쓸데없는 다툼을 벌이기도 하고 얕은 꾀를 부리다 어처구니없이
실수하기도 한다. 고사성어는 사람들이 살아온 오랜 삶의 경험에서 생겼다.
따라서 그 속에는 우리가 살아가며 배워야 할 지혜와 깊이 있는 삶의 가르침이 담겨 있다.
여기에 어떤 교훈이 깃들어 있는지 잘 되새겨 보면
여러분에게 큰 도움이 될 수 있다.

螢雪之功
형설지공

어려움에서도 학업을 이룸

옛날, 어떤 가난한 집안에서 '차윤'이라는 소년이 태어났다. 소년의 집은 끼니조차 제대로 이을 수 없을 정도로 살림이 어려웠다. 그 가운데서도 소년은 글공부를 좋아해 밤낮을 가리지 않고 책을 읽었다. 그런데 밤에 공부할 때 쓸 등불 기름을 살 돈이 없자 그는 크게 걱정했다.

'좋은 방법이 없을까?'

궁리 끝에 한 가지 방법을 찾아낸 그는 밤마다 꼬리에서 빛을 내는 반딧불을 이용하기로 했다. 소년은 들판에 나가 얇은 명주 주머니에 반딧불을 잡아넣었다. 그런 다음, 주머니를 책상 위에 매달고 그 불빛으로 책을 읽었다.

한편 '손강'이라는 소년도 집이 몹시 가난했다. 그 역시 등불을 밝힐 기름을 살 돈이 없어 늘 고민이었다. 그래서 겨울이 오면 눈을 창 밖에 쌓아 두고 거기에서 나는 눈빛을 등불 삼아 공부했다. 이렇듯 남다른 노력을 기울인 덕분에 두 사람은 과거에 당당히 합격해 모두 높은 벼슬에 올랐다.

여기에서 반딧불 형螢과 눈 설雪을 더해 '형설지공 螢雪之功'이라는 말이 비롯했다. '반딧불에서 나오는 불빛과 눈에 비친 빛으로 글을 읽어 가며 이룬 성공'이라는 뜻으로, 어려운 생활에서도 갖은 고생을 하며 부지런히 학문을 닦는 것을 빗대는 말이다.

오늘날, 밝은 불빛 아래에서 공부하는 친구들은 이처럼 어려운 환경을 이겨 내고 끈기 있게 노력한 선조들을 본받을 필요가 있다.

고사성어 돋보기

螢 반딧불이 형
- 둘러놓은 모닥불 형(熒)과 벌레 충(虫)으로 이루어진 글자.
- 모닥불 같은 빛을 내는 벌레라 하여 '반딧불이'라는 뜻.
- 보기) 형광등 螢光燈

雪 눈 설
- 비 우(雨)와 빗자루로 쓸어 깨끗이 하다의 혜(彗)로 이루어진 글자.
- 하늘에서 비가 얼어 내리면 빗자루로 쓸 수 있는 눈이 되어 '눈'이라는 뜻.
- 보기) 대설 大雪 설경 雪景 설악산 雪嶽山 설탕 雪糖 폭설 暴雪

之 어조사 지
- 출발선에서 한 발짝 내딛음을 나타내므로 "간다"라는 뜻의 갈 지(之).
- 여기에서는 무엇 '~의'라는 어조사로 쓰였다.
- 보기) 만인지상 萬人之上 일언지하 一言之下

功 공 공
- 일하다의 공(工)과 팔 근육을 본뜬 힘 력(力)으로 이루어진 글자.
- 힘써 일해 '공로'라는 뜻.
- 보기) 공덕 功德 공력 功力 공로 功勞 성공 成功

형설지공 螢雪之功
- 반딧불이 불빛과 눈빛으로 이루어 낸 성공

讀書三餘
독서삼여

공부하기 좋은 세 가지 시간

옛날, 중국에 '동우'라는 학식 높은 사람이 있었다. 하루는 어떤 사람이 그를 찾아와 배움을 청했다. 그러자 동우는 손을 내저으며 이렇게 말했다.

"책을 100번만 읽으면 뜻이 저절로 통한다오. 그러니 굳이 내게 배울 필요가 뭐 있겠소?"

"책을 읽고 싶으나 사는 데 바빠 시간이 없소이다!"

그 대답을 듣고 동우는 이런 가르침을 주었다.

"시간이 없다니 그게 무슨 말이오? 책을 읽는 데는 삼여, 즉 세 가지 여유 시간만 있으면 충분하다오. 밤과 겨울 그리고 흐리거나 비 오는 날이오. 밤은 하루 나머지 시간이고 겨울은 1년 나머지 시간이며 흐리거나 비 오는 날은 맑게 갠 날의 나머지 시간이라오."

동우의 말대로 밤과 겨울, 비 오는 날은 농사일을 할 수 없어 시간이 날 수밖에 없다. 그래서 이 세 가지 여유 시간만 있으면 책을 읽는 데 아무 문제가 없다는 말이다. 학문하는 사람은 어떤 마음가짐이 있어야 하는지 잘 보여 주는 이야기라고 할 수 있다.

'독서삼여 讀書三餘'란 '독서하는 데 필요한 세 가지 여가 시간'이라는 말이다. 우리 주위에도 시간이 없어서 책을 읽지 못하거나 공부할 수 없다는 사람을 볼 수 있다. 그렇다면 동우의 가르침을 되새겨 보면 어떨까? 독서삼여는 오늘을 사는 우리에게 학문하는 태도와 정신 자세를 일깨워 주는 고사성어인 셈이다.

> **고사 속 숨은 이야기**
>
> **독서와 관련 있는 다양한 고사**
>
> 동우가 말한 '독서백편의자현讀書百遍義自見'은 "책을 100번 읽으면 뜻을 저절로 깨우친다"라는 말이에요. 주경야독晝耕夜讀은 낮에는 밭갈이를, 밤에는 책을 읽는다는 말입니다. 시인 두보는 "남자라면 책을 다섯 수레 읽어야 한다"라는 남아수독오거서男兒須讀五車書를 남겼습니다. 공자가 《주역》을 너무 읽어서 책 가죽끈이 세 번이나 끊어졌다는 데에서 유래한 위편삼절韋編三絕도 있죠. 박이정博而精은 여러 방면으로 널리 알 뿐만 아니라 깊게 안다는 뜻이랍니다. 이와 반대로 박이부정博而不精이라는 말도 있는데, 여러 방면으로 널리 알지만 깊이 알지 못한다는 말이에요.

고사성어 돋보기

讀 읽을 독
- 말하다의 언(言)과 계속하다의 육(賣)으로 이루어진 글자.
- 말소리를 내며 계속 책 등을 읽어 "읽다"라는 뜻.
- `보기` 구독 購讀 낭독 朗讀 독자 讀者 독해 讀解 정독 精讀

書 글 서
- 붓 율(聿)과 말씀 왈(曰)로 이루어진 글자.
- 사람 말을 붓으로 적어 '글'을 뜻함.
- `보기` 교과서 敎科書 문서 文書 서적 書籍 서신 書信 유서 遺書

三 석 삼
- 세 손가락을 옆으로 펴거나 나무젓가락 세 개를 옆으로 놓은 모양을 나타내 '셋'이라는 뜻.
- `보기` 삼각형 三角形 삼박자 三拍子 삼일운동 三一運動

餘 남을 여
- 음식을 먹는다의 밥식변(飠, 食)과 여(余)로 이루어진 글자.
- 음식을 배부르게 먹고도 남는다 하여 "남다"라는 뜻.
- `보기` 여가 餘暇 여력 餘力 여백 餘白 여유 餘裕 잉여 剩餘

독서삼여 讀書三餘
– 책 읽기에 알맞은 세 가지 넉넉한 때

磨杵成針
마저성침

끊임없는 노력과 끈기로 이룬 일

유명한 당나라 시인 이태백이 젊었을 때 일이다. 산속 깊은 절에 들어간 그는 공부하다가 어느 순간 싫증났다.

'아, 공부도 잘 안되고 좀이 쑤셔 견딜 수 없구나.'

이태백은 친구들과 어울려 놀던 때가 생각났다.

"에라, 모르겠다. 공부고 뭐고 때려치우고 내려가자."

이태백은 공부를 포기하고 짐을 꾸려 집으로 향했다. 그런데 한참 길을 가다 보니 웬 할머니가 시냇가 옆 바위에 뭔가를 갈고 있었다. 이태백은 호기심이 생겨 물어보았다.

"할머니, 거기서 뭐 하십니까?"

"보면 모르나? 바늘을 만들고 있다네."

할머니 대답에 이태백은 기가 막혔다. 할머니는 다듬잇방망이보다 크고 굵은 쇠절구공이를 갈고 있었다.

"예에? 설마 농담이시겠죠?"

"늙은이가 젊은 사람 붙들고 농담하겠나?"

"정말 바늘을 만들 작정이세요?"

"그렇다니까!"

"그렇게 굵은 쇠절구공이를 언제 갈아서 바늘로 만들겠습니까?"

"모르는 소리 말게. 쉬지 않고 갈면 1년이 가고 2년이 가고 언젠가 바늘로 바뀔 날이 있을 테니까!"

이태백은 대수롭지 않게 여기며 발길을 옮겼다. 그러고는 혼잣말처럼 중얼거렸다.

"쳇, 노망도 곱게 들어야지. 별 이상한 노인네 다 보겠군."

하지만 이태백은 곧 할머니 행동에서 크게 깨달은 바가 있었다.

'아차, 내가 어리석었어! 작은 바늘을 만들려고 큰 쇠절구공이를 바위에 가는 사람도 있는데 나는 공부가 지겹다고 중간에 포기한 채 내려왔으니! 스승이 따로 있나? 그 할머니께 뭔가 가르침을 받아야겠다!'

이태백은 이렇게 마음먹고 돌아갔지만 할머니는 온데간데없었다.

"귀신이 곡할 노릇이로구나. 분명히 여기 계셨는데. 그래, 내 잘못을 깨우쳐 주려고 산신령이 잠시 할머니로 모습을 바꿨는지도 몰라!"

이태백은 곧장 절로 되돌아가 학문을 닦으며 중국에서 손꼽히는 대시인이 되었다.

이 고사에서 나온 말이 '마저성침 磨杵成針'이다. "쇠절구공이를 갈아 바늘을 만든다"라는 뜻이다. 마부작침磨斧作針 혹은 철저마침鐵杵磨鍼이라고도 한다. 쇠절구공이를 갈아서 바늘을 만들 듯 끈기를 가지고 노력하면 아무리 어려운 일도 이룰 수 있음을 빗대는 말이다.

사람들은 무슨 일을 하다가 중간에 싫증나면 쉽게 포기하곤 한다. 이태백도 한때 공부가 지겨워 그만두려고 했다. 그러나 할머니가 쇠절구공이를 갈아 바늘로 만들려는 모습에 마음을 고쳐먹었다. 그러고는 더 이상 한눈팔지 않고 열심히 학문을 닦았다. 이런 노력이 없었다면 그는 이름난 시인이 될 수 없었다.

고사성어 돋보기

磨 갈 마
- 문지른다의 마(麻)와 돌 석(石)으로 이루어진 글자.
- 돌을 문지른다 하여 "갈다"라는 뜻.
- 보기 마멸 磨滅 마모 磨耗 연마 硏磨

杵 공이 저
- 나무 목(木)과 공이를 본뜬 오(午)로 이루어진 글자.
- '절구공이, 다듬잇방망이'라는 뜻.
- 보기 저구(절구공이와 절구통) 杵臼 저성 杵聲

成 이룰 성
- 글자에 무기 술(戌)이 있어, 무기 든 군사들이 대오를 이룬다 하여 "이루다"라는 뜻.
- 보기 구성 構成 달성 達成 성공 成功 작성 作成

針 바늘 침
- 금속이나 광물의 쇠 금(金)과 바늘 모양을 나타낸 '十'으로 이루어진 글자.
- '쇠로 된 바늘'이라는 뜻.
- 보기 방침 方針 지침 指針 침엽수 針葉樹

마저성침 磨杵成針
– 쇠절구공이를 갈아 바늘을 만들다

伯牙絶絃
백아절현

참다운 벗을 잃음

세상에서 뜻이 통하는 좋은 친구를 만나기란 쉽지 않다. 하물며 그런 참다운 벗을 잃는다면 그 슬픔은 더 말할 나위도 없다. 《열자》〈탕문〉편에는 이런 애달픈 이야기가 나온다.

춘추시대, '백아'라는 사람은 거문고를 잘 타기로 소문나 있었다. 한편 그의 친구 종자기는 백아가 타는 거문고 소리를 듣기 좋아했다.

달빛이 사라진 캄캄한 그믐날 밤이었다. 백아가 어둠 속에서 거문고를 뜯을 때 종자기가 나타나 말했다.

"아, 달빛이 참으로 아름답구나."

백아는 깜짝 놀랐다. 그믐밤이지만 은은하게 비치는 달빛을 거문고 소리로 나타냈기 때문이다. 종자기는 백아가 어떤 곡을 연주하든 거기에 숨어 있는 마음을 알아차렸다. 백아가 머릿속으로 우뚝하게 높이 솟은 산을 생각하며 거문고를 타면 종자기가 곁에서 듣고 말했다.

"훌륭하도다. 우뚝 솟은 것이 태산과 같구나."

잠시 후, 그 뜻을 흐르는 물에 두고 연주하면 이렇게 감탄했다.

"멋지도다. 넘칠 듯 흘러가는 것이 강물과 같구나."

이처럼 종자기는 백아가 무엇을 연주하든 그 뜻하는 바를 다 알아맞혔다.

하루는 놀러 갔던 두 사람이 갑자기 소나기를 만나 동굴로 몸을 피했다. 왠지 모르게 마음이 슬퍼진 백아는 동굴에서 빗소리에 맞추어 거문고를 뜯었다. 처음에는 장맛비가 내리는 느낌을 연주하고 다음에는 산이 무너지는 곡을 연주했다.

종자기는 그때마다 그 곡이 무엇을 뜻하는지 정확하게 맞혔다. 백아가 거문고를 놓고 감탄하며 말했다.

"훌륭하다, 훌륭해! 그대는 거문고 소리를 듣고 내 마음을 훤히 들여다보고 있구나. 내 음악 소리는 결코 자네를 피해 갈 수 없도다!"

그 후, 종자기가 병으로 죽었다. 그 소식을 들은 백아는 하늘이 무

삶의 가르침이 담긴 고사성어 **239**

너지는 슬픔을 안고 그의 무덤을 찾았다. 그 자리에서 눈물이 흐를 듯한 슬픈 곡을 연주한 뒤, 거문고 줄을 끊어 버렸다. 그리고 다시는 죽을 때까지 거문고를 타지 않았다. 이 세상에 거문고 연주를 알아줄 사람이 더 이상 없다고 여겼기 때문이었다.

이 고사에서 '백아절현 伯牙絶絃'이 비롯했다. "백아가 거문고 줄을 끊었다"라는 뜻으로, "자신을 알아주는 참다운 벗의 죽음을 슬퍼한다"라는 말이다. 아울러 여기에서 '마음이 서로 통하는 절친한 친구'를 뜻하는 '지음知音'도 유래했다. 한자로 알 지知와 소리 음音을 써서 음악으로 마음을 주고받는 백아와 종자기 같은 친구 사이를 일컫는 말이다.

고사성어 돋보기

伯 맏 백
- 사람인변(亻, 人)에 흰 백(白)으로 소리를 이룬 글자.
- 백(白)이 아비 부(父)와 뜻이 통해 '맏이, 우두머리'라는 뜻.

  보기) 백부 伯父 백작 伯爵 화백 畵伯

牙 어금니 아
- 위아래가 서로 물고 있는 모습을 본뜬 글자.
- 어금니가 위아래로 엇갈려 물고 있는 데에서 '어금니'라는 뜻.

  보기) 상아 象牙 치아 齒牙

絶 끊을 절
- 실타래의 실 사(糸)와 자르다의 칼 도(刀) 아래, 소리를 나타내는 절(㔾)로 이루어진 글자.
- 실을 칼로 자른다 하여 "끊다"라는 뜻.

  보기) 거절 拒絶 근절 根絶 절교 絶交

絃 악기 줄 현
- 실타래의 실 사(糸)와 걸다의 현(玄)으로 이루어진 글자.
- 팽팽하게 당겨서 걸어 놓은 '실, 줄'이라는 뜻.

  보기) 관현악 管絃樂 삼현육각 三絃六角 현악기 絃樂器

백아절현 伯牙絶絃
– 백아가 거문고 줄을 끊다

塞翁之馬
새옹지마

앞날의 길흉화복은 헤아리기 어려워

옛날, 중국 북쪽 변방에 한 노인이 살았는데 그는 점을 잘 쳤다. 어느 날, 노인이 키우던 말이 고삐를 끊고 북쪽 오랑캐 땅으로 달아났다. 이웃 사람들이 찾아와 그를 위로했지만 노인은 크게 안타까워하지도 않고 태연하게 말했다.

"뭐, 별일 아니오. 이 일이 도리어 복일지 누가 알겠소?"

몇 달이 지난 뒤, 도망쳤던 말이 오랑캐 땅에서 멋진 준마 한 마리를 데리고 돌아왔다. 이번에도 이웃 사람들이 찾아와 축하를 건넸지만 노인은 기뻐하지도 않고 무심하게 말했다.

"글쎄요, 이게 근심이 되어 나쁜 일이 생길지 누가 압니까?"

노인의 아들은 말타기를 좋아했다. 준마가 생기자 날마다 말타기를 즐겼는데 그만 말에서 떨어져 다리가 부러지고 말았다. 아들이 절름발이가 되자 이웃 사람들이 혀를 끌끌 차며 노인을 위로했다. 이번에도 노인은 대수롭지 않다는 듯 이렇게 말했다.

"걱정 마시오. 이것이 또 복일지 누가 알겠소?"

그로부터 1년 뒤, 북쪽 오랑캐가 쳐들어와 전쟁이 일어나자 나라에서 급히 군사들을 뽑았다. 너나 할 것 없이 무기를 들고 싸움터로 나갔지만 전쟁에 나간 젊은이들은 열에 아홉이 오랑캐와 싸우다 죽고 말았다. 하지만 절름발이가 된 노인의 아들은 전쟁에 나가지 않아 목숨을 지킬 수 있었다.

여기에서 '새옹지마 塞翁之馬'가 비롯했다. '변방 늙은이의 말'이라는 뜻이다. 노인의 말로 인해 나쁜 일이 좋은 일로, 좋은 일이 나쁜 일도 되었다. 그래서 '인생만사 새옹지마'라는 말이 나왔다. 인생 여러 가지 일이 새옹지마처럼 화가 복으로, 복이 화로 바뀔 수 있다는 뜻이다. 그만큼 앞날 길흉화복은 헤아리기 어려움을 나타내는 말이다. 비슷한 뜻으로 '전화위복'이 있다.

우리는 살면서 좋은 일이 있다고 너무 우쭐해서도, 나쁜 일이 있다고 쉽게 좌절해서도 안 된다. 좋은 일이 있으면 겸손하고 나쁜 일이 있으면 더욱 용기 내야 한다.

고사성어 돋보기

塞

변방 새
- 글자 아래쪽에 흙 토(土)가 부수로 쓰여 "흙으로 막다"라는 뜻.
- "떨어지다"라는 뜻도 있는데 멀리 떨어져 있다 하여 '변방'의 뜻이 나옴.
- "막다"라는 뜻일 때는 '색'으로 읽음.

보기 경색(소통되지 못하고 막힘) 梗塞 요새 要塞 폐색 閉塞

翁

늙은이 옹
- 공(公)과 우(羽)로 이루어진 글자.
- 공(公)은 관청, 벼슬의 뜻으로 나라에서 인정해 주는 사람을, 우(羽)는 새의 목덜미 깃털을 뜻하는데 옛날에는 노인에 빗대어 씀.
- 나라가 인정하고 존중해 주는 '노인'을 뜻함.

보기 옹구(늙은 남자와 여자) 翁嫗 옹주 翁主

之

어조사 지
- 출발선에서 한 발짝 내딛음을 나타내므로 "간다"라는 뜻의 갈 지(之).
- 여기에서는 무엇 '~의'라는 어조사로 쓰였다.

보기 만인지상 萬人之上 일언지하 一言之下

馬

말 마
- 곧게 서 있는 말을 본떠 '말'이라는 뜻.

보기 마각(말의 다리) 馬脚 마사회 馬事會 마차 馬車 마필 馬匹

새옹지마 塞翁之馬
– 변방 늙은이의 말

買死馬骨
매사마골

죽은 말의 뼈다귀

중국 전국시대 때 이야기이다. 전국시대는 중국 역사에서 진시황이 중국을 통일하기 전까지 여러 나라가 끊임없이 싸우던 시기였다. 우리나라로 치면 신라가 삼국을 통일할 때까지 고구려·백제·신라가 싸우던 시기라고 생각하자. 물론, 중국에는 세 나라가 아니라 7국이 있었다. 당시 연나라에 '소왕'이라는 임금이 있었다. 그는 많은 땅을 빼앗고 아버지 목숨을 앗아간 제나라에 원수를 갚고자 했다. 소왕은 생각다 못해 지혜롭다고 이름난 곽외를 찾아가 물었다.

"나라를 강하게 만들어 제나라에 복수하고 싶소. 하지만 뜻을 같이할 인재를 얻을 수 없으니 어찌하면 좋겠소?"

이에 곽외는 다음과 같은 이야기로 답해 주었다.

"옛날, 어떤 임금이 천금을 내걸고 천리마를 구했습니다. 몇 년 동안 노력을 기울였지만 소원을 이루지 못했습니다. 왜 그랬는지 아십니까?"

"글쎄, 천리마가 없었나요?"

"아닙니다. 천리마를 가진 사람이 세상에 왜 없겠습니까? 다만 세상 사람들이 말 한 마리에 정말 천금을 줄까 의심했기 때문입니다. 임금이 천리마를 구하지 못해 애를 태우자 어느 관리가 나섰습니다. 그가 말했지요. '제게 천금을 주시면 반드시 천리마를 구해 오겠습니다.' 임금은 그를 믿고 선뜻 천금을 내주었습니다. 관리는 방방곡곡 수소문한 끝에 천리마가 있다는 곳을 찾아갔습니다. 하지만 안타깝게도 그 말은 이미 죽은 뒤였습니다. 그래서 말 뼈다귀를 500금을 주고 샀습니다.

임금은 언제 관리가 천리마를 사 올까 손꼽아 기다렸습니다. 그런데 돌아온 관리가 내놓은 보따리에서 천리마가 아니라 천리마 뼈다귀가 나왔습니다. 임금은 불같이 화냈습니다. '이까짓 말 뼈다귀를 500금이나 주고 사 왔단 말이냐!' 관리가 대답했습니다. '천리마는 워낙 귀한 말이기 때문에 모두가 꼭꼭 숨겨 놓고 내놓지 않았습니다. 그런데 죽은 천리마 뼈다귀를 500금이나 주고 샀다는 소문이 나면 진짜 살아 있는 천리마를 팔겠다는 사람들이 궁 앞에 줄을 서겠지요.' 정말 얼마 지나지 않아 천리마를 가

진 주인들이 나타나 임금은 소망을 이룰 수 있었답니다."

곽외가 이야기를 끝내자 흥미롭게 듣고 있던 소왕이 물었다.

"그럼, 내가 어찌해야 제나라에 복수할 인재를 얻을 수 있단 말이오?"

"현명한 인재를 구하시려면 이 곽외를 먼저 쓰십시오. 그러면 천하 인재들이 '곽외와 같은 이가 후한 대접을 받는데, 내가 가서 어찌 대접 받지 않겠느냐' 하고 몰려올 것입니다. 저를 죽은 말 뼈다귀로 삼으십시오."

소왕이 무릎을 치며 감탄했다. 그리고 곽외를 극진히 대접하자 소문이 사방으로 퍼지면서 정말 인재들이 몰려왔다. 명장 악의를 비롯하여 추연, 극신 같은 인물들이었다. 소왕은 이들이 가진 힘과 지혜를 빌려 제나라를 공격했다. 그리하여 큰 승리를 거두고 잃었던 땅을 되찾았다.

'매사마골 買死馬骨'은 "죽은 말 뼈를 산다"라는 뜻으로, 귀중한 것을 손에 넣으려면 먼저 공을 들여야 함을 가리킨다. 큰 것을 얻으려면 그만한 정성이 필요하다. 누구든 매사마골 같은 노력을 기울이면 소망하는 바를 이룰 수 있다.

고사성어 돋보기

買

살 매
- 그물 망(罒)과 조개 패(貝)로 이루어진 글자.
- 옛날, 돈처럼 사용한 조개로 물건을 살 수 있었으므로 "사다"라는 뜻.

보기 구매 購買 매입 買入 매표 買票 매점매석 買占賣惜

死

죽을 사
- 죽을사변(歹, 歺)은 산산이 흩어지는 뼈를 나타냄.
- 여기에 사람 인(人) 변형 글자 비(匕)를 더해 사람이 "죽음"이라는 뜻.

보기 불사신 不死身 사망 死亡 사생결단 死生決斷 사형 死刑 사후 死後

馬

말 마
- 곧게 서 있는 말을 본떠 '말'이라는 뜻.

보기 마부 馬夫 마차 馬車 천리마 千里馬 해마 海馬

骨

뼈 골
- 뼈를 본뜬 과(冎)와 사람 살과 몸의 육달월(月, 肉)로 이루어진 글자.
- 살에 있는 몸속 '뼈'를 나타냄.

보기 골격 骨格 골수 骨髓 노골적 露骨的 유골 遺骨 해골 骸骨

매사마골 買死馬骨
– 죽은 말 뼈다귀를 사다

鷄鳴狗盜
계명구도

하찮은 재주도 쓸모 있다

전국시대, 각 나라 왕들과 귀족들은 저마다 세력을 키우려고 널리 인재를 모았다. 특히 제나라 맹상군은 식객을 잘 대접하기로 유명했다. 아무리 천한 사람이라도 한 가지 재주에 뛰어나면 모두 받아들였다. 그래서 그의 집에 드나드는 식객이 3,000명을 헤아렸다고 한다. 어느 날, 맹상군 집에 초라한 모습을 한 식객 몇 사람이 들어왔다.

"그대들은 무슨 재주가 있는가?"

맹상군이 묻자 두 사람이 나서며 대답했다.

"저는 개 흉내를 잘 냅니다."

"저는 닭 울음소리를 잘 냅니다."

옆에서 이 말을 듣던 다른 식객들이 크게 비웃었다.

"그까짓 게 무슨 재주라고. 아무 데도 쓸모없겠군, 흥!"

하지만 맹상군은 그런 재주도 나중에 쓸모 있을지 모른다며 이들을 받아들였다. 얼마 후, 맹상군은 왕의 명령으로 진나라에 갔다. 진나라 소왕은 맹상군의 인품에 반해 재상으로 삼으려 했다. 그가 왕에게 두터운 신임을 받자 이를 시기한 진나라 신하들이 반대하고 나섰다.

"맹상군은 매우 어질고 현명한 사람이지만 어디까지나 제나라 사람입니다. 그가 재상이 된다면 제나라 이익을 먼저 챙기고 진나라 일은 나중으로 미룰 것입니다. 이참에 그를 없애 버리시면 어떻겠습니까?"

소왕은 이 말에 솔깃해 맹상군을 옥에 가두고 기회를 보아 죽이려고 하였다. 위기에 빠진 맹상군은 소왕이 아끼는 후궁에게 사람을 보내 구해 달라고 했다. 그러자 후궁은 이런 조건을 걸었다.

"그대가 가지고 있는 호백구를 내게 준다면 구해 드리지."

호백구는 여우의 흰 겨드랑이 털로 만든 옷이다. 천금 가치를 지닌 이 물건은 진나라로 들어올 때, 이미 소왕에게 선물로 바쳐 버렸다. 맹상군은 식객들과 상의했으나 뽀족한 수가 나오지 않았다. 이때, 개 흉내를 잘 내던 사내가 앞으로 나서며 말했다.

"걱정 마십시오. 제가 다시 가져오겠습니다."

그날 밤, 사내는 개를 흉내 내면서 궁중 창고로 숨어 들어갔다. 군사들이 개로 착각하고 경계를 소홀히 하는 틈을 타 사내는 호백구를 훔쳐 나왔다. 호백구를 받은 후궁이 소왕에게 간청한 덕분에 맹상군은 풀려 날 수 있었다. 어둠을 틈타 서둘러 길을 떠난 그들이 함곡관까지 도망쳐 왔을 때는 한밤중이었다. 관문을 통과하려면 진나라 법에 따라 아침 첫닭이 울어야 문을 열 수 있었다. 한편, 맹상군이 풀려났다는 소식을 들은 신하들이 말했다.

"전하, 맹상군을 풀어 준다면 호랑이를 산에 놓아줌과 다르지 않습니다. 반드시 후환이 있으리니 어서 뒤쫓아야 합니다."

진나라 군사들이 뒤를 쫓는 가운데 관문을 앞에 둔 맹상군은 어찌할 바를 몰랐다. 새벽까지 닭이 울기를 기다렸다가는 죽은 목숨이나 다름없었다. 이때, 닭 울음소리를 잘 내는 사내가 나섰다. 그가 '꼬끼오!' 하고 닭 울음소리를 흉내 내자, 그 소리를 듣고 다른 닭들이 모두 따라서 울었다. 그러자 수문장이 눈을 비비며 관문을 열었다. 그리하여 맹상군 일행은 함곡관을 빠져나가 제나라로 무사히 돌아올 수 있었다.

'계명구도 鷄鳴狗盜'는 여기에서 유래했다. "닭 울음소리를 내고 개를 흉내 내 도둑질을 한다"라는 말이다. 이 말은 사람마다 쓰기에 따라서 뜻이 조금 달라진다. 깊은 학문도 없이 닭 울음소리나 개 흉내 같은 잔재주만 지닌 사람을 가리키기도 하지만 하찮은 재주라도 어딘가 쓸모 있다는 뜻으로 쓰일 때도 있다. 이를테면, 상대를 깎아내릴 때 "그를 따르는 사람은 많지만 알고 보면 제대로 된 사람이 없는 계명구도 무리일 뿐이야!"라고 말할 수 있다. 이와 달리 "사람을 함부로 얕보면 안 돼. 못난 사람도 계명구도의 쓰임새가 있는 법이지"라고 말할 수도 있다.

고사성어 돋보기

鷄 닭 계
- 글자 오른쪽 부수 새 조(鳥)가 새벽을 알리는 새 '닭'을 뜻함.
- 보기 계란 鷄卵 삼계탕 蔘鷄湯 양계 養鷄 오골계 烏骨鷄

鳴 울 명
- 입 구(口)와 새 조(鳥)로 이루어진 글자.
- 새가 입으로 소리 내어 "울다"라는 뜻.
- 보기 비명 悲鳴 이명 耳鳴 자명종 自鳴鐘

狗 개 구
- 개의 개사슴록변(犭, 犬)과 소리를 나타내는 구(句)로 이루어진 글자.
- 보기 구서(개와 쥐) 狗鼠 구절(좀도둑) 狗竊 구육 狗肉 구피 狗皮

盜 훔칠 도
- 침이 흐르는 모양을 본뜬 연(㳄)과 그릇을 본뜬 명(皿)으로 이루어진 글자.
- 그릇에 담긴 것을 먹고 싶어 "군침을 흘리다"라는 뜻.
- 여기에서 남의 것을 "훔치다"라는 뜻이 나왔다.
- 보기 강도 強盜 도용 盜用 도청 盜聽 절도 竊盜

계명구도 鷄鳴狗盜
— 닭 울음소리를 내고 개처럼 들어가 도둑질하다

改過遷善
개과천선

허물을 고치고 새사람으로 바뀜

중국 남북조시대, 진나라에 '주처'라는 사내가 있었다. 그는 몸가짐이 좋지 않아 모두가 눈살을 찌푸리는 이였다. 하지만 그가 처음부터 망나니는 아니었다.

주처는 뼈대 있는 가문 출신이었는데 아버지 주방은 파양 태수를 지내기도 했다. 불행히도 주처가 여남은 살, 아버지가 세상을 떠나자 보살핌과 가르침을 받지 못하면서 조금씩 삐뚤어진 그는 온갖 나쁜 짓을 다 했다. 게다가 어려서부터 남달리 힘이 세서 보통 사람이 당해 내질 못하자 걸핏하면 남들을 두들겨 패기 일쑤였다. 사람들은 마을에서 불량소년으로 통하던 그를 보면 슬금슬금 피하곤 했다. 다행히 주처는 자라면서 철이 들기 시작했다.

'아, 내가 못된 짓을 많이 해서 사람들이 나를 미워하고 멀리하는구나. 이제부터 지난 잘못을 고쳐야지!'

이렇게 결심을 굳힌 주처는 마을 사람들이 모인 자리에서 물었다.

"지금 세상이 태평하여 모두 걱정 없이 잘 사는데 여러분은 왜 그리 얼굴을 찡그리십니까?"

모두 머뭇거리며 대답을 꺼리던 그때, 한 사람이 용기 있게 나서서 말했다.

"세 가지 해로움을 없애지 못했는데 어찌 태평을 논할 수 있겠나?"

"세 가지 해로움이라뇨?"

주처가 이상하게 여겨 되묻자 이렇게 대답했다.

"하나는 남산에 있는 사나운 호랑이요, 또 하나는 다리 아래 사는 교룡이요, 마지막은 바로 주처 자네일세. 이 세 가지 해로움 때문에 우리는 얼굴을 펴고 살 수 없다네."

주처는 그 말을 듣고 새사람이 되겠다는 각오를 다졌다.

"두고 보십시오. 제가 그 세 가지 어려움을 반드시 없애겠습니다."

마을 사람들은 주처의 다짐을 듣고 마음속으로 기뻐했다. 두 호랑이가 싸우면 반드시 하나는 다치는 법. 세 가지를 다 없애지 못해도 한두 가지는 없앨 수 있다고 믿었기 때문이다.

이튿날, 주처는 남산에 올라가 호랑이를 잡아 없앴다. 그 다음, 다리 아래 물에 뛰어들어 교룡과 싸움을 벌였다. 싸움이 치열해 주처는 사흘 밤낮이 지나도 돌아오지 않았다. 마을 사람들은 주처가 교룡에게 잡아먹혔다 생각하고 기뻐했다. 그러나 주처는 고생스러운 싸움 끝에 교룡을 없애고 살아 돌아왔다. 이를 본 마을 사람들은 별로 반갑게 여기지 않았다.

'사람들에게 반가운 기색이 없다니 아직도 나를 미워하는구나.'

주처는 새사람이 되겠다는 각오를 다시 한 번 굳혔다. 그래서 정든 고향을 등지고 당시 대학자로 이름을 날리던 육기와 육운 형제를 찾아갔다.

"지난날, 저는 나쁜 짓을 헤아릴 수도 없이 많이 했습니다. 그러나 이제 뜻을 세워 새사람이 되려 하는데 너무 늦은 듯해 두렵습니다."

주처의 말에 형제는 이렇게 격려했다.

"늦었다고 생각할 때가 가장 빠르다고 하지 않나? 자넨 아직 젊네. 굳은 의지를 가지고 개과천선하면 자네 앞길은 훤히 열릴 걸세."

이때부터 주처는 마음을 다잡고 글을 배웠다. 그 후, 10여 년 동안 학문을 갈고 닦아 마침내 이름난 대학자가 되었다.

'개과천선 改過遷善'은 "지난 잘못을 고치고 새사람으로 다시 태어남"을 말한다. 사람은 누구나 잘못을 저지를 수 있다. 지난날 잘못을 뉘우치고 새사람이 된다면 모두가 손뼉 치며 환영한다. 한때 남들에게 손가락질 받더라도 얼마든지 주처와 같이 허물을 고쳐 새사람으로 거듭날 수 있다.

고사성어 돋보기

改

고칠 개
- 굽은 것을 펴는 기(己)와 회초리로 친다라는 뜻의 등글월문(攵, 攴)으로 이루어진 글자.
- 굽은 것을 회초리로 쳐서 바로잡아 "고치다, 개선하다"라는 뜻.

[보기] 개량 改良 개선 改善 개편 改編 개혁 改革 회개 悔改

過

허물 과
- 쉬엄쉬엄 가다의 책받침(辶, 辵) 부수와 과(咼)로 이루어진 글자.
- 본디 "지나다"라는 뜻이나 정도를 지나치다의 의미에서 '허물'이라는 뜻이 나왔다.

[보기] 과거 過去 과오 過誤 과잉 過剩 과정 過程

遷

옮길 천
- 쉬엄쉬엄 가다의 책받침(辶, 辵)과 하늘에 오르다의 천(睪)으로 이루어진 글자.
- "오르다"에서 나중에 "옮기다"라는 뜻으로 바뀜.

[보기] 변천 變遷 좌천 左遷 천도 遷都

善

착할 선
- 아래쪽 입 구(口)가 부수인 글자.
- 양(羊)처럼 순하고 부드럽게 말(口)하는 사람을 나타내 "착하다"라는 뜻.

[보기] 선량 善良 선방(잘 막아 냄) 善防 선심 善心 선의 善意 선행 善行

개과천선 改過遷善
- 지난 허물을 고치고 선한 사람이 되다

四知
사지

너 알고 나 알고 하늘이 알고 땅이 알고

후한시대에는 환관들이 판치며 황제를 허수아비로 만들었다. 또 권력을 쥐고 마구 휘두르는 탓에 정치가 어지러웠다. 관리들도 부패해 나라를 살피지 않아 백성들 삶도 늘 고통스러웠다. 하지만 이런 세상에도 바른 관리는 없지 않았다.

양진이 바로 그런 인물이다. 그는 해박한 지식과 깨끗한 성품으로 '관서 공자'라는 칭호를 들었다. 그가 동래 태수로 임명받았을 때 일이다. 창읍이라는 곳에서 잠시 묵을 때 창읍 현령 왕밀이 그를 찾아왔다.

"태수님, 저를 모르시겠습니까? 옛날, 태수님께 은혜를 입은 왕밀입니다."

양진은 그의 얼굴을 보며 기억을 되짚었다.

"오호라, 이제 생각났네. 자네로구먼."

지난날, 양진이 형주 자사로 있을 때 그를 추천한 일이 있었다. 그 덕분에 왕밀은 벼슬길에 나아갈 수 있었다. 두 사람은 즐겁게 이야기를 나누며 시간 가는 줄 몰랐다. 밤이 깊었을 즈음, 왕밀이 옷자락에서 황금 열 근을 꺼내 양진에게 내밀었다.

"이건 지난날에 저를 도와주신 보답입니다. 부디 받아 주십시오."

그러자 양진은 온화하면서도 단호한 태도로 말했다.

"허허, 나는 그대 학식과 인품을 보고 추천했는데 이 무슨 짓인가? 그대는 내가 어떤 사람인지 잊었단 말인가?"

"아닙니다. 이건 다만 제 성의입니다. 깊은 밤중이라 저와 태수님 외에는 아무도 아는 사람이 없으니 그냥 받아 주시지요."

그러자 양진이 엄한 표정으로 그를 나무랐다.

"아무도 모른다니 그게 무슨 소리인가? 하늘이 알고 땅이 알고 그대가 알고 내가 알고 있는데 어찌 아는 사람이 없다 하는가!"

이에 왕밀은 매우 부끄러워하며 물러갔다. 양진은 그 후로도 몸가짐을 바르게 해 태위라는 높은 자리까지 올랐다. 하지만 그의 올곧은 성품을 미워한 환관들에게 모함 받아 끝내 목숨을 잃고 말았다.

'사지 四知'는 여기에서 비롯했다. 하늘이 알고 땅이 알고 그대가 알고 내가 안다고 하여 이 넷을 간추려 '사지'라 한다. "하늘과 땅과 너와 내가 알고 있으니 세상에 비밀이 없다"라는 뜻이다. 또한 누군가 보는 사람이 없다 해도 양심에 어긋나도록 행동하지 않는 청렴함을 가리키는 말로도 쓰인다.

고사성어 돋보기

四 넉 사
- 숨이 나오는 코를 본뜬 글자.
- "숨쉬다"는 따로 희(呬)로 나타내고 사(四)는 숫자 넷을 나타내는 데 씀.

  보기 사방 四方 사천왕 四天王 사촌 四寸 사해 四海

知 알 지
- 화살 시(矢)와 입 구(口)로 이루어진 글자.
- 화살이 나가듯, 아는 것이 많으면 입에서 말(口)이 화살(矢)처럼 빨리 나간다 하여 "알다"를 뜻함.

  보기 무지 無知 지능 知能 지성 知性 지식 知識 지혜 知慧

사지 四知
– 하늘이 알고 땅이 알고 그대가 알고 내가 알다

脣亡齒寒
순망치한

서로 뗄 수 없는 가까운 관계

춘추시대, 제후들이 서로의 땅을 넘보던 시절 이야기이다.

진나라 헌공은 괵나라 땅을 갖고 싶었다. 그런데 진나라와 괵나라 사이에 우나라가 있었다. 헌공은 우나라 왕에게 보물을 잔뜩 실어 보냈다. 괵나라를 치러갈 테니 길을 좀 비켜 달라는 뜻이었다.

"진나라와 우나라는 형제라고 할 수 있습니다. 우리 왕께서 우의를 다지자는 뜻으로 보물을 보내셨습니다. 괵나라만 치고 우나라에는 조금도 해를 끼치지 않을 테니 길을 좀 열어 주십시오."

진나라 사신 말에 우나라 왕은 귀가 솔깃했다. 더구나 진귀한 보물까지 눈앞에 내놓자 거기에 정신이 빠져 청을 받아들이려고 했다. 이때, 현명한 신하 궁지기가 소식을 듣고 펄쩍 뛰었다. 그는 당장 왕을 찾아가 말했다.

"괵나라는 우나라의 보호벽이라 할 수 있습니다. 괵나라가 망하면 우나라도 망합니다. 옛말에 광대뼈와 잇몸은 서로 의지하고 입술이 없으면 이가 시리다고 했습니다. 괵나라와 우나라가 바로 그런 관계입니다. 절대 길을 열어 주서서는 안 됩니다."

그러나 왕은 보물에 눈이 멀어 끝내 길을 내주었다. 궁지기는 찾아올 화를 헤아리고 가족과 함께 우나라를 떠났다. 결과는 뻔했다. 궁지기의 예상대로 진나라는 괵을 친 뒤, 돌아오는 길에 우나라를 기습 공격해 멸망시키고 말았다.

'순망치한 脣亡齒寒'은 여기에서 비롯한 말로 "입술이 없으면 이가 시리다"라는 뜻이다. 서로 가까운 관계에 있는 한쪽이 망하면 다른 한쪽도 영향을 받아 온전하기 어렵다. 우리 사회에는 이처럼 '이와 입술의 관계'가 많다. 서로가 서로를 생각하는 존중만이 더불어 함께 사는 길임을 명심할 필요가 있다.

고사성어 돋보기

脣 입술 순
- 조개가 발을 내민 모양을 본뜬 신(辰)과 사람 살과 몸의 육달월(月, 肉)로 이루어진 글자.
- 조개 발 같은 몸 일부, '입술'이라는 뜻.

  보기 순문(입술) 脣吻 순설(입술과 혀) 脣舌

亡 망할 망
- 망(凵)이 본디 글자.
- 사람(人)이 망하고 도망쳐서 숨는 모습으로 "망하다"라는 뜻.

  보기 도망 逃亡 망령 亡靈 멸망 滅亡 사망 死亡

齒 이 치
- 글자 아래쪽은 윗니, 아랫니를 본뜸.
- 머무르다의 지(止)를 더해 위아래 "이를 물고 멈추어 있음"이라는 뜻.

  보기 충치 蟲齒 치과 齒科 치아 齒牙

寒 찰 한
- 집 안(宀)에 풀(艹)을 깔고 사람(人)이 누운 모양에 밖은 얼음(冫)이 얼 만큼 춥다 하여 "춥다"라는 뜻.

  보기 방한 防寒 오한 惡寒 한기 寒氣 한파 寒波 혹한 酷寒

순망치한 脣亡齒寒
– 입술이 없어지면 이가 시리다

刻舟求劍
각주구검

시대에 뒤떨어진 낡고 어리석은 사람

초나라에서 어떤 사람이 아주 귀한 칼 한 자루를 가지고 있었다. 어느 날, 그 칼을 지니고 한창 양자강을 건너던 도중에 무심코 몸을 돌리다 그만 실수로 칼을 강물에 빠뜨리고 말았다.

"어이쿠, 이를 어째!"

그는 깜짝 놀라 급히 뱃전에 칼자국을 내어 표시했다.

"내 칼이 떨어진 곳은 바로 여기야. 조금 이따가 여기에서 찾아야지."

배가 닿자 그는 칼자국을 새겨 놓은 뱃전 아래 물속으로 뛰어들어 칼을 찾았다. 아무리 표시해 두었다 한들 배가 움직여 강기슭에 닿았는데 강물에 빠뜨린 칼을 다시 찾을 수 있을 리가 없었다. 참으로 어리석기 짝이 없는 노릇이었다.

'각주구검 刻舟求劍'은 칼을 떨어뜨린 뱃전에 표시한 뒤, 뒤늦게 찾는다는 말이다. 이 이야기는 《여씨춘추》에 나오는데, 그 뒤에 다음과 같은 말이 이어진다.

옛 법을 가지고 나라를 다스림은 이와 마찬가지이다.
시대는 이미 지나갔지만 그 법은 바뀌지 않았으니 이로써 나라를 다스린다면 어찌 어렵지 않겠는가?

시대나 상황이 바뀌었는데도 낡은 법과 제도로 나라를 다스리는 일을 비판한 말이다. 따라서 이 말은 세상 형편도 모르고 낡은 것만 고집하는 미련하고 어리석은 사람이나 그 행동을 비유로 이르는 말이다.

고사성어 돋보기

刻 새길 각
- 분명하게 하다의 해(亥)와 베다, 자르다의 선칼도방(刂, 刀)으로 이루어진 글자.
- 칼로 새겨 분명히 한다 하여 "새기다"라는 뜻.
- 보기) 각인 刻印 부각(사물을 두드러지게 함) 浮刻 전각 篆刻 조각 彫刻

舟 배 주
- 통나무배를 본떠 '배'라는 뜻.
- 보기) 방주 方舟 일엽편주 一葉片舟 주교(배다리) 舟橋 주항(항해) 舟航

求 구할 구
- 털이 붙은 짐승 가죽옷을 나타낸 글자.
- 옛 사람들이 그 가죽옷을 모두 구하고 싶어 하여 "구하다"라는 뜻.
- 보기) 요구 要求 청구 請求 촉구 促求 추구 追求

劍 칼 검
- 뾰족하다의 첨(僉)과 베다, 자르다의 선칼도방(刂, 刀)으로 이루어진 글자.
- 끝이 날카롭고 뾰족한 '칼'이라는 뜻.
- 보기) 검갑(검을 넣는 궤) 劍匣 검광(칼날의 번쩍거리는 빛) 劍光
  검무 劍舞

각주구검 刻舟求劍
– 물에 빠진 칼을 뱃전에 표시해 두고 찾다

酒池肉林
주지육림

술로 연못을, 고기로 숲을

중국 역사에서 폭군의 대명사는 하나라 걸왕과 은나라 주왕이다. 이들은 고사성어 주지육림을 만든 주인공으로 둘을 합쳐 '걸주'라 부르기도 한다. 두 왕 모두 자기 왕조를 망하게 했는데, 그 뒤에는 나라를 기울게 한 미녀가 있었다.

하나라 마지막 왕, 걸은 매우 탐욕스러웠으나 남다른 힘과 지략을 갖고 있었다. 그가 악한 정치를 일삼은 데에 '말희'라는 여자가 있었다. 걸왕은 일찍이 군사를 일으켜 유시씨의 나라를 공격했다. 작고 힘이 없던 유시씨는 많은 진상품을 바치고 항복했는데 진상품 가운데 말희가 있었다. 말희의 미모에 반한 걸왕은 곧 향락에 빠져들었다. 그녀에게 보물로 꾸민 화려한 궁전을 지어 주고 그 가운데 커다란 못도 파 주었다. 못 밑바닥에는 새하얀 자갈을 깔고 향기로운 술을 가득 채웠으며 주위 나무에 고기를 매달아 숲을 이루었다.

걸왕은 말희와 함께 술로 만든 연못에 배를 띄우고 놀았다. 연못 주위에는 미소녀 3,000명이 음악에 맞추어 춤추고 노래를 부르다가 북이 울리면 못으로 뛰어와서 술을 마셨다. 그러다 보니 나라 살림이 점점 메마르고 백성들 마음이 왕조를 떠나 결국 멸망하고 말았다.

은나라 마지막 왕, 주 역시 걸왕이 걸었던 마지막과 비슷했다.

주왕은 말재주가 좋고 영리했을 뿐만 아니라 맨손으로 맹수를 잡을 정도로 힘이 장사였다. 하지만 이런 재주를 쓰지 못하고 '달기'라는 여자에게 빠져 나라를 망쳤다.

달기는 유소씨의 딸로, 일찍이 주왕이 유소씨를 토벌했을 때 전리품으로 얻은 미녀였다. 주왕은 달기의 미모에 반해 그녀의 마음을 얻는 일이라면 무엇이든 다 했다.

멋진 궁을 따로 짓고 거기에서 수많은 들짐승과 날짐승을 길렀다. 그리고 향기로운 술로 채운 연못을 만들고 고기를 매달아 숲을 만들었다. 벌거벗은 남녀가 그 사이를 뛰어다니며 밤낮없이 고기와 술을 먹고 마시

며 놀았다. 이를 보다 못해 충신이 바른 말을 올리면 아주 잔인한 방법으로 없애 버렸다. 주왕의 횡포가 심해지자 충신들이 떠나가고 백성들이 내지르는 원망 소리도 점점 높아졌다. 마침내 주나라를 세운 무왕이 혁명을 일으켜 은나라는 멸망하고 말았다.

'주지육림 酒池肉林'은 여기에서 비롯했다. "술로 연못을 이루고 고기로 숲을 이룬다"라는 뜻으로, 사치스럽고 방탕한 술잔치를 이르는 말이다. 옛날이나 지금이나 왕과 지배층이 주지육림과 같은 향락에 빠지면 나라는 멸망에 이르고 만다.

고사성어 돋보기

酒

술 주
- 물의 삼수변(氵, 水)과 술동이를 본뜬 유(酉)로 이루어진 글자로 '술'이라는 뜻.
- **보기** 맥주 麥酒 소주 燒酒 음주 飮酒 청주 淸酒 탁주 濁酒

池

연못 지
- 물의 삼수변(氵, 水)과 구불구불하다의 야(也)로 이루어진 글자.
- 구불구불한 물 웅덩이, '연못'이라는 뜻
- **보기** 건전지 乾電池 저수지 貯水池 천지 天池

肉

고기 육
- 자른 고기 힘줄을 본떠 '고기, 몸'이라는 뜻.
- **보기** 육안 肉眼 육중 肉重 육즙 肉汁 육친 肉親 육탄전 肉彈戰

林

수풀 림
- 나무 목(木) 두 개를 더해 나무가 많은 '숲'이라는 뜻.
- **보기** 밀림 密林 산림 山林 원시림 原始林 인공림 人工林

주지육림 酒池肉林
― 술로 연못을, 고기로 숲을 만들다

7

풍자와 익살이 깃든 고사성어

여러 고사성어 가운데 그릇된 삶을 비웃으며 꼬집는 어휘도 적지 않다.
무언가에 빗대어 잘못을 들추기도 하고 익살맞은 표현으로 누군가
저지른 허물을 비판하기도 한다.
그런 말들은 재미있을 뿐만 아니라 스스로의 삶을 비춰 볼 수 있는 거울이기도 하다.
풍자와 해학으로 다양한 세상살이를 있는 그대로 낱낱이 보여 주기 때문이다.
고사성어를 꼼꼼히 되씹으면 그 속에서 교훈을 얻을 수도 있고
자기 삶에 경계로 삼을 수도 있다.

鐵面皮
철면피

쇠로 만든 낯가죽

옛날, '왕광원'이라는 사람이 있었다. 그는 꽤나 똑똑하고 재능도 있어 과거 시험에 합격했다. 그런데 이 사람은 출세하려고 수단과 방법을 가리지 않았다. 특히 윗사람에게 하는 아첨이 심했다.

어느 날, 높은 벼슬에 있는 사람이 시를 한 수 짓자 옆에 있던 왕광원이 말했다.

"아, 이렇게 훌륭한 시는 제가 열 번을 죽었다 깨어나도 보기 힘들군요. 정말 공께서 지니신 높은 인품이 그대로 담겨 있는 명문입니다. 이태백이 살아 돌아온다 해도 이런 시는 쓰지 못하겠군요."

그 말에 사람들이 눈살을 찌푸렸다.

"쯧쯧, 저 친구 또 시작이구먼. 정말 눈꼴시어 못 봐 주겠어!"

"그러게 말일세. 어쩌면 사람이 저렇게 능청스럽게 아첨을 떨 수 있는지, 원!"

하지만 그는 주위 다른 사람들이 흉보거나 말거나 전혀 신경 쓰지 않았다. 그저 좀 높은 벼슬아치다 싶으면 있는 말 없는 말로 온갖 아부를 다 했다.

한 번은 어느 관리가 술에 취해서 길을 걷고 있자, 이를 보고 쪼르르 달려갔다.

"나리, 그동안 평안하셨습니까?"

관리가 그를 보자 술김에 채찍을 들고 이렇게 말했다.

"오, 자네였나? 내가 이 채찍으로 자네를 때리려는데 한번 맞아 볼텐가?"

관리는 그저 술주정을 했을 뿐인데 그는 정말로 등을 돌렸다.

"예, 나리께서 때리는 매라면 기꺼이 맞겠습니다."

관리는 진짜로 왕광원을 때렸지만 그는 화내지 않고 헤헤 웃으며 비위를 맞추었다.

"나리께서 때리는 매를 맞다니 정말 영광입니다. 기분이 풀릴 때까지 마음껏 때려 주십시오."

어느 날, 그가 아양을 떠는 꼴을 보다 못해 한 친구가 그에게 핀잔을 주었다.

"자네는 창피하지도 않나? 어떻게 그런 모욕을 받으며 산단 말인가!"

"모르는 소리 말게, 그분은 벼슬이 높은 분일세. 그분께 잘 보여 두면 얼마나 이로운지 알기나 하나? 난 그분이 똥을 먹으라고 해도 먹는 시늉을 할 걸세."

"……"

그가 한 대답에 친구는 그만 말문이 막혀 버렸다.

이 소문이 온 나라에 퍼지자 사람들은 그를 가리켜 "낯가죽이 두껍기가 열 겹의 철갑 같다"라고 했다.

'철면피 鐵面皮'란 말은 여기에서 비롯했다. '쇠로 만든 낯가죽'이라는 뜻으로, 오늘날 뻔뻔스럽고 염치를 모르는 사람을 일컫는 말이다. 철면피란 소리를 듣는 일은 매우 부끄러운 일이니, 이런 말을 듣지 않도록 살아야 한다.

고사성어 돋보기

鐵

쇠 철
- 광물이나 금속의 쇠 금(金)과 크다의 질(戜)로 이루어진 글자.
- 큰 것을 만들 수 있는 '금속, 쇠'라는 뜻.

보기 철권 鐵拳 철도 鐵道 철벽 鐵壁 철인 鐵人

面

낯 면
- 사람 얼굴과 그 윤곽을 나타낸 글자.
- '물건 겉'이나 "얼굴을 그쪽으로 돌리다" 등으로 쓰임.

보기 면경(작은 거울) 面鏡 면담 面談 면목 面目 면적 面積 면접 面接

皮

가죽 피
- 손으로 짐승 가죽을 벗기는 것을 본떠 '벗긴 가죽, 겉면'이라는 뜻.

보기 계피 桂皮 모피 毛皮 탈피 脫皮 피부 皮膚 호피 虎皮

철면피 鐵面皮
— 쇠로 얼굴 가죽을 씌운 듯하다

菽麥 숙맥

어리숙하고 분별없는 사람

춘추시대, 진나라 왕족 주자에게는 형이 있었다. 왕이 되어야 했던 형은 바보였지만 주자는 형을 왕으로 앉히려고 최선을 다했다.

어느 날, 그가 형을 앉혀 놓고 바닥에 콩과 보리를 주르륵 쏟았다.

"형님, 잘 보십시오. 이렇게 크고 둥글둥글한 게 콩입니다."

주자는 콩을 들고 자세히 설명했다. 형은 질금질금 흘러나오는 콧물을 쑥 빨아들이고는 고개를 갸우뚱거렸다.

"아니, 그건 보리 아닌가?"

주자는 답답해 속으로 가슴을 쳤지만 형에게 화낼 수는 없었다. 주자가 이번에는 보리를 들고 찬찬히 그리고 부드럽게 말했다.

"형님, 이게 보리입니다. 보세요, 콩보다 작고 생긴 것도 납작하죠."

주자는 몇 번이나 되풀이해서 콩과 보리를 설명했다. 콩과 보리를 번갈아 가며 한참 뚫어지게 쳐다보던 형은 그제야 구별하겠다는 듯 고개를 끄덕였다.

"음, 이제 알았어. 둥글고 큰 것이 콩이고 약간 납작하고 작은 것이 보리지?"

"예, 맞습니다."

주자는 가르친 보람이 있자 만족스러운 얼굴로 웃었다.

다음 날이었다. 주자가 형에게 부탁했다.

"형님, 창고에서 콩 좀 꺼내다 주실래요?"

착한 형은 얼른 창고로 들어가 주자가 이야기한 걸 부대로 가져왔다. 그런데 부대를 펼쳐 본 주자는 어이가 없어 할 말을 잊고 말았다.

"형님……!"

"아니, 동생. 뭐가 잘못된 거야?"

"어제 그렇게 이야기해 드렸는데도……. 이건 보리잖아요, 보리!"

형은 망신당하자 옷소매를 당겨 콧물을 닦으면서 어쩔 줄 몰라 했다. 결국 형을 왕으로 앉힐 수 없게 된 신하들은 주자를 왕으로 모셨다. 그렇게 왕위에 오른 그는 진나라 도공으로 불렸다.

옛 한자 숙어에 숙맥불변이라는 말이 있는데 이는 "콩과 보리도 구별하지 못한다"라는 뜻이다. 여기에서 '콩과 보리'를 한자로 하면 숙맥이다. 즉 주자의 형처럼 콩과 보리도 가려 알지 못할 정도로 어리석고 못난 사람을 가리켜 '숙맥 菽麥'이라고 한다.

요즘에는 서로 가까운 사람끼리 이 말을 쓸 때 애정이 깃든 핀잔으로 사용하곤 한다. 또 이성에게 숫기 없는 남자를 가리켜 숙맥이라 부를 때도 있다.

고사성어 돋보기

菽 콩 숙
- 풀의 초두머리(艹, 艸)와 가지에 달린 콩깍지를 본뜬 숙(叔)을 더해 '콩'이라는 뜻.

  보기 숙아채(콩나물) 菽芽菜

麥 보리 맥
- 보리의 래(來)와 발로 밟는 모습의 치(夊 뒤져올 치)로 이루어진 글자.
- 맥(麥)은 보리밟기를 하는 모습을 나타낸다.
- 본디 래(來)가 보리를 뜻했으나 "오다"로 쓰면서 보리 맥(麥)이 따로 만들어졌다.

  보기 소맥 小麥 맥곡 麥穀 맥분 麥粉 맥아당(엿당) 麥芽糖 맥주 麥酒

숙맥 菽麥
— 콩과 보리를 구별 못할 정도로 어리숙한 사람

漁父之利
어부지리

엉뚱한 사람에게 이득이 돌아감

전국시대, 연나라는 중국 북동쪽에 위치하고 있었다. 서쪽은 조나라, 남쪽은 제나라와 국경을 마주하고 있었기 때문에 연나라는 양쪽으로 위협을 받고 있었다.

어느 해, 조나라가 큰 흉년이 들어 곤경에 빠진 연나라를 침략하려 하였다. 당시 연나라는 많은 병력을 제나라와의 국경에 배치해 놓고 있었기 때문에 조나라와 싸움을 벌이고 싶지 않았다.

그래서 '소대'라는 사람을 조나라에 보냈다. 소대는 조나라 왕을 설득하려고 이런 이야기를 들려주었다.

"제가 오늘 조나라로 오는 길에 아주 이상한 광경을 보았습니다."

"아니, 그게 무엇이오?"

"역수 강가를 지나는데 조개가 입을 벌린 채, 햇볕을 쬐고 있었습니다. 이때 황새가 나타나 조갯살을 쪼아먹으려고 부리를 집어넣자 조개는 입을 오므려 황새의 주둥이를 꽉 물어 버렸습니다. 황새가 말했지요.

'오늘도 비가 안 오고 내일도 비가 안 오면 너는 말라죽고 말 것이다.'

그러자 조개가 대답했습니다.

'내가 오늘도 내일도 널 놓지 않으면 너야말로 죽고 말 것이다.'

이렇게 황새와 조개는 서로를 물고 늘어진 채, 옥신각신 고집을 부렸습니다. 그때 그곳을 지나가던 어부가 싸우는 그 둘을 보고 이게 웬 횡재인가 싶어 한꺼번에 잡아가 버렸습니다. 지금 왕께서는 연나라를 치려하고 있습니다. 연나라가 조개라면 조나라는 황새라고 할 수 있습니다. 둘이 헛된 싸움을 벌이다 지치면 저 진나라는 어부가 되어 힘들이지 않고 두 나라를 집어삼키고 맙니다."

"흠, 과연 옳은 말이오!"

이리하여 조나라 왕은 연나라 침공 계획을 거두었다.

'어부지리 漁父之利'는 이처럼 '둘이 쓸데없는 싸움을 벌이다 제3자가 이익을 차지하는 것'을 말한다. 이런 일은 기업이나 정치판에서 종종 일어난다. 두 기업이 경쟁하며 다투는 사이 엉뚱한 기업이 이익을 차지할 수도 있고 선거에 나선 두 후보가 팽팽한 접전을 벌이며 표가 나뉘는 바람에 제3의 후보가 당선되는 것이다.

고사성어 돋보기

漁 고기 잡을 어
- 물의 삼수변(氵, 水)과 물고기 어(魚)로 이루어진 글자.
- '물속 고기를 잡는 일'을 나타낸다.

보기 농어촌 農漁村 어망 漁網 어선 漁船 어업 漁業 어장 漁場

父 아비 부
- 사냥하려고 도끼를 손에 쥔 모습을 나타낸 글자.
- 식구를 먹여 살리려고 사냥한다 하여 '아비'라는 뜻.

보기 가부장 家父長 부모 父母 부자 父子 부친 父親

之 어조사 지
- 출발선에서 한 발짝 내딛음을 나타내므로 "간다"라는 뜻의 갈 지(之).
- 여기에서는 무엇 '~의'라는 어조사로 쓰였다.

보기 만인지상 萬人之上 일언지하 一言之下

利 이로울 리(이)
- 곡식의 벼 화(禾)와 베다, 자르다의 선칼도방(刂, 刀)으로 이루어진 글자.
- 벼를 칼로 베면 이롭고 풍요로워 "이롭다"라는 뜻.

보기 권리 權利 승리 勝利 유리 有利 이윤 利潤 이익 利益

어부지리 漁父之利
– 어부가 이익을 얻다

狐假虎威
호가호위

남의 힘으로 위세를 떨다

전국시대, 초나라 선왕 때 일이다. 당시 초나라 재상은 소해휼이었는데, 주변 여러 나라가 한결같이 그를 두려워했다. 소해휼이 나서기만 하면 다른 나라들은 찍소리 못하고 굽신거렸다.

'소해휼이 왕인 나보다 나은 듯하군!'

소해휼의 권위가 부럽다 못해 시기하는 마음까지 생긴 선왕은 신하들에게 물었다.

"듣자하니, 주변 여러 나라가 재상 소해휼을 두려워한다던데 그게 사실인가?"

신하들은 모두 입을 다문 채, 누구 하나 제대로 대답을 못했다. 이때, '강을'이라는 사람이 나서서 말했다.

"그렇지 않습니다. 소해휼이 가진 권위도 알고 보면 모두 왕께 나온 것입니다."

선왕이 눈을 동그랗게 뜨고 물었다.

"아니, 그게 무슨 말인가? 자세히 설명해 보라."

강을은 동화 같은 이야기를 들려주며 대답을 대신했다.

"호랑이는 산속 왕으로 모든 짐승을 다 잡아먹을 수 있습니다. 한번은 여우를 먹잇감으로 잡았는데 여우가 느닷없이 이렇게 말했습니다.

'그대는 감히 나를 잡아먹지 못한다. 옥황상제께서 나를 온갖 짐승의 우두머리로 삼았으니, 그대가 나를 잡아먹는다면 하늘을 거스르는 일이다. 내 말을 믿지 못하겠다면 내가 앞장설 테니 뒤를 따라와 보라. 나를 보고 감히 달아나지 않는 짐승이 한 마리도 없을 테니.'

호랑이는 그 말을 그럴 듯하게 여기고 여우를 앞세워 같이 갔습니다. 짐승들은 정말로 그들을 보기 무섭게 모두 달아나 버렸습니다. 호랑이는 짐승들이 여우를 무서워해 달아난다고 생각했지만 사실 호랑이를 두려워한 것이었지요.

지금 소해휼도 이와 비슷합니다. 왕께서는 땅이 사방 5,000리, 군사가 100만인데 이를 소해율에게 맡기셨습니다. 그러므로 주위 나라들이 소해율을 두려워함은 사실 대왕의 군대를 두려워함입니다. 짐승들이 여우가 아닌 호랑이를 두려워하듯 말입니다."

이 이야기에서 '호가호위 狐假虎威'라는 말이 비롯했다. "여우가 호랑이 위엄을 빌린다"라는 뜻이다. 남의 힘을 빌려 거만하게 굴거나 위세를 부리는 일을 빗댄 말이다. 이를테면 관아 이방이 사또의 권위로 백성들을 못살게 군다면 호가호위라 할 수 있다. 요즘에도 부모님 재산이 많거나 지위가 높다고 해서 다른 사람들에게 함부로 군다면 이 또한 호가호위라 이를 만하다.

고사성어 돋보기

狐

여우 호
- 개의 개사슴록변(犭, 犬)과 호리병박의 과(瓜)로 이루어진 글자.
- 머리가 작고 뒤꼬리가 크게 부푼 호리병을 닮은 짐승, '여우'라는 뜻.

보기 구미호 九尾狐 호백구 狐白裘

假

빌릴 가
- 사람인변(亻, 人)과 두 손으로 물건을 주고받는 가(叚)로 이루어진 글자.
- 사람이 손으로 무언가를 주고받으며 "빌린다"라는 뜻.
- '임시, 거짓'이라는 뜻도 있다.

보기 가면 假面 가명 假名 가장 假裝

虎

범 호
- 호랑이를 본떠 '호랑이'라는 뜻.

보기 백호 白虎 호피 虎皮 호환 虎患

威

위엄 위
- 도끼 월(戉)과 계집 녀(女)로 이루어진 글자.
- 도끼로 여자를 위협하는 모양에서 '위협, 위엄'이라는 뜻.

보기 권위 權威 위세 威勢 위용 威容

호가호위 狐假虎威
— 여우가 호랑이 위엄을 빌리다

蛇足
사족

쓸데없는 짓으로 낭패를 보는 일

전국시대, 초나라 회왕 때 일이다. 초나라 재상 소양이 위나라를 쳐서 이기고 그 기세를 몰아 다시 제나라를 공격하려 했다. 이에 제나라 민왕은 크게 근심했다.

'큰일이군. 좋은 방법이 없을까?'

민왕은 마침 진나라 사신으로 와 있던 진진에게 이 문제를 의논했다. 진진이 민왕을 안심시키며 말했다.

"염려 마십시오. 초나라가 쳐들어오지 못하도록 손을 쓰겠습니다."

진진은 곧 초나라로 가서 재상 소양을 만나 대뜸 이렇게 물었다.

"초나라 법을 여쭙겠습니다. 적을 무찌르고 적장을 죽인 이에게 어떤 상을 내리십니까?"

"우리 초나라에서는 상주국 벼슬을 내려주고 있소."

"그럼, 상주국보다 더 높은 벼슬자리는 없습니까?"

"재상 자리가 있을 뿐이오."

"지금 당신은 이미 재상입니다. 즉 최고 벼슬에 있다는 말이지요. 그런데 제나라를 쳐들어가 큰 공을 세운들 무슨 소득이 있겠습니까? 제가 이야기를 하나 들려 드리지요."

진진은 소양에게 이런 이야기를 들려주었다.

"옛날, 어떤 사람 집에서 잔치가 벌어졌습니다. 마침 귀한 술 한 병이 손님들 상에 나왔지요. 손님이 여러 명이라 한 병을 나눠 마시자니 술이 너무 모자랐습니다. 그래서 땅바닥에 제일 먼저 뱀을 그린 사람이 혼자 마시기로 했지요. 술은 적고 사람은 많으니 어쩔 수 없으니까요. 내기를 시작하자 손님들 가운데 그림 솜씨가 뛰어난 사람이 가장 빨리 뱀을 그렸습니다. 그가 주위를 살펴보니 다른 사람은 반도 그리지 못했습니다. 이 사람은 자기 솜씨를 뽐내고 싶어 멋지게 발 네 개도 그려 넣었지요. 그가 뱀에 다리를 그리고 술을 차지하려고 할 때, 나중에 다 그린 사람이 술을 가로채며 말했지요.

'이게 무슨 뱀 그림이오? 뱀에 발이 어디 있소? 이건 뱀이 아니니 술

은 내 거요.' 결국 그는 찍소리 못하고 고스란히 술을 빼앗긴 채, 사람들에게 웃음거리가 되고 말았답니다."

진진은 여기까지 말하고 잠시 뜸을 들인 뒤, 말을 이었다.

"이야기를 들어보니 어떻습니까? 당신은 이미 초나라 재상이고 위나라를 무너뜨려 이미 큰 공을 세웠는데 어찌 또 제나라를 공격하십니까? 전쟁에 이겨 공을 세운들 더 높이 오를 벼슬도 없습니다. 반대로 전쟁에 진다면 관직을 잃고 목숨까지도 위태로워집니다. 이야말로 뱀을 다 그리고 다리까지 그리는 격이 아니겠습니까? 싸움을 멈추고 제나라에 은혜를 베푸느니만 못합니다."

소양은 그 말을 옳게 여겨 마침내 군사를 거두어 돌아갔다.

여기에서 '사족 蛇足'이라는 말이 비롯했다. "뱀을 그리고 발까지 그려 넣는다"라는 뜻이다. 하지 않아도 될 일을 쓸데없이 하다가 일을 그르치는 경우를 빗댄 말이다. 사족처럼 우리도 괜한 짓을 하다가 낭패를 보는 일은 없는지 스스로 되돌아볼 필요가 있다.

고사성어 돋보기

蛇 뱀 사
- 머리가 큰 살모사를 본뜬 훼(虫, 벌레 훼)와 웅크린 뱀을 본뜬 사(它)로 이루어져 '뱀'이라는 뜻.
- 보기: 독사 毒蛇 살모사 殺母蛇 용두사미 龍頭蛇尾 장사진 長蛇陳

足 발 족
- 무릎에서 발까지를 본떠 '발'이라는 뜻.
- 보기: 수족 手足 족구 足球 족쇄 足鎖 족적 足跡

사족 蛇足
— 뱀의 다리. 뱀을 그리고 다리까지 그리다

梁上君子
양상군자

대들보 위 도둑

글자 그대로 해석하면, '대들보 위 군자'라는 뜻으로 도둑을 점잖게 이르는 말이 '양상군자 梁上君子'이다.

옛날, 중국 한나라 말기에 '진식'이라는 사람이 있었다. 그는 학식이 깊고 마음이 어진 사람이라 벼슬에 있으면서 고을 백성을 잘 다스렸다.

어느 해, 심한 흉년이 들어 백성들 생활이 어려워졌다. 길에는 거지 떼가 들끓고 더러는 도둑이 되어 먹을 것을 훔쳐 가기도 했다. 진식은 관에 있는 창고 양식을 풀어 굶주린 백성들을 도와줬지만 그것만 가지고는 어림없었다.

'이 흉년을 무사히 넘겨야 할 텐데……'

이렇게 고민하던 진식은 집에서 책을 읽고 있었다. 그때, 도둑 하나가 몰래 들어와 대들보 위에 숨었다. 진식은 모르는 체하고 책만 계속 읽었다.

"공자께서 말씀하시길 '나라에 도가 있을 때는 가난하고 천한 것이 부끄러운 것이요, 나라에 도가 없을 때는 부유하고 귀한 것이 부끄러운 것이니라!' 하셨으니."

독서에 집중하던 진식은 조용히 책을 덮었다. 그러고는 아내에게 아들과 손자를 모두 불러오라고 일렀다.

"아버님, 부르셨습니까?"

아이들이 모이자 진식은 엄숙히 타일렀다.

"사람은 본디 악한 마음씨를 가지고 태어나겠느냐 아니면 착한 마음씨를 가지고 태어나겠느냐?"

한 아들이 대답했다.

"맹자께서는 본디 사람은 착하지만 잘못된 환경에서 나빠질 수 있다고 하셨습니다."

"그래, 잘 대답했다! 본디부터 나쁜 사람은 세상에 없느니라. 그러나 바늘 도둑이 소도둑 되는 법! 작은 잘못을 자꾸 저지르다 보면 점

점 못된 길로 빠져들고 만다. 이를테면 바로 저기 대들보 위 군자처럼 말이다."

도둑은 이 말을 듣고 눈물을 흘리며 스스로 대들보에서 뛰어내려왔다. 그러고는 진식 앞에 무릎을 꿇고 엎드려 죄를 빌었다.

"죽을죄를 지었습니다. 제가 한순간 잘못된 생각을 하고 이런 일을 저질렀으니 너그럽게 용서해 주십시오."

"자네 얼굴을 보아하니 나쁜 사람 같진 않구먼. 아마도 흉년이 들어 가난 때문에 그랬을 테지. 그렇다고 남의 물건에 눈독을 들여야겠나?"

진식은 그렇게 말하며 비단 두 필을 꺼내 주었다.

"자, 이를 밑천 삼아 장사라도 해 보게!"

"이 은혜, 죽어도 잊지 않겠습니다."

이때부터 도둑은 마음을 고쳐먹고 다시는 남의 물건을 훔치지 않았다. 그 뒤로 고을에는 도둑이 없어졌다고 하는데, 도둑을 군자라고 일컬은 말이 익살스러워 후세에도 곧잘 쓰이는 말이 바로 '**양상군자 梁上君子**'이다.

고사성어 돋보기

梁

들보 량(양)
- 물의 삼수변(氵, 水)과 건너다의 창(刃) 그리고 나무 목(木)으로 이루어진 글자.
- 물을 건너려 만든 나무 다리를 뜻하는데 여기에서 '들보'라는 뜻이 나왔다.

보기 교량 橋梁 양목 梁木 양산박 梁山泊

上

윗 상
- 높은 물건을 나타내려 선(一)에 점(·)을 찍어 가장 높은 곳을 뜻함.

보기 상승 上昇 상위 上位 인상 引上 정상 頂上

君

임금 군
- 손에 무언가를 들고 무리를 다스리는 윤(尹)과 높은 자리에서 명령하는 구(口)로 이루어진 글자.
- 둘을 더해 백성을 다스리는 '임금'이라는 뜻.

보기 군신 君臣 군왕 君王 군주 君主

子

아들 자
- 두 팔을 벌리는 어린아이를 본떠 '아들, 자식, 사람'이라는 뜻.

보기 남자 男子 손자 孫子 여자 女子 자식 子息

양상군자 梁上君子
— '대들보 위 군자'라는 뜻으로 도둑을 가리킨다

三十六計
삼십육계

불리하면 도망치는 게 최고

남북조시대, 제나라 장수 왕경칙이 군사를 일으켜 도성으로 쳐들어갔다. 제나라 왕과 사이가 좋지 않아 반란을 일으킨 그는 진격하다가 왕의 군사들이 퍼뜨린 소문을 들었다. 바로 왕경칙이 도망치려 한다는 것이었다. 이에 왕경칙은 코웃음 치며 소리쳤다.

"단도제 장군은 갖은 꾀에서 삼십육계 줄행랑을 으뜸으로 삼았다더군. 네놈들이야말로 달아나는 게 좋으리라!"

송나라 명장 단도제 하면 싸울 때 늘 도망치면서도 번번이 승리했기 때문에 '단공 삼십육계'라는 말이 있을 정도였다. 그러나 기쁨도 잠시, 왕경칙은 제나라 왕의 군사들에게 역습을 받아 크게 패하고 말았다. 그리고 사로잡힌 그가 목이 잘려 죽은 뒤, '삼십육계 三十六計'라는 말이 남아서 사람들 입에서 입으로 전해지고 있다.

본디 '삼십육계'는 《병법 36계》라는 책에서 비롯한 말이다. 군사를 이끌고 싸움할 때는 36가지 계략이 있는데, 가장 마지막 서른여섯 번째로 상대방이 너무 강할 때 쓰는 가장 좋은 방법인 달아나기를 소개한다. 어떤 이들은 《병법 36계》가 《손자병법》에 나오는 이야기인 줄 알지만 이는 잘못 알려진 사실이다. 36계 가운데 우리가 흔히 쓰는 말들도 많다.

이를테면 제6계 '성동격서聲東擊西'가 좋은 보기이다. 즉 동쪽을 치는 척 요란하게 소리 지르면서 반대로 서쪽을 공격하는 전법이다.

제13계는 '타초경사打草驚蛇'이다. "풀을 쳐서 뱀을 놀라게 한다"라는 뜻으로, 어떤 신호로 적의 반응을 미리 살피거나 본때를 보여 두려움을 심어 주는 일이다.

제31계는 '미인계'이다. 미녀를 보내 판단력을 흐리게 하는 전술이다.

제33계는 '반간계'로 첩자를 역이용하여 정보를 빼내는 공략법이다.

제34계는 '고육계'이다. 자기 몸을 희생해 적을 속이는 작전이다. 《삼국지》 적벽대전에서 주유가 조조의 대군을 물리치려고 쓴 전법이다.

마지막 제36계가 '주위상走爲上'이다. 온갖 방법을 써도 통하지 않고 궁지에 몰렸을 때는 도망치는 게 상책이라는 말이다.

삼십육계를 비겁한 행동으로 생각할 수도 있지만 도망이 무조건 비겁한 일은 아니다. 일단 위험을 피했다가 힘을 기른 다음에 싸우는 것도 한 전략일 수 있으니 말이다.

고사 속 숨은 이야기

손자병법과 병법 36계

중국 병법서에는 《손자병법》과 《병법 36계》가 잘 알려져 있습니다. 두 책은 서로 다르지만 헷갈리는 사람들이 많아요. 춘추시대 손무가 지은 《손자병법》은 최고 병법서라 할 수 있어요. 병법서이지만 오늘날, 사회생활이나 회사 경영 지침서로 훌륭한 내용을 담고 있죠. 《병법 36계》는 저자 미상이랍니다. 예부터 전해 오는 내용을 명나라 말기에 누군가 모았어요. 적과 싸울 때 전술 서른여섯 개를 여섯 항목으로 나누어 모았답니다. 여섯 항목은 이렇습니다.

- 제1계~제6계 : 승전계勝戰計 → 아군이 유리해 승리 조건이 충분히 갖추어졌을 때 쓰는 작전
- 제7계~제12계 : 적전계敵戰計 → 나와 적이 비슷할 때 기묘한 계략으로 적을 어지럽게 하는 작전
- 제13계~제18계 : 공전계攻戰計 → 자신을 알고 적을 안 다음 꾀를 모아 공격하는 작전
- 제19계~제24계 : 혼전계混戰計 → 적이 혼란한 틈을 타 승기를 잡는 작전
- 제25계~제30계 : 병전계並戰計 → 상황에 따라 적일 수 있는 다른 편을 이용하는 작전
- 제31계~제36계 : 패전계敗戰計 → 상황이 불리해 패배할 수 있을 때 쓰는 작전. 맨 마지막이 삼십육계 줄행랑.

고사성어 돋보기

三十六計

석 삼
- 세 손가락을 옆으로 펴거나 나무젓가락 세 개를 옆으로 놓은 모양을 나타내 '셋'이라는 뜻.
- **보기** 삼박자 三拍子 삼일절 三一節 삼척동자 三尺童子

열 십
- 엇갈려 모은 두 손을 본떠 숫자 '열'이라는 뜻.
- **보기** 십이지 十二支 십자가 十字架 십장생 十長生

여섯 육
- 두 손의 세 손가락을 아래로 편 모양을 본떠 '여섯'이라는 뜻.
- **보기** 사육신 死六臣 생육신 生六臣 오장육부 五臟六腑

셀 계
- 말씀 언(言)과 숫자 열 십(十)으로 이루어진 글자.
- 입으로 수를 헤아린다 하여 "세다, 계산하다"라는 뜻.
- **보기** 가계부 家計簿 계산 計算 계획 計劃 설계 設計 시계 時計

삼십육계 三十六計
– 상황이 불리할 때는 달아나는 것이 상책이다

千里眼
천리안

먼 곳 일까지 잘 알아챔

　　남북조시대, '양일'이라는 사람이 있었다. 그는 지혜로워서 29세라는 젊은 나이에 한 고을을 다스리는 현감이 되었다. 하지만 현감이 된 뒤로 밤낮없이 방 안에 틀어박혀 책만 읽을 뿐 아무것도 하지 않았다.
　　"공자님이 말씀하시기를, 배우고 때로 익히면 또한 기쁘지 아니한가."
　　현감이 고을을 다스리는 일에 관심이 없는 듯 보이자 밑에 있던 벼슬아치들은 얕보기 시작했다.
　　"아직 어리고 순진해서 세상 물정을 모르는구나."
　　벼슬아치들이 현감의 눈을 피해 백성들을 괴롭히며 마음대로 재물을 빼앗자 백성들 불만은 이만저만이 아니었다.
　　"벼슬아치들 등쌀에 못살겠구먼."
　　"그러게 말일세. 관리들이 이렇게 괴롭히는 줄도 모르고 현감은 책만 읽고 있으니…… 정말 한심해!"
　　고을 백성들은 하나같이 현감을 원망했지만 현감은 관리들의 잘못을 낱낱이 알고 있었다. 비밀리에 부하들을 풀어 고을에서 일어나는 일을 다 듣고 있었기 때문이다.

어느 날, 현감은 고을 관리들을 하나씩 뜰 앞에 불렀다.

"네 이놈, 네 죄를 네가 알렷다!"

"아니, 무슨 말씀이십니까? 저는 아무런 죄도 없습니다요."

관리는 현감이 아무것도 모르리라 생각하고 시치미를 뚝 뗐다.

"이놈, 네가 저 윗고을 김씨네 황소를 억지로 빼앗은 사실을 내가 훤히 알고 있다! 나를 속이려 들다니. 저놈에게 곤장 스무 대를 쳐라!"

"아이고, 잘못했습니다!"

한 관리의 문초가 끝나자 다음 관리를 들게 했다.

"네 이놈, 너는 저 아랫마을 박 노인 댁 논 두 다랑이와 밭 세 마지기를 강제로 빼앗은 사실이 있으렷다!"

"나리, 한 번만 용서해 주십시오!"

"여봐라, 빼앗은 논밭은 돌려주고 저놈에게 곤장 열 대를 쳐라!"

현감이 그동안 나쁜 짓을 했던 관리들을 하나하나 가려 벌을 주자 백성들은 감탄했다.

"현감 어른은 천리안이야. 방에서 책만 읽었는데 어떻게 천 리 일을 훤히 아실까?"

그 뒤로 고을에는 관리들의 부정부패가 자취를 감추었다. 아무리 몰래 하는 일이라도 방에 앉은 현감이 다 보고 있다고 믿었기 때문이다.

'**천리안 千里眼**'은 여기에서 비롯한 말이다. '천 리 밖까지 내다보는 눈'이라는 뜻으로, 가만히 앉아서 세상을 꿰뚫어 보거나 멀리서 일어나는 일까지도 알아채는 뛰어난 능력을 지닌 사람을 가리킨다. 친구들끼리 몰래 군것질을 하거나 PC방에서 컴퓨터 게임을 하고 온 사실을 부모님이 훤히 알고 있을 때 천리안이라 이를 만하다.

고사성어 돋보기

千 일천 천
- 사람 인(人)과 하나 일(一)로 이루어진 글자.
- 여기에서 인(人)은 많은 사람의 뜻을 지녀 천 단위 가운데 하나(一)의 숫자 '일천'을 뜻함.

보기 삼천리 三千里 천금 千金 천년만년 千年萬年 천자문 千字文

里 마을 리
- 밭 전(田)과 흙 토(土)로 이루어진 글자.
- 밭이 있고 토지가 있는 곳, 사람이 사는 '마을'이라는 뜻.
- 거리 단위로도 씀.

보기 구만리 九萬里 동리 洞里 이장 里長 이정표 里程標

眼 눈 안
- 사람 눈을 본뜬 목(目)과 눈을 뒤로 향하게 한 간(艮)을 더해 '눈'이라는 뜻.

보기 안경 眼鏡 안과 眼科 안구 眼球 안목 眼目 육안 肉眼

천리안 千里眼
– 천 리 밖을 볼 수 있는 뛰어난 눈

五里霧中
오리무중

갈피를 잡을 수 없음

후한 때 '장해'라는 어진 선비가 있었다. 그는 인품이 훌륭하고 학문이 깊어 사방에 이름이 높았다. 황제가 그 명성을 듣고 여러 번 데려오려고 했지만 장해는 그때마다 병을 핑계로 나아가지 않았다. 조정에 들어가 간신배들과 다투고 싶지 않았기 때문이다.

장해 곁은 언제나 100여 명이 넘는 제자들로 북적거렸다. 그를 존경하는 선비들뿐만 아니라 벼슬아치들까지 그와 가까이하려고 애썼다. 하지만 그는 세속의 때묻은 이들과 섞이고 싶지 않아 산속에 숨어 살았다. 그렇다 보니 집이 가난해 약초를 캐다 팔아서 생계를 이어 갔다.

"자네, 소문 들었나? 장해 선생이 화음산 기슭에 산다는구먼. 난 그쪽으로 옮겨 갈 생각이네."

"그래? 나도 그곳으로 옮겨 가겠네."

장해가 사는 곳에는 그를 쫓아온 사람들로 다시 붐볐다. 얼마 지나지 않아 화음산 남쪽 기슭에 시장이 생길 정도였다. 그런데 장해는 학문뿐만이 아니라 도술에도 뛰어나 사방 5리를 안개로 뒤덮을 수 있었다. 그래서 만나고 싶지 않거나 귀찮은 사람이 찾아오면 안개를 일으켜 자신이 있는 곳을 숨기곤 했다.

당시 '배우'라는 이 역시 안개를 일으키는 능력이 있었지만 그는 한번에 3리밖에 안개를 일으키지 못했다. 그래서 장해를 찾아가 5리까지 안개를 뒤덮을 수 있는 능력을 배우고자 했으나 장해는 그를 피해 숨어 버렸다. 훗날, 안개를 일으켜 도적질을 하다가 관가에 잡힌 배우는 장해에게 도술을 배웠다고 거짓으로 둘러 댔다. 이 탓에 장해는 2년 동안 억울하게 옥살이를 했다.

장해가 일으킨 5리 안개에서 '오리무중 五里霧中'이 비롯했다. "5리 안이 짙은 안개 속에 있다"라는 뜻이다. 안개 속에서는 길을 찾기가 힘들 듯, 어떤 일의 갈피를 잡기 어렵거나 상황을 파악하기 어려움을 빗대는 말이다. 이를테면 경찰이 수사하는 사건이 미궁에 빠지거나 누군가의 행방을 알 수 없을 때, 오리무중이라는 표현을 쓰곤 한다.

고사성어 돋보기

五 다섯 오
- Ⅹ로 쓰던 다섯 오를 벨 예(乂)와 구별하려고 위아래 획을 더한 글씨가 바뀌어 다섯 오(五)가 됨.

보기 오륜 五倫 오방 五方 오색 五色

里 마을 리
- 밭 전(田)과 흙 토(土)로 이루어진 글자.
- 밭이 있고 토지가 있는 곳, 사람이 사는 '마을'이라는 뜻.
- 거리 단위로도 씀.

보기 구만리 九萬里 동리 洞里 이장 里長 이정표 里程標

霧 안개 무
- 비 우(雨)와 덮는다의 무(務)로 이루어진 글자.
- 공중을 덮는 수증기, '안개'라는 뜻.

보기 무산 霧散 분무기 噴霧器 연무 煙霧 해무 海霧

中 가운데 중
- 사물 한가운데에 위아래로 가로지르는 줄을 표시해 중심을 나타냄.

보기 공중 空中 중앙 中央 중국 中國 중학생 中學生 집중 集中

오리무중 五里霧中
— 5리 안이 안개에 묻혀 있다

門前成市
문전성시

사람들로 대문 앞이 붐비다

한나라 말기, 젊은 나이에 애제가 황제 자리에 오르자 조정 실권은 외척들에게 넘어갔다. 황후의 가문 사람들이었던 외척들 사이에서도 다툼이 생겨 나라가 어지러워지자 이를 보다 못한 '정숭'이라는 사람이 애제에게 간절히 말을 올렸다.

"폐하, 지금 백성들 삶이 어렵습니다. 외척들을 물리치고 나라 질서를 바로잡으셔야 합니다. 그렇지 않으면 나라가 흔들릴 수 있습니다."

그의 충성심을 아는 터라 애제도 처음에는 그 말에 귀를 기울였다. 하지만 시간이 지나자 정치를 팽개친 채, 놀기 바빴다. 정숭이 다시 말을 올렸지만 애제는 더 이상 들으려 하지 않다가 이내 짜증을 냈다.

"그대는 틈만 나면 내게 잔소리하는군. 듣기 싫으니 물러가시오!"

그 탓에 병을 얻은 정숭은 벼슬을 내려놓고 물러나려 했지만 나라가 걱정스러워 참고 있었다. 이때, '조창'이라는 벼슬아치가 있었다. 아첨을 일삼고 남을 고자질하던 그는 전부터 올곧은 성품의 정숭을 꺼림칙하게 여겼다. 애제가 정숭을 귀찮게 여기자 조창은 크게 기뻐했다.

'좋은 기회야! 황제께서 정숭을 멀리하시니 이 틈에 없애 버려야겠어.

그동안 눈엣가시 같은 이였는데 잘됐군!'

그리고 조창은 이런 말로 황제에게 정숭을 헐뜯었다.

"폐하, 정숭이 황실 여러 사람과 은밀하게 내통하고 있습니다. 그의 집 앞이 사람들로 붐빈다 하니 폐하께 불만을 품고 무슨 음모를 꾸미는지 참 의심스럽습니다. 미리 막지 않으면 역모가 일어날지 모릅니다."

애제는 이 말을 곧이듣고 정숭을 불러들였다.

"듣자 하니 그대 집 문 앞은 장터처럼 사람들로 붐빈다던데 어찌 된 일이오?"

"신의 집 문 앞은 장터와 같사오나 신의 마음은 맑은 물과 같사옵니다. 이를 깊이 헤아려 주시옵소서."

정숭은 자기 마음이 다른 뜻 없이 물처럼 깨끗하다고 말했으나 애제는 그를 감옥에 가두었다. 다른 관리가 정숭은 죄가 없다고 감쌌지만 듣지 않았다. 결국 정숭은 옥에 갇혀 죽고 말았다.

'문전성시 門前成市'는 권세를 드날리거나 부자가 되자, "찾아오는 손님들로 집 앞이 시장을 이룬 듯하다"라는 뜻이다. 본디 "아첨꾼이 문 앞에 북적인다"라는 뜻이 강하지만 지금은 찾아오는 사람이 많음을 빗대어 이르는 말로 주로 쓰인다. 이를테면 "그 가게는 장사가 잘돼 손님들로 문전성시를 이룬다"라고 말할 수 있다.

고사성어 돋보기

門
문 문
- 나란히 있는 문 두 개를 본떠 '문'이라는 뜻.

　보기　가문 家門　대문 大門　창문 窓門　후문 後門

前
앞 전
- 전(前)의 옛 글자는 위가 다리를 뜻하는 지(止), 아래가 배를 뜻하는 주(舟)로 이루어졌음.
- 사람이 배에 있으면 다리를 움직이지 않아도 나아간다 하여 '앞, 전진'이라는 뜻이 됨.

　보기　전반전 前半戰　전초전 前哨戰　전후 前後　직전 直前

成
이룰 성
- 글자에 무기 술(戌)이 있어, 무기 든 군사들이 대오를 이룬다 하여 "이루다"라는 뜻.

　보기　대성 大成　성공 成功　완성 完成

市
저자 시
- 글자 위는 갈 지(之)가 바뀐 모습.
- 옷이나 천을 나타내는 아래쪽 수건 건(巾)은 옷을 입고 장보러 간다는 '시장'을 뜻함.

　보기　도시 都市　시내 市內　시민 市民　시장 市場

문전성시 門前成市
– 문 앞이 장터를 이룬 듯 북적이다

百年河淸
백년하청

아무리 오래되어도 가능성이 없는 일

양자강과 함께 중국에서 제일 큰 강, 황하는 강물이 누런 황토색을 띠고 있어서 누를 황黃, 강 하河를 써서 '황하'라는 이름이 붙었다. 백년하청은 이 황하강이 항상 흐려 맑을 때가 없다는 데에서 비롯한 말로, 아무리 기다려도 이뤄지지 않음을 뜻한다.

옛날, 정나라는 힘이 몹시 약한 나라였다. 북으로는 진나라에 복종하고 남으로는 초나라에게 공격받았다. 오른뺨을 맞아 왼쪽으로 돌리면 또 왼뺨을 맞는 형편이었다. 그 무렵, 정나라는 채나라에 쳐들어가 그곳 공자를 사로잡았다. 당시 채나라는 초나라 속국이라 그 보복으로 초나라가 정나라에 쳐들어왔다.

나라가 큰 혼란에 빠지자 정나라 지도자들은 서둘러 회의를 열었는데 의견이 둘로 나뉘었다.

"지금 우리나라는 몹시 위태롭소. 약소국인 우리는 결코 초나라를 당해 낼 수 없소. 그러니 항복이 현명한 생각이오. 우리가 살 수 있는 길은 예물을 준비해서 초나라를 맞이하는 것뿐이오."

이런 항복론에 맞서, 다른 한편에서는 진나라에게 구원을 청하자는 의견이 나왔다.
　"우리 정나라는 대국 진나라를 지금까지 섬겨 왔소. 약소국일수록 믿음이 없으면 금세 망하는 법이오. 지난날, 우리는 진나라와 다섯 번이나 동맹을 맺었던 만큼 이제 와서 그 의리를 저버린다면 스스로 무덤을 파는 꼴이오. 또 진나라와의 신의를 저버린다면 그들은 우리를 멀리하고 초나라가 우리를 속국으로 삼을 테지. 지금 즉시 진나라에 구원을 청하고 구원병이 올 때까지 버텨야 하오. 초나라는 멀리서 온 군사들이라 몹시 지쳐 있고 머지않아 식량도 떨어질 것이오. 우리는 성을 굳게 지키며 진나라에서 올 구원을 끝까지 기다려야 합니다."
　그러자 항복론을 주장하는 신하가 다시 이렇게 맞받았다.
　"옛말에 백년하청이라는 말이 있소. 다시 말해 100년도 안되는 짧은

사람 목숨으로는 황하강 물이 맑아지기를 도저히 기다릴 수 없다는 뜻이지요. 지금 진나라 구원을 기다린다면 황하의 흐린 물이 맑아지기를 기다리는 꼴입니다. 어서 항복해 백성들 고통을 덜어 주어야 합니다."

이 말을 들은 정나라 왕은 곧 초나라에 항복해 화친을 맺었다. 이는 《춘추좌씨전》에 있는 이야기로 약한 나라가 겪는 설움을 잘 나타냈다.

'백년하청 百年河淸'은 여기에서 비롯했다. 100년 동안 황하강 물이 맑아지기를 기다린다는 말로, '아무리 오랜 시간이 흘러도 어떤 일이 이루어지기 어려움'을 뜻한다. 요즘은 어떤 일이 곧 된다고 해 놓고는 며칠, 몇 달이 지나도 소식이 없을 때 '백년하청'이라는 표현을 쓰곤 한다.

고사성어 돋보기

百 일백 백
- 흰 백(白)은 넓다는 뜻도 있어 여기에 숫자 하나 일(一)을 더해 '일백'이 된 글자.
- **보기** 백만 百萬 백분율 百分率 백성 百姓 백수 百獸

年 해 년(연)
- 벼 화(禾)와 사람 인(人)으로 이루어진 글자.
- 사람이 벼를 등에 지고 있는 모습으로, 농사는 한 해 한 번만 수확해 '해'를 뜻함.
- **보기** 내년 來年 연령 年齡 연말 年末 작년 昨年 청년 靑年

河 강 하
- 물의 삼수변(氵, 水)과 갈고리 곡선의 가(可)로 이루어진 글자.
- 갈고리처럼 굽이쳐 흐르는 물에서 '강물'이라는 뜻.
- **보기** 빙하 氷河 산하 山河 은하수 銀河水 하류 河流 하천 河川

淸 맑을 청
- 물의 삼수변(氵, 水)과 푸를 청(靑)으로 이루어진 글자.
- 물이 푸르러 "맑다"라는 뜻.
- **보기** 청결 淸潔 청렴 淸廉 청백리 淸白吏 청소 淸掃

백년하청 百年河淸
– 100년 동안 황하강 물이 맑아지기를 기다리다

天衣無縫
천의무봉

선녀 옷은 꿰맨 흔적이 없어

'곽한'이라는 사내는 잘생긴 데다 말재주가 뛰어났고 글도 잘 썼다. 그는 일찍이 부모님을 여의고 혼자 살고 있었다.

무더운 여름밤, 그가 나무 밑에 누워 바람을 쐬는데 하늘에서 무언가 훨훨 내려왔다. 정신을 차리고 가만히 보니 아리따운 여인이었다.

"당신은 대체 누구요?"

"저는 하늘에서 온 선녀입니다."

곽한은 꿈을 꾸는 듯 황홀한 기분이 들었다. 그가 하늘나라를 궁금하게 여기자 선녀가 대답했다.

"하늘 날씨는 사철이 봄과 같답니다. 여름에 무더위도 없고 겨울에 혹독한 추위도 없지요. 나무는 사시사철 푸르고 꽃도 지지 않아요. 나뭇가지에서는 온갖 새들이 노래를 부르고 물속에서는 물고기들이 노닙니다. 병도 전쟁도 세금도 없지요. 인간 세상 모든 고난이 하늘나라에는 없답니다."

"하늘나라가 그렇게 좋은데 인간 세상에는 왜 왔습니까?"

"장자가 이런 말을 한 적이 있지요. 난초가 아무리 향기로워도 그곳에 오래 있으면 향기를 맡을 수 없다고요. 하늘나라에 오래 살다 보니 쓸쓸해 종종 인간 세상에 와서 놀곤 하지요."

"당신이 정말 하늘나라에서 왔는지 어떻게 증명할 수 있지요?"

선녀는 곽한에게 자기 옷을 보여 주었다. 옷은 아주 가볍고 부드러웠으며, 어디를 보아도 꿰맨 흔적이 없었다. 곽한이 고개를 갸웃거리며 옷에 바느질 자국이 없는 까닭을 묻자 선녀가 대답했다.

"하늘나라 옷은 바늘과 실로 짓지 않는답니다."

곽한이 이 말을 듣고 껄껄 웃다가 다시 보니 선녀는 온데간데없었다.

'천의무봉 天衣無縫'은 여기에서 비롯했다. "하늘나라 옷은 꿰맨 자국이 없다"라는 뜻으로, 시나 문장이 꾸밈없이 자연스럽고 깔끔해 흠잡을 데가 없음을 이르는 말이다. 이백이나 두보의 시를 흔히 '천의무봉' 단계에 오른 작품이라 평하곤 한다.

풍자와 익살이 깃든 고사성어

고사성어 돌보기

天 하늘 천
· 사람이 서 있는 모양, 큰 대(大) 위에 획을 하나 더 그어 사람 머리 위, 꼭대기를 나타내 '하늘'이라는 뜻.
보기 천륜 天倫 천사 天使 천지 天地 천체 天體 천하 天下

衣 옷 의
· 옷을 입고 깃을 여민 모양을 본떠 '옷'이라는 뜻.
보기 내의 內衣 의류 衣類 의복 衣服 의식주 衣食住 탈의 脫衣

無 없을 무
· 불(火)이 나서 다 타 없어진 모양을 본떠 "없다"라는 뜻.
보기 무소유 無所有 무조건 無條件 무책임 無責任

縫 꿰맬 봉
· 실타래의 실 사(糸)와 만나다의 봉(逢)으로 이루어진 글자.
· "실(糸)로 꿰어서 합치다"라는 뜻.
보기 봉합 縫合 재봉 裁縫

천의무봉 天衣無縫
— 하늘나라 옷에는 바느질한 흔적이 없다

8

사서삼경과 동양 사상이 깃든 고사성어

유학은 오랜 시간 동안 동양의 정신세계를 지배한 철학 사상이다.
《사서삼경》은 유학이 중심인 경전이다.
사서는《논어》·《맹자》·《대학》·《중용》을 말하고 삼경은《시경》·《서경》·
《역경》을 말한다. 삼경에《춘추》와《예기》를 더해 오경이라 부르기도 한다.
사서의 체계는 송나라 때 유학자 주희가 세웠다.
성리학 체계를 세운 그가《예기》에서 일부를 따로 떼어 내《대학》과《중용》,
두 편을 만들면서 사서가 확립되었다. 이번 장에서는 사서삼경을 비롯해
동양 사상이나 믿음이 깃든 고사성어를 만날 수 있다.

不惑
불혹

나이 40세

다음과 같은 바보들의 우스갯소리가 있다.
"《논어》가 뭐야?"
"물고기잖아!"
"물고기라고?"
"그래, 광어·송어·숭어처럼 회로 먹는 물고기, 논어!"
"맙소사!"
《논어》는 물고기가 아니라 공자가 한 말과 행동을 제자들이 기록해 놓은 책이다. 공자는 《논어》에서 자기 삶을 이렇게 말한 바 있다.

나는 열다섯 살에 '지우학志于學' 하고
삼십에 '이립而立' 하고
사십에 '불혹不惑' 하고
오십에 '지천명知天命' 하고
육십에 '이순耳順' 하고
칠십에 '종심소욕불유구從心所慾不踰矩' 했다.

여기에서 '지우학'은 "학문에 뜻을 두었다"라는 말이다. '이립'은 몸을 세웠다는 말로 모든 기초를 세우는 나이로 해석하면 된다. '불혹'은 "어떤 일에 홀리지 않는다"라는 말이고 '지천명'은 "하늘의 명을 알았다"라는 말이다. '이순'은 귀가 순해져 "남의 말을 들어도 마음이 쉽게 흔들리지 않는다"라는 말이고 마지막 '종심소욕불유구'는 "마음이 하고자 하는 바를 쫓아도 법규를 넘지 않는다"라는 뜻으로 최고 경지에 이른 것이다.

'**불혹 不惑**'은 여기에서 비롯했다. 공자가 한 말을 본떠 나이 40세를 일컬어 흔히 '불혹의 나이'라 한다. 불혹 외에도 50세를 '지천명의 나이', 60세를 '이순의 나이' 등으로 부르곤 한다.

고사성어 돋보기

不 아닐 불
- 꽃 암술의 씨방을 본뜬 글자.
- 또는 새가 날아올라 내려오지 않음을 본떠 "아니다"라는 뜻.

[보기] 불가능 不可能 불란 不亂 불사신 不死身 불일치 不一致

惑 미혹할 혹
- 불쑥불쑥 나타나는 모양의 혹(或)과 마음 심(心)으로 이루어진 글자.
- 불쑥 생각이 일어나 마음이 무언가에 홀린 듯 어지러워져 "미혹하다"라는 뜻.

[보기] 매혹 魅惑 유혹 誘惑 의혹 疑惑 현혹 眩惑

불혹 不惑
— 나이 40세, 무엇에 홀려 정신을 잃지 않는다

巧言令色
교언영색

교묘한 말과 아첨하는 얼굴빛

공자 사상을 핵심 단어 하나로 표현하면 '어질 인仁'이다. 공자는 진심이 없으면서 말만 번지르르하게 잘하고 약삭빠른 사람을 매우 싫어했다. 그런 사람은 어질지 않다고 보았기 때문이다. 그래서 《논어》〈학이〉편에 이런 말이 나온다.

말을 교묘하게 둘러대고 얼굴빛을 좋게 꾸미는 사람 중에 어진 사람이 드물다.

여기에서 나온 말이 교언영색이다. 그렇다면 어떤 사람이 어진 사람인가? 공자는 〈자로〉편에서 다시 말했다.

성격이 굳세고 의연하며 소박하고 어눌한 사람은 어진 사람에 가깝다.

공자는 말이 좀 어눌하더라도 진실한 사람을 좋아했다. 다소 무뚝뚝하지만 꾸밈없는 사람이 오히려 더 어질다고 봤다. 이와 관련해 전국시대, 제나라 재상 추기의 일화는 되새겨 볼 만하다. 그는 키가 훤칠하고 얼굴이 잘생겨 늘 외모에 자신이 있었다. 요즘으로 치면 아주 꽃미남이었던 모양이다. 그 당시 나라 안에 '서공'이라는 사람 또한 외모가 좋기로 이름나 있었다. 추기는 거울을 보다 문득 부인에게 물었다.

"부인! 당신은 나와 서공 중에 누가 더 잘생긴 것 같소?"

"그야 물어보나마나 당신이 낫죠."

추기는 친구들에게도 물어보았다.

"자네들이 보기에 어떤가?"

"소문난 잔치에 먹을 것 없다지 않나. 서공은 이름만 높았지 자네보다는 못할 걸세."

추기는 집에 찾아온 손님들에게도 물어봤다.

"서공이 미남이라던데 나와 비교하면 어떻소?"

"제가 서공을 본 적이 있는데 선생이 훨씬 낫죠."

추기는 주위 사람들 칭찬에 으쓱한 기분이 들었다. 그 후로 외모라면 자신이 나라에서 제일이라는 생각을 가졌다. 그런데 우연히 서공과 마주친 추기는 자기도 모르게 입이 떡 벌어졌다. 그가 보기에도 서공의 생김새가 훨씬 뛰어났기 때문이다.

'서공보다 나는 별 볼 일 없는 얼굴이구나. 그런데도 난 주위 사람들 말만 믿고 우쭐댔으니 창피한 노릇이로다.'

그로부터 몇 년 뒤, 나라에는 간신들이 들끓어 왕의 눈과 귀를 가렸다. 추기는 왕 앞에 나아가 아뢰었다.

"저는 한때 서공보다 더 외모가 뛰어나다고 여겼는데 직접 그를 보니 달랐습니다. 그래서 곰곰이 생각하니 제 아내는 남편인 제가 낫다고 했고 평소 제 신세를 많이 진 친구들도 듣기 좋은 말만 했습니다. 또 부탁이 있어 찾아온 손님들도 저를 추켜세웠지요."

왕은 추기 이야기를 한참 듣다가 의아하다는 듯 물었다.

"무슨 뜻으로 내게 그런 이야기를 하는가?"

"전하, 지금 조정에서는 간신들이 듣기 좋은 말만 하고 있사옵니다. 무엇이 거짓이고 진실인지 살피시옵소서."

왕은 추기의 말에 크게 깨달은 바가 있었다. 그러고는 아첨을 물리치고 잘못을 지적하는 충신의 말을 받아들여 나라를 더욱 잘 다스렸다.

"좋은 약은 입에 쓰다"라는 말이 있다. 당장 먹기 불편해도 입에 쓴 약이 몸에는 좋은 법이다. 하지만 우리는 쓴 약보다 입에 단맛이 도는 것을 먼저 찾는다. 말도 마찬가지이다. 자신에게 좋은 약인 뼈아픈 충고는 듣기 싫어하고 듣기 좋은 말에 귀를 기울이는 경우가 많다. 자기에게 '교언영색 巧言令色'하는 친구를 멀리하고 날카로운 충고도 서슴지 않는 친구를 가까이할 때 자기 발전이 있다.

고사성어 돋보기

巧 공교할 교
- 만들다의 장인 공(工)과 솜씨 좋음의 교(丂)로 이루어진 글자.
- 정교한 솜씨로 교묘하게 만들었다 하여 "공교하다"라는 뜻.
- **보기** 교묘 巧妙 교장(솜씨 좋은 목수) 巧匠

言 말씀 언
- 나팔 모양 신(辛)과 입 모양 구(口)로 이루어진 글자.
- 입에서 나팔 소리가 나 입으로 "말하다"라는 뜻.
- **보기** 언급 言及 언동(말과 행동) 言動 언변 言辯 언약 言約 언행 言行

令 하여금 영
- 잘 모인 물건 세 개를 본뜬 삼합 집(亼)과 무릎 꿇은 사람의 병부절(卩, 㔾)로 이루어진 글자.
- 모인 사람들을 무릎 꿇려 명령하고 일을 시킴을 뜻하나 여기에서는 "좋다, 꾸미다"라는 뜻.
- **보기** 영덕 令德 영부인 令夫人 영사 令士

色 빛 색
- 칼 도(刀)와 무릎 꿇은 사람의 병부절(卩, 㔾)로 이루어진 글자.
- 위태롭게 움직이는 칼 앞, 두려움에 찬 모양에서 '낯빛, 색채'라는 뜻.
- 색(色) 윗부분 칼 도(刀)를 사람 인(人)으로 보아 '여색'이라는 뜻도 있음.
- **보기** 녹색 綠色 색맹 色盲 색상 色相 안색 顔色 염색 染色

교언영색 巧言令色
– 말을 교묘히 하고 얼굴빛을 좋게 꾸며 아첨하다

君子三樂
군자삼락

군자는 무슨 즐거움으로 사는가?

《논어》 첫머리는 이렇게 시작한다.

공자께서 말씀하시길,
"배우고 때로 익히면 또한 기쁘지 아니한가?"
"벗이 있어 먼 곳에서 찾아오면 어찌 즐겁지 아니한가?"
"남이 나를 알아주지 않아도 성내지 않으면 군자가 아니겠는가?"

이것이 공자가 말한 *군자삼락 君子三樂, 즉 군자의 세 가지 즐거움이다. 배움의 즐거움과 멀리서 벗이 찾아오는 즐거움 그리고 남이 알아주지 않아도 의연한 태도를 지니는 것이다. 그런데 이 구절을 오늘날의 눈으로 해석하면 다소 오해가 생기므로 그 당시 사람들 관점으로 봐야 올바른 해석이 나온다.

여기에서 배움은 흔한 '학문'이 아니다. 예법禮·음악樂·활쏘기射·전차 몰기御·글 읽기書·수학數 이 여섯 가지가 배우는 내용이다. 이를 '육예'라고 하는데 모두 무사 계급이 훈련하는 과목이다. 벗도 그저 같이 어울

궁금증 보따리

맹자의 '군자삼락'
공자 사상을 계승한 맹자는 군자의 삼락을 "군자에게는 세 가지 즐거움이 있는데, 천하를 다스리는 왕은 이 세 가지에 들어 있지 않다. 부모 형제 들이 아무 탈 없음이 첫 번째요, 하늘을 우러러 부끄러움이 없고, 땅을 굽어보아 사람에게 부끄러움이 없음이 두 번째요, 뛰어난 천하 영재들을 가르침이 세 번째 즐거움이다"라고 말했습니다. 《맹자》〈진심〉편에 나오는 이야기이죠. 부모 형제가 건강하게 살며 영재를 교육함이 세 가지 큰 즐거움이라는 뜻이에요. 맹자의 삼락을 '군자삼락' 또는 '맹자삼락'이라 일컫기도 합니다. 이 즐거움은 꼭 군자가 아니더라도 노력하기에 따라서 얼마든지 누릴 수 있는 즐거움이 아닐까요?

러 노는 친구가 아니다. 뜻을 같이한 동지이다. 얼굴 한번 보지 못한 사람일지라도 공자의 사상과 뜻을 같이하는 사람이 소문을 듣고 찾아오면 기뻐했다는 말이다. 마지막으로 남이 알아주지 않아도 성내지 않음은 자기 삶에 대한 고백이다. 공자는 천하를 떠돌았지만 아무도 그를 알아주지 않았고 오히려 목숨 위협만 여러 번 받았다. 그럼에도 올바른 도리에서 벗어나지 않았다. 누군가 자기를 알아주지 않을 때 화내지 않는 사람은 흔치 않다. 대부분 섭섭해하거나 분통을 터뜨리기 마련이다. 분명한 사실은 남이 알아주든 그렇지 않든 자기 할 일에 열중하는 사람일수록 남들이 더욱 우러러본다는 것이다.

당시 공자는 아무도 알아주는 사람이 없었으나 지금은 동양 문화권에서 가장 우러러보는 성인이다. 남이 알아주든 말든 자기 생각이나 뜻을 조금도 굽히지 않은 결과이다. 공자가 살아온 삶을 들여다보면 우리가 어떤 마음가짐으로 세상을 살아야 할지 실마리를 찾을 수 있다.

고사성어 돋보기

君 임금 군
- 손에 무언가를 들고 무리를 다스리는 윤(尹)과 높은 자리에서 명령하는 구(口)로 이루어진 글자.
- 둘을 더해 백성을 다스리는 '임금'이라는 뜻.

보기 군림 君臨 군신 君臣 군왕 君王 군주 君主

子 아들 자
- 두 팔을 벌리는 어린아이를 본떠 '아들, 자식, 사람'이라는 뜻.

보기 남자 男子 여자 女子 자녀 子女 자손 子孫

三 석 삼
- 세 손가락을 옆으로 펴거나 나무젓가락 세 개를 옆으로 놓은 모양을 나타내 '셋'이라는 뜻.

보기 삼각형 三角形 삼관왕 三冠王 삼일절 三一節 삼차원 三次元

樂 즐거울 락
- 나무(木) 받침대에 북과 방울 등 악기가 있어 연주하는 '악기'를 뜻함.
- 악기를 연주해 "즐겁다"라는 뜻.

보기 낙관적 樂觀的 농악 農樂 악기 樂器 음악 音樂 오락 娛樂

군자삼락 君子三樂
– 군자의 세 가지 즐거움

壟斷
농단

권력을 쥐고 마음대로 휘두르다

맹자는 수년 동안 제나라에서 신하 노릇을 했다. 그는 제나라 선왕에게 바른 정치를 이야기했지만 왕은 도무지 그 의견을 받아들이지 않았다. 결국 맹자는 벼슬을 내려놓고 떠나려 하였다. 이때, 선왕이 맹자를 찾아와 말했다.

"지난날, 선생을 뵙고자 하였으나 그러지 못하다가 비로소 곁에 모시어 온 조정이 매우 기뻐했습니다. 이제 다시 과인을 버리고 가다니 이 다음에도 계속 볼 수 있을지 모르겠습니다."

맹자가 대답했다.

"물론입니다. 감히 그리 해 달라고 청하지 못하지만 진실로 그러기를 바랍니다."

그 후, 선왕이 다른 신하에게 이렇게 말했다.

"과인은 도성 한가운데 선생이 살 곳을 주고 많은 돈을 주어 제자들을 기르게 해 모든 제나라 사람들이 그를 공경하고 본받게 하고 싶다. 그대가 이 뜻을 대신 전해 주지 않겠는가?"

그 신하가 그 뜻을 넌지시 알리자 맹자는 대답했다.

"어리석은 소리 마시오. 내가 부자가 되길 바랐다면 그 전에 더 많은 녹봉을 준다고 했을 때 어찌 거절했겠소? 한번 정치하다 뜻이 꺾여 그만두었으니 그걸로 끝입니다. 어찌 제자를 기른다는 핑계로 다시 부귀를 꾀하겠소?"

그러면서 맹자는 다음과 같은 이야기를 들려주었다.

옛날, 온 세상이 평화롭고 사람들은 모두 순박하기 짝이 없을 때 일이다. 넓은 광장에 시장이 들어섰다. 곡식을 생선으로 바꾸거나 사냥한 동물을 소금으로 바꾸는 식으로 교환이 이루어져 시장에는 사람들로 매우 붐볐다. 이때, 교활한 사내가 나타나 우뚝하게 높이 솟은 언덕에

올라갔다. 그곳에서 사방을 굽어보며 장사하자 물건이 엄청나게 잘 팔렸다. 이 사내는 늘 그곳을 차지한 채, 시장 이익을 독차지했기 때문이다.

이 이야기는 《맹자》〈공손추〉편에 나온다. 농단은 교활한 사내가 차지하던 자리, 우뚝 솟은 작은 언덕을 말한다. 맹자는 자기 뜻이 받아들여지지 않았지만 굳이 많은 녹봉에 얽매여 부를 차지하고 싶지 않아 이 '농단' 이야기를 들려주었다.

'농단 壟斷'은 여기에서 비롯했다. 교활한 사내가 가장 좋은 자리를 차지해 이익을 차지하듯, '권력을 한 손에 쥐고 멋대로 좌지우지하는 일'을 빗대는 말이다. TV 사극이나 역사 소설 등을 보면 간신들이 권력을 쥐고 정치를 농단한다는 표현을 쉽게 접할 수 있다.

고사성어 돋보기

壟

밭두둑 농(롱)
- 언덕의 농(龍)과 흙 토(土)로 이루어진 글자.
- 밭이랑의 두둑한 부분이나 '언덕'을 뜻함.

보기 구롱(언덕) 丘壟 주롱 疇壟 토롱 土壟

斷

끊을 단
- 실이 이어진 모양의 계(𢇍)와 도끼의 근(斤)으로 이루어진 글자.
- 실로 엮어 놓은 것을 도끼 등으로 자른다 하여 "끊다"라는 뜻.

보기 단면 斷面 단식 斷食 재단 裁斷 절단 切斷 차단 遮斷

농단 壟斷
– 높이 솟은 언덕

五十步百步
오십보백보

이거나 그거나 별 차이가 없어

전국시대 때 있었던 이 이야기는 《맹자》〈양혜왕〉편에 나온다. 당시 위나라 혜왕은 나라를 잘 다스려 백성들에게 칭찬을 듣는 훌륭한 임금이고 싶었다. 그러나 백성들은 혜왕을 칭찬하기는커녕 그가 펼치는 정치에 늘 불만이 많았다.

어느 날, 혜왕은 학식과 인품이 높은 맹자에게 백성을 다스리는 일에서 느낀 어려움을 말했다.

"나는 이웃 나라 왕들보다 나라를 잘 다스리려고 훨씬 많은 힘을 쏟고 있소. 지난 해, 흉년에도 굶주리는 백성들을 생각해 많이 노력했지. 그런데도 이웃 나라보다 백성은 더 늘어나지도 않고 불만만 늘어나니 도대체 무엇 때문이오?"

맹자가 한참 뜸을 들이더니 말문을 열었다.

"왕께서 전쟁을 좋아하시니 전쟁에 빗대어 말씀드리겠습니다. 화살이 빗발치는 전쟁터에서 한 군사가 겁먹고 칼을 질질 끌며 도망쳤습니다. 한 50보쯤 도망치다가 문득 앞을 보니 100보쯤 도망친 군사가 보였습니다. 그러자 50보 도망간 군사가 100보 도망간 군사를 보고 비겁한 놈이라며 비웃었습니다. 왕께서는 이를 어떻게 생각하십니까?"

혜왕은 별 싱거운 질문이라는 듯 대답했다.

"50보든 100보든 그게 무슨 차이가 있겠소? 도망가기는 다 마찬가지 아니오?"

그러자 맹자가 빙긋이 웃으며 말했다.

"옳으신 말씀입니다. 왕께서 나라를 잘 다스린다고는 하나 이웃 나라 왕들과 비교해 보면 50보 100보의 차이입니다."

이 말에 왕은 깜짝 놀랐다.

"아니, 그게 무슨 말이오? 50보, 100보라니. 난 이웃 나라 왕들보다 훨씬 더 잘 보살피고 있소. 지난 흉년 때 내가 백성들을 얼마나 정성껏 돌보았는데 그런 섭섭한 말을 하는 거요!"

"지금 백성을 가장 괴롭히는 일은 전쟁입니다. 왕께서 아무리 백성을 잘 돌본다 해도 지금 여기저기에서 전쟁이 한창이기 때문에 모든 나라가 비슷비슷합니다. 정말 백성을 생각하신다면 전쟁부터 멈추십시오. 또 흉년에만 백성을 돌보시지 말고 평소 백성들 생활을 따뜻하게 살피십시오. 그러면 늘어난 백성들에게 어진 임금이라는 칭찬을 틀림없이 들으실 수 있습니다."

혜왕은 이 말을 듣고 크게 깨달은 바가 있어 더욱 어진 정치를 베풀었다.

'오십보백보 五十步百步'는 여기에서 비롯했다. "작은 차이가 있을지언정 큰 차이가 없다"라는 뜻이다. 약속 시간 20분 늦은 사람이 30분 늦은 사람을 나무라거나 컴퓨터 게임을 두 시간 한 친구가 세 시간 한 친구를 게임 중독이라고 흉본다면 이야말로 오십보백보라 할 수 있다.

고사성어 돋보기

五 다섯 오
- X로 쓰던 다섯 오를 벨 예(乂)와 구별하려고 위아래 획을 더한 글씨가 바뀌어 다섯 오(五)가 됨.

보기 오륜 五倫 오방 五方 오색 五色

十 열 십
- 엇갈려 모은 두 손을 본떠 숫자 '열'이라는 뜻.

보기 수십 數十 십만 十萬 십억 十億

步 걸음 보
- 발을 본뜬 지(止)를 포개 만든 글자.
- 한 걸음, 한 걸음 "걸어가다"라는 뜻.

보기 보행 步行 양보 讓步 진보 進步 초보 初步 행보 行步

百 일백 백
- 흰 백(白)은 넓다는 뜻도 있어 여기에 숫자 하나 일(一)을 더해 '일백'이 된 글자.

보기 백년해로 百年偕老 백만 百萬 백분율 百分率

步 걸음 보
- 발을 본뜬 지(止)를 포개 만든 글자.
- 한 걸음, 한 걸음 "걸어가다"라는 뜻.

보기 보도 步道 보병 步兵 보조 步調 보폭 步幅

오십보백보 五十步百步
— 50보 도망치나 100보 도망치나 큰 차이가 없다

切磋琢磨
절차탁마

자르고 썰고 닦고 갈아야

어느 날, 공자의 제자 자공이 물었다.

"사람이 가난해도 아첨하지 않으며, 부유해도 교만하지 않으면 어떻습니까?"

"그것도 좋다. 그러나 가난하되 배움을 즐길 줄 알며, 부유하되 예법을 좋아하는 사람보다 못하느니라."

"《시경》에 '절차탁마'라는 구절이 나오는데, 선생님 말씀은 바로 이를 말하는 것입니까?"

자공의 말에 공자가 감탄하며 말했다.

"자공아, 이제야 너와 더불어 《시경》을 논할 수 있구나. 하나를 들으면 열을 알듯, 지나간 것을 알려 주었더니 앞으로 올 것까지 아는구나."

이 대화에서 알 수 있듯이 '절차탁마'는 본디 《시경》에 나오는 말이다. 〈위풍〉편 [기욱]이라는 노래에 "어여쁜 우리 낭군님은 옥돌을 자른 듯하고 썬 듯하고 쫀 듯하고 갈은 듯하다"라는 구절이 나온다.

이 말이 가진 정확한 뜻을 알려면 고대 중국에서 옥을 다듬던 과정을 먼저 알아야 한다. 옥을 다듬는 과정은 네 단계로 나눌 수 있다.

먼저 옥 원석을 모양대로 자르는 절切, 옥돌에서 필요 없는 부분을 줄로 없애는 차磋, 끌로 쪼아 원하는 모양대로 만드는 탁琢, 윤이 나도록 숫돌로 갈고 닦는 마磨이다.

[기욱]이라는 노래 구절은 어여쁜 우리 낭군님을 절차탁마한 옥에 빗대어 나타냈다. 다시 말해, 잘 다듬어 놓은 옥처럼 *조각 같이 잘생긴 남자라는 뜻이다. 자공이 이 말을 끌어와 "군자의 인격도 예술품을 만들 듯 이렇게 다듬어가야 한다"라는 뜻으로 사용해 공자에게 크게 칭찬을 받았다.

절차탁마를 거치기 전, 옥돌은 그냥 돌멩이일 뿐이다. 사람도 마찬가지이다. 원석을 잘 갈고 다듬어 훌륭한 옥구슬을 만들어 내듯이 사람

궁금증 보따리

조각 같이 잘생긴 남자가 어떻게 학문으로?

절차탁마는 원래 '조각 미남' 혹은 '꽃미남'을 나타냈어요. 그러나 사서삼경 하나인 《대학》에서는 뜻이 바뀌는데요. 여기에서는 "자른 듯하고 썬 듯한 것은 학문을 말하는 것이요, 쫀 듯하고 간 듯한 것은 마음을 닦는 일이다"라고 했답니다. '절차'는 학문을, '탁마'는 수양을 뜻해요. 이로써 절차탁마는 "학문과 덕행을 갈고 닦는다"라는 뜻을 지니죠.

도 목표를 세우고 쉼 없이 노력하면 성공에 이를 수 있다. 오늘날, 절차탁마는 학문이나 예능, 인격 등을 꾸준히 갈고 닦을 때 이르는 말로 자주 쓰인다.

고사성어 돋보기

切 끊을 절
- 칠(七)과 칼을 뜻하는 도(刀, 刂)로 이루어진 글자.
- 칠(七)의 옛 모양은 자른다의 '十'으로 "물건을 베다, 끊다"라는 뜻.
- [보기] 단절 斷切 반절 半切 절개 切開 절단 切斷

磋 갈 차
- 돌 석(石)과 들쭉날쭉하다의 차(差)로 이루어진 글자.
- 들쭉날쭉 꺼끌꺼끌한 숫돌에 가는 모습에서 "갈다"라는 뜻.
- [보기] 절차 切磋

琢 쪼을 탁
- 구슬옥변(王, 玉)과 옥을 끌로 새길 때 나는 소리의 촉(豕)으로 이루어진 글자.
- [보기] 조탁(단단한 것을 새기거나 쪼다) 彫琢
  탁기(쪼아서 만든 그릇) 琢器 탁미 琢美

磨 갈 마
- 문지른다의 마(麻)와 돌 석(石)으로 이루어진 글자.
- 돌을 문지른다 하여 "갈다"라는 뜻.
- [보기] 마모 磨耗 마찰 磨擦 분마(곱게 다듬음) 粉磨 연마 研磨

절차탁마 切磋琢磨
– 옥돌을 자르고 썰고 쪼고 갈듯 학문과 덕행을 갈고 닦다

고사성어 돋보기

武 굳셀 무
- 창을 들어 적국을 치려고 이동하는 모습을 나타낸 글자.
- 군사들의 굳센 투지를 드러내 "굳세다"라는 뜻.

  보기 무기 武器 무사 武士 무예 武藝 무용 武勇

陵 언덕 릉
- 좌부방부(阝, 阜)와 릉(夌)이 모두 '언덕'을 뜻하는 글자.

  보기 능묘 陵墓 능행(임금이 능에 행차함) 陵幸 왕릉 王陵

桃 복숭아나무 도
- 나무 목(木)과 조짐 조(兆)로 이루어진 글자.
- 조(兆)는 점칠 때 거북 등 껍데기를 태워 나타난 갈라진 금을 본뜬 글자.
- 씨가 두 개로 쪼개지는 나무라 하여 '복숭아나무'라는 뜻.

  보기 도화 桃花 백도 白桃 황도 黃桃

源 근원 원
- 물의 삼수변(氵, 水)과 언덕의 원(原)으로 이루어진 글자.
- 모든 물줄기가 언덕 아래 샘에서 시작한다 하여 '근원'이라는 뜻.

  보기 근원 根源 기원 起源 연원(사물의 근원) 淵源

무릉도원 武陵桃源
— 무릉에 있는 복숭아꽃이 활짝 핀 세계

歸去來辭
귀거래사

나 돌아가런다!

궁금증 보따리

도연명이 좋아한 꽃?
도연명은 국화를 사랑한 시인으로 유명해요. 사군자에서 매화가 추위를 뚫고 가장 먼저 핀다면, 국화는 가장 늦게 피는 꽃이죠. 다른 꽃들이 다 진 뒤에 추운 날씨에도 아랑곳없이 홀로 피는 고결함이 세상에 물들지 않는 군자를 닮아, 많이 사랑받았죠. 도연명은 국화에서 벼슬을 멀리 하고 자연에 묻혀 사는 자신을 발견하지 않았을까요? 그래서 유난히 국화를 아끼고 좋아했던 건지도 몰라요.

*도연명은 중국 역사에서 가장 이름난 시인 가운데 한 사람이다. 그는 큰 벼슬을 하거나 뛰어난 업적을 남긴 적도 없지만 옛 선비들에게 존경받는 인물이었다. 그는 자연을 좋아하고 세상에 휩쓸리기를 싫어했지만 거느려야 하는 식구들이 많아 살림이 늘 가난했다.

도연명은 마흔한 살 때, 지방 현령이 되었다. 봉급은 쌀 다섯 말이었다. 먹고살려고 낮은 벼슬자리에라도 있었으나 일은 도무지 그와 맞지 않아 관리 업무보다는 시 읊기로 세월을 보냈다. 하루는 조정에서 높은 벼슬아치가 내려가니 관아를 깨끗이 청소하고 의관을 단정히 하여 맞아들이라는 공문이 날아들었다. 구속을 싫어했던 그가 이 말을 고분고분 받아들일 리가 없었다.

"어찌 쌀 다섯 말 때문에 허리를 굽혀 소인배 벼슬아치들을 섬기겠는가!"

이렇게 소리친 도연명은 그날로 집에 돌아갔다. 현령으로 부임한 지 두 달 남짓이었을 무렵이었다. 탐관오리들이 들끓고 높은 사람에게 아부를 일삼아야 하는 관직 생활은 그와 맞지 않았다. 그 뒤, 조용하고 편하게 전원생활을 즐기며 다시는 벼슬을 하지 않았다.

그의 대표작으로 알려진 유명한 〈귀거래사〉는 당시 벼슬에서 물러나 고향으로 돌아오며 쓴 시이다. 내용이 긴 산문시로 '나 돌아가련다. 논밭이 묵어 잡풀이 우거졌는데 내 어찌 아니 돌아갈 수 있으랴歸去來兮 田園將蕪 胡不歸'라는 문장으로 시작한다.

'귀거래사 歸去來辭'는 세상과 타협하기를 거부하고 자연을 벗 삼아 즐기는 삶을 노래한 전원시의 백미이다. 이 작품은 후세 선비들에게 많이 사랑받았다.

고사성어 돋보기

歸 돌아갈 귀
- 따라가다의 추(追)가 바뀌고 며느리 부(婦)의 생략형 추(帚)로 이루어진 글자.
- 고대에는 처가에서 일정 기간 일한 뒤, 색시를 집으로 데리고 온다 하여 "돌아오다"라는 뜻이 됨.
- **보기** 귀국 歸國 귀환 歸還 복귀 復歸

去 갈 거
- 사람을 본뜬 큰 대(大)와 주거지 입구를 본뜬 모양(厶)으로 이루어진 글자.
- 주거지 입구로 사람이 밖에 나가는 모습에서 "가다"라는 뜻.
- **보기** 거처 去處 과거 過去 수거 收去 퇴거 退去

來 올 래
- 보리를 나타낸 글자.
- 옛 중국말로 "오다"와 보리의 래(來)는 소리가 같아 "오다"를 래(來)로 씀.
- 보리라는 글자는 별도로 맥(麥)을 만듦.
- **보기** 내력 來歷 내방(누군가 찾아옴) 來訪 내빈 來賓 내세 來世

辭 말씀 사
- 얽힌 실 푸는 모습을 본뜬 란(亂)과 죄인을 다스리는 신(辛)으로 이루어진 글자.
- 죄인을 말로 다스린다 하여 '말씀'이라는 뜻.
- **보기** 사전 辭典 사퇴 辭退 사표 辭表 신년사 新年辭 찬사 讚辭

귀거래사 歸去來辭
– 벼슬을 버리고 고향으로 돌아감을 노래하다

月下老人
월하노인

남녀를 이어 주는 운명의 붉은 실

당나라 때 '위고'라는 사람이 있었다. 어려서 부모를 여읜 그는 일찍 아내를 맞이하고 싶었으나 뜻대로 되지 않았다.

어느 날, 위고가 송성 지역 여관에서 묵었다. 거기서 만난 사람이 사연을 듣고 그에게 좋은 낭자를 소개해 주겠다며 다음 날 아침, 용흥사 앞에서 만나자고 했다. 위고는 마음이 들떠 어두컴컴한 이른 새벽에 용흥사로 갔다. 그의 눈에 문득 한 노인이 달빛 아래에서 열심히 책을 뒤적이는 모습이 들어왔다. 노인의 등에는 큰 봇짐이 하나 메여 있었다. 위고가 슬며시 뒤로 다가가 그 책을 훔쳐 보았으나 도무지 무슨 글자인지 알아볼 수 없었다.

"어르신, 무슨 책을 그리 열심히 보십니까?"

"남녀 사이 혼인을 기록한 책이라네."

이 말에 위고는 귀가 번쩍 띄어 물었다.

"저는 일찍 혼인해 자식을 낳고 싶었지만 여태 짝을 얻지 못했습니다. 오늘, 제 인연을 찾고자 왔는데 이루어지겠습니까?"

"아직 인연이 닿지 않았네. 자네 아내는 이제 세 살밖에 안 먹었어.

열일곱 살이어야 자네에게 시집올 걸세."

위고는 크게 실망하여 물었다.

"그런데 어르신께서 등에 멘 봇짐에는 무엇이 들어 있습니까?"

"붉은 실이라네. 이것으로 장차 부부가 될 남녀의 손발을 묶지. 이 붉은 실로 한데 묶어 놓기만 하면 설령 두 사람이 원수 집안이거나 아주 멀리 떨어져 있거나, 신분 귀천이 아무리 심해도 결국 부부가 된다네. 이미 자네를 그 아기와 실로 묶어 놓았으니 다른 사람을 찾아도 아무 소용이 없다네."

"그럼 그 아이는 누구며, 어디에 있습니까?"

"이 여관 북쪽에 있는 채소 장수 딸일세. 보고 싶으면 따라오게!"

위고는 노인을 따라 시장으로 갔다. 거기에는 한쪽 눈이 먼 노파가 허름한 옷을 입은 채, 세 살배기 여자아이를 안고 있었다.

"저 아이가 장차 자네 아내라네."

여자아이를 본 위고는 기가 막혔다. 대체 이 아이가 언제 자라서 아내가 된단 말인가! 여관으로 돌아온 위고는 화를 참을 수 없었다. 그래서 하인에게 여자아이를 없애라고 했다. 그러면 장차 그 아이는 아내가 될 수 없고 운명이 바뀌리라 생각했다. 하인은 곧장 시장으로 가서 아이를 찌르고 도망쳤다. 아이를 없앴냐는 물음에 하인이 대답했다.

"심장을 찌르려고 했는데 칼이 빗나가 미간을 찌르고 말았습니다."

어느덧, 14년이라는 세월이 흘렀다. 나라에 공을 세운 위고는 상주에서 벼슬을 했다. 그곳 태수인 왕태는 그 재능을 높이 사 자기 딸을 그에게 시집보냈다. 위고는 아리따운 열일곱 살 신부를 맞아 아주 만족스러웠다. 그런데 웬일인지 그녀는 미간에 항상 꽃 장식을 하고서 세수할 때도 절대 떼지 않았다. 그 까닭을 묻자 아내가 눈물을 흘리며 대답했다.

"사실 저는 태수님 친딸이 아니라 조카입니다. 아버지는 송성에서 관리를 하다 돌아가셨습니다. 그때 저는 아직 젖먹이라 할머니 진씨가 시장에서 채소를 팔며 저를 키웠습니다. 어느 날, 어떤 미친 사람이 와서 저를 찔렀는데 그 상처가 지금까지 남아서 꽃 장식을 붙였지요. 7, 8년 전에 작은아버지가 이곳 관리가 되어 저도 이곳으로 왔습니다."

위고가 눈이 휘둥그레져 물었다.

"그럼, 할머니 진씨는 한쪽 눈이 멀지 않았소?"

아내가 놀라 어떻게 아느냐고 묻자 위고는 지난 일을 사실대로 털어놓고 깊이 사죄했다. 이후, 이 인연이 하늘의 뜻임을 안 위고 부부는 그 정이 더욱 두터워졌다.

'월하노인 月下老人'은 여기에서 비롯했다. 이름을 정확히 몰라 달빛 아래 노인이라는 뜻에서 *월하노인이라 부른다. 남녀의 인연을 맺어 준다는 전설의 노인으로 중매쟁이를 가리킨다.

궁금증 보따리

한국 전설 속 월하노인?
우리 한국 전설에도 월하노인이 나오지만 중국 전설의 월하노인과 다른 점이 뭔지 아나요? 우리나라 월하노인은 청실과 홍실을 서로 엮어 인연을 만든다는 점이에요. 그래서 청실홍실이 부부연을 상징해서 우리 전통 혼례에 자주 쓰이죠.

고사성어 돋보기

月下老人

月 달 월
- 초승달 혹은 반달을 본떠 '달'이라는 뜻.
- **보기** 세월 歲月 월광 月光 월급 月給 월세 月貰 정월 正月

下 아래 하
- 밑의 것이 위의 것에 덮인 모양을 나타낸 글자.
- 상(上)의 반대로 '아래, 낮은 쪽'이라는 뜻.
- **보기** 하계(인간 세계) 下界 하급생 下級生 하명 下命 하수도 下水道

老 늙을 로(노)
- 머리카락이 길고 허리가 굽은 채 지팡이를 짚은 노인을 본떠 '늙다, 노인'이라는 뜻.
- **보기** 경로 敬老 노령 老齡 노파 老婆 양로원 養老院 원로 元老

人 사람 인
- 허리를 굽히거나 서 있는 사람을 본떠 '사람'이라는 뜻.
- **보기** 인권 人權 인류 人類 인명 人命 인삼 人蔘 인생 人生

월하노인 月下老人
— 남녀 사이 인연을 잇는 달빛 아래 노인

9 자주 쓰이는 고사성어

우리 생활에서 자주 쓰지만 대충 보거나 들어서
뜻을 잘 몰랐던 고사성어 스물한 개.
어디에서인가 많이는 들어봤지만 정확한 뜻을 몰랐다면 이번 장을 잘 살펴보자.
이 고사성어들은 어떤 뜻을 가지고 우리에게 알려진 말들일까?
자주 입에 오르내리던 고사성어인 만큼
짧고 가볍게 읽고 지나가도록 준비한 특별한 장.
이번 장을 통해 그 말이 담고 있는 뜻을 안다면
어느 순간 "아하!" 하는 여러분의 감탄사가 흘러나올 것이다.

過猶不及
괴유불급

제자 자공이 공자에게 물었다.
"자장과 자하 가운데 누가 더 낫습니까?"
자공이 던진 질문에 공자가 대답했다.
"자장은 지나친 면이 있고 자하는 미치지 못하는 면이 있다."
"그럼, 자장이 낫겠군요?"
"지나친 것은 미치지 못하는 것과 다를 바가 없다."

'과유불급 過猶不及'은 《논어》〈선진〉편에 나오는 대화에서 비롯했다. "지나침은 미치지 못함과 같다"라는 뜻을 담고 있다. 다이어트를 한다고 지나치게 운동하면 오히려 몸에 해로울 수도 있고 몸에 좋은 음식이라고 과식하면 체할 수 있다. 모두 과유불급에 해당하니 무엇이든 적당함이 가장 좋다.

過

지나칠 과
- 쉬엄쉬엄 가다의 부수 책받침(辶, 辵)과 소리를 나타내는 글자 와(咼)로 이루어진 글자.
- 바른 길을 지나쳤다 하여 "지나치다"라는 뜻.
- 뼈 마디처럼 미끄러지듯 잘 돌아간다 하여 지나치다라는 뜻.

  보기 과소비 過消費 과신(지나치게 믿음) 過信 과잉보호 過剩保護

猶

오히려 유
- 개사슴록변(犭, 犬)과 소리의 우두머리 추(酋)로 이루어진 글자.
- 추(酋)는 항아리에 담긴 좋은 술(酉)이 높은 사람이 마신다 하여 우두머리라는 뜻이었으나 본디 '잘 익은 술'이란 뜻이다.
- 옛날, 신에게 바칠 제물 개고기(犭)와 좋은 술(酉)은 제단에 필요하다 하여 '마땅히라는 뜻이었으나 오늘날 "오히려, 망설이다"라는 뜻을 지님.

  보기 유예(망설이며 행하지 않음) 猶豫 유태인(=유대인) 猶太人

不

아닐 불
- 꽃 암술의 씨방을 본뜬 글자.
- 또는 새가 날아올라 내려오지 않음을 본떠 "아니다"라는 뜻.

  보기 불가능 不可能 불란 不亂 불사신 不死身 불일치 不一致

及

미칠 급
- 사람 인(人)과 손 우(又)로 이루어진 글자.
- 앞서 가는 사람을 따라 붙는 손이라 하여 "미치다"라는 뜻.

  보기 급기야 及其也

과유불급 過猶不及
— 지나친 것을 경계하다

不肖
불초

TV 사극을 보면 자식이 부모에게 이렇게 말하곤 한다.

"불초 소생을 용서하여 주시옵소서."

"제가 불초하여 일을 그르치고 말았나이다."

여기에서 불초란 "부모가 지닌 덕이나 사업을 잇지 못할 만큼 못나고 어리석다"라는 뜻으로, 자식이 부모 앞에서 스스로 낮추어 부르는 말이다.

《맹자》에는 "요임금 아들 단주가 불초하여 왕위를 순임금에게 물려주었고 순임금 아들 역시 불초하여 왕위를 우임금에게 물려주었다"라는 구절이 나온다.

요임금 아들 단주가 천하를 이어받기 부족해서 왕의 자리를 순임금에게 넘겨주었고 순임금 또한 아들이 변변찮아 천하를 우임금에게 넘겨주었다. 이처럼 '불초 不肖'는 "아버지를 닮지 않았다"라는 뜻 외에 "못나다" 또는 '불효자'라고도 쓰인다.

고사성어 돋보기

不 아닐 불
- 꽃 암술의 씨방을 본뜬 글자.
- 또는 새가 날아올라 내려오지 않음을 본떠 "아니다"라는 뜻.

보기 ▶ 불가능 不可能 불란 不亂 불사신 不死身 불일치 不一致

肖 닮을 초
- 작을 소(小)와 사람 살과 몸의 육달월(月, 肉)로 이루어진 글자.
- 기운이 약해져 살(月)이 빠졌지만(小) 얼굴을 예전 그대로 닮았다 하여 "닮다"라는 뜻.

보기 ▶ 초사(닮거나 비슷하게 함) 肖似 초상화 肖像畫

불초 不肖
– 못나고 어리석은 자식

九死一生
구사일생

전국시대 초나라 정치가이자 이름난 시인 굴원은 학식이 깊고 글재주가 뛰어나 삼려대부라는 높은 벼슬에 오르기도 했다. 하지만 그를 시기하는 간신들에게 모함받아 관직에서 쫓겨났다. 그 후, 굴원은 좌절과 방황 속에서 불행히 살다 돌을 안고 멱라수에 몸을 던져 죽었다.

그는 〈이소〉라는 시에서 불운한 삶과 나라를 걱정하는 마음을 드러냈다. 이 글에는 아래와 같은 구절이 나온다.

> 긴 한숨 쉬고 눈물을 닦으며, 사람 일생에 난관이 많음을 슬퍼하노라
> 내 고결하게 살고 조심한다 했지만 아침에 바른말 하다 저녁에 쫓겨났네
> 그래도 내 마음이 선하다고 믿어 아홉 번 죽더라도 후회하지 않으리

여기에서 '구사일생 九死一生'이 비롯했다. 본디는 '구사무일생 九死無一生', 즉 아홉 번 죽는 동안 한 번도 살아남지 못함을 뜻하지만, 죽을 뻔했다가 간신히 살아나는 것을 가리키는 말로 바뀌었다. 비슷한 말로 '기사회생'이 있다.

고사성어 돋보기

九
아홉 구
- 다섯 손가락을 위로, 나머지 손의 네 손가락을 옆으로 편 모양으로 '아홉'이라는 뜻.

  보기 구구단 九九段 구공탄 九孔炭 구미호 九尾狐

死
죽을 사
- 죽을사변(歹, 歺)은 산산이 흩어지는 뼈를 나타냄.
- 여기에 사람 인(人) 변형 글자 비(匕)를 더해 사람이 "죽음"이라는 뜻.

  보기 사망 死亡 사형 死刑 생사 生死 불사신 不死身 참사 慘死

一
하나 일
- 한 손가락을 펴거나 나무젓가락 하나를 놓은 모양을 본떠 '하나'를 뜻함.

  보기 일람표 一覽表 일렬 一列 일리 一理 일맥 一脈 일부분 一部分

生
살 생
- 풀이나 나무가 싹트는 모양을 본뜬 글자로 "생기다, 태어나다, 만들다"라는 뜻.

  보기 생가 生家 생강 生薑 생기 生氣 생명 生命 생활 生活

구사일생 九死一生
― 죽을 고비를 넘기고 살아남다

勸善懲惡
권선징악

5-1 국어(1단원) 연계

편년체?
편년체는 역사를 연도순에 맞춰 기록하는 방식입니다.

《춘추좌씨전》은 춘추시대 역사를 기록한 중국 최초의 *편년체 책이다. 이 책에 이런 구절이 나온다.

'춘추春秋'의 호칭은 어려운 것 같지만 쉽고, 쉬운 것 같으면서도 깊은 뜻이 담겨 있으며 흐트러진 것 같으면서도 잘 정리되어 있고 표현이 노골적이면서도 품위가 있으며 악행을 벌하고 선행을 권장한다.

'권선징악 勸善懲惡'은 여기에서 비롯했다. "착한 일을 권하고 악한 일을 벌한다"라는 뜻이다. 우리 고전 소설은 대부분 '권선징악'을 주제로 한다. 소설 내용은 착한 주인공이 행복한 결말을 맞이하고, 악당들이 벌 받는 내용이다.

고사성어 돋보기

勸
권할 권
- 황새 관(雚)과 힘 력(力)으로 이루어진 글자.
- 황새(雚)가 새끼를 기르려고 힘써(力) 먹이를 권한다 하여 "권하다"라는 뜻.

  보기 권고 勸告 권면 勸勉 권유 勸諭 권주가(술을 권하는 노래) 勸酒歌

善
착할 선
- 아래쪽 입 구(口)가 부수인 글자.
- 양(羊)처럼 온순하며 부드럽게 말(口)하는 사람을 나타내 "착하다"라는 뜻.

  보기 선교(잘 사귐) 善交 선악과 善惡果 선인(착한 사람) 善人
  선정(좋은 정치) 善政

懲
징계할 징
- 때리다의 징(徵)과 마음 심(心)으로 이루어진 글자.
- 마음에 타격을 입을 만큼 때린다 하여 "징계하다"라는 뜻.

  보기 징계 懲戒 징벌 懲罰 징역수 懲役囚 응징 膺懲

惡
나쁠 악
- 버금 아(亞)와 마음 심(心)으로 이루어진 글자.
- 곱사등이에 버금가는 추한 것(亞)이 마음(心)에 자리하면 곧 나쁘게 드러난다 하여 "나쁘다"라는 뜻.

  보기 악담 惡談 악당 惡黨 악령 惡靈 악마 惡魔 악몽 惡夢

권선징악 勸善懲惡
– 선을 권하고 악을 벌하다

錦上添花
금상첨화

'금상첨화 錦上添花'는 원래 중국 속담이었는데 문인들이 자주 인용해 시를 지으면서 고사성어로 굳어졌다. 대표 작품으로 왕안석의 〈즉사〉라는 시가 있다. 왕안석은 당송팔대가로 문장이 뛰어났는데 그 시에 이런 구절이 있다.

좋은 모임에서 술잔 속 맑은 술 비우려 하는데
흥겨운 노랫가락 비단 위에 꽃을 더한 것 같네

좋은 모임에서 술잔을 기울이기만 해도 즐거운데 거기에다 흥겨운 노랫가락까지 울려 퍼지니 비단 위에 꽃을 수놓은 듯 더 즐겁다. 금상첨화는 이처럼 "좋은 것 위에 더 좋은 것을 더한다"라는 뜻이다. 비단도 좋은데 그 위에 꽃을 수놓으면 더 좋지 않겠는가? 예쁜 옷을 입고 아름다운 목걸이까지 했다면 금상첨화라 할 수 있고 시험 성적이 잘 나왔는데 상까지 받으면 이 역시 금상첨화라고 할 수 있다.

고사성어 돋보기

錦

비단 금
- 번쩍번쩍 빛난다는 쇠 금(金)과 비단 백(帛)으로 이루어진 글자.
- 오색이 빛나는 '비단'이라는 뜻.

  보기 금낭 錦囊 금수(비단과 바느질) 錦繡 금의야행 錦衣夜行

上

윗 상
- 높은 물건을 나타내려 선(一)에 점(·)을 찍어 가장 높은 곳을 뜻함.

  보기 상급 上級 상납 上納 상석 上席 상의 上衣 상책 上策

添

더할 첨
- 부수 삼수변(氵, 水)과 소리를 나타내는 첨(忝)으로 이루어진 글자로 "더하다"라는 뜻.

  보기 첨가 添加 첨삭 添削
  　　 첨정(나라에 장정을 더한다 하여 아들을 낳음) 添丁

花

꽃 화
- 풀 초(艹, 艸)와 될 화(化)로 이루어진 글자.
- 될 화(化)는 살아 있는 사람 인(亻)과 죽은 사람(匕)을 나타냄.
- 풀 초(艹)와 산 사람과 죽은 사람이 윤회한다는 될 화(化)를 더해 꽃에서 씨가 나고 피어난다 하여 '꽃'이라는 뜻.

  보기 화단 花壇 화랑 花郎 화분 花盆 화원 花園 화초 花草

금상첨화 錦上添花
— 좋은 것에 좋은 것을 더하다

塗炭
도탄

도塗는 흙탕물을, 탄炭은 숯불을 가리킨다. '**도탄 塗炭**'은 흙탕물에 빠지고 숯불에 떨어진 듯, 백성들이 겪는 어려움을 뜻한다. 하나라 걸왕은 고통에 빠진 백성들에게 등을 돌린 채, 향락에 빠져 있었다. 걸왕의 잘못된 정치를 바로잡으려고 군대를 일으켜 새 왕조를 세운 이가 은나라 탕왕이었다. 탕왕은 군사를 일으키면서 사람들에게 말했다.

"나는 세상을 어지럽히려고 군대를 일으킨 것이 아니다. 걸왕이 정치를 잘못해 그대들을 고통에 빠뜨리니 하늘의 뜻을 받들어 그를 벌하려 함이다."

탕왕은 걸왕을 무찌른 뒤, 그 죄를 밝히면서 "하나라에 덕이 없으니 백성들이 도탄에 빠졌도다"라고 했다. 그릇된 정치로 백성들이 어려워졌을 때, 여기에서 비롯한 "도탄에 빠졌다"라는 표현을 오늘날까지 쓰고 있다.

고사성어 돋보기

塗 진흙 도
- 부수 물의 삼수변(氵, 水)과 여(余)로 이루어진 글자.
- 탁한 물이나 진흙의 도(涂)를 강 이름 도(涂)와 구별하려고 토(土)를 더한 글자.
- 흙(土)에 물(氵)을 섞으면 진흙이 되어 '진흙'이라는 뜻.
- [보기] 도벽(벽에 흙을 바름) 塗壁 도토(진흙) 塗土

炭 숯 탄
- 언덕 안(岸)과 불 화(火)로 이루어진 글자.
- 산(山)의 언덕 동굴(厂)에서 불(火)을 피워 나무를 태운다 하여 '숯'이라는 뜻.
- [보기] 석탄 石炭 연탄 煉炭 탄광 炭鑛 탄산 炭酸 탄소 炭素

도탄 塗炭
— 그릇된 정치로 백성들이 고통에 빠지다

登龍門
등용문

오늘날, 어려운 관문을 통과해 출세하는 일을 '등용문'이라 말한다. '오를 등登, 용 용龍'을 쓴 글자를 해석하면 '용이 되어 오르는 문'이라는 뜻이다. 이 말은 어에 얽힌 이야기 덕분에 생겼다.

중국 황하강 상류에 '용문'이라는 큰 폭포가 있다고 한다. 이른 봄, 강물이 불어나면 늙은 잉어들이 모여 이 폭포를 뛰어오른다. 그런데 계곡이 험하고 가파르며 물살도 거칠고 빨라서 큰 물고기도 오르기가 무척 어렵다. 일단 거센 물살을 거슬러 폭포를 오르면 용이 된다고 한다. 이때, 우레와 번개가 일어나 잉어 꼬리를 태워 버린다. 용이 되면 신비의 구슬 여의주를 얻어 하늘로 승천한다. '등용문 登龍門'은 여기에서 비롯했다. 잉어가 용문 폭포를 뛰어올라 용이 되듯, 힘든 관문을 통과한다는 뜻이다. 예로부터 출세의 디딤돌로 많이 사용했던 말이 바로 이 등용문이다.

고사성어 돋보기

登

오를 등
- 걷다의 필발머리(癶)와 그릇의 두(豆)로 이루어진 글자.
- 발을 들어올려(癶) 제사에 쓸 그릇(豆)을 높은 곳에 올려놓는다 하여 "오르다"라는 뜻.
- `보기` 등교 登校 등단 登壇 등록 登錄 등산 登山 등장 登場

龍

용 용(룡)
- 머리에 뿔이 있는 용을 본떠 '용'이라는 뜻.
- `보기` 용미 龍尾(용 꼬리) 용봉(용과 봉황) 龍鳳 용상(임금이 앉는 자리) 龍床

門

문 문
- 나란히 있는 문 두 개를 본떠 '문'이라는 뜻.
- `보기` 문벌(가문) 門閥 문외한 門外漢 문패 門牌 문하생 門下生

등용문 登龍門
– 출세하는 관문

百聞不如一見
백문불여일견

한나라 선제 때, 서북쪽 오랑캐가 쳐들어왔다. 조정에서 막을 장수를 찾았지만 마땅한 사람이 없었다. 이때, 70세가 넘었음에도 용맹을 떨치던 장수 조충국이 나섰다. 그는 어느 전투에서 적군에게 20여 곳이나 찔리는 창상을 입었지만 끝까지 싸워 포위를 뚫고 돌아와 사람들을 놀라게 하기도 했다. 그 공으로 그는 거기 장군에 봉해졌다.

"그대는 용맹하나 너무 늙었으니 다른 이를 추천해 보시오."

황제의 말에 조충국은 우렁찬 목소리로 대답했다.

"이 늙은 신하보다 나은 이는 없사옵니다."

"그렇다면 지금 오랑캐 상황은 어떠하며, 군사는 얼마나 필요하다고 보는가?"

"백 번 듣기보다 한 번 봄이 낫습니다. 군사를 부리는 일은 먼 곳에서 헤아려 판단하기는 어렵습니다. 신이 직접 달려가서 상황을 살핀 다음 대책을 세우겠습니다."

황제가 웃으면서 허락하자 상황을 살핀 조충국은 *둔전책을 세웠다. 그러기를 1여 년. 마침내 그는 서북쪽 오랑캐를 막을 수 있었다. 이렇게 조충국이 한 말에서 '백문불여일견 百聞不如一見'이 유래했다.

> **궁금증 보따리**
>
> **둔전책**
> 군사들이 훈련받으면서 함께 농사짓는 작전을 말합니다.

고사성어 돋보기

百 일백 백
- 흰 백(白)은 넓다는 뜻도 있어 여기에 숫자 하나 일(一)을 더해 '일백'이 된 글자.
- 보기) 백방(온갖 방법) 百方 백성 百姓 백약(온갖 약) 百藥 백합 百合

聞 들을 문
- 문 문(門)과 귀 이(耳)로 이루어진 글자.
- 귀를 문에 대고 듣는다 하여 "듣다, 들리다"라는 뜻.
- 보기) 견문록 見聞錄 문득 聞得 문인(이름이 알려진 사람) 聞人

不 아닐 불
- 꽃 암술의 씨방을 본뜬 글자.
- 또는 새가 날아올라 내려오지 않음을 본떠 "아니다"라는 뜻.
- 보기) 불가결 不可缺 불경기 不景氣 불과 不過 불길 不吉 불량 不良

如 같을 여
- 계집 녀(女)와 입 구(口)로 이루어진 글자.
- 부드럽게 감싸 안는 여자(女)는 무언가를 감싸 담는 그릇(口)과 같다 하여 "같다"라는 뜻.
- 보기) 여간(오죽) 如干 여의주 如意珠 여전 如前 여차 如此 여하간 如何間

一 하나 일
- 한 손가락을 펴거나 나무젓가락 하나를 놓은 모양을 본떠 '하나'를 뜻함.
- 보기) 일생 一生 일순간 一瞬間 일시 一時 일축 一蹴 일침 一針

見 볼 견
- 눈 목(目)과 어진사람인(儿)으로 이루어져 사람을 본다 하여 "보다"라는 뜻.
- 보기) 견본 見本 견습 見習 견식 見識 견적(어림잡은 계산) 見積

백문불여일견 百聞不如一見
– 100번 듣기보다 한 번 봄이 낫다

似而非 사이비

맹자는 제자 만장과 대화를 나누면서 이런 이야기를 들려주었다.

공자께서 말씀하셨다.
"나는 사이비, 즉 겉으로는 비슷하나 실제로 그렇지 않은 사람을 미워한다. 가라지는 잡초이지만 벼와 비슷해서 혼동을 일으키기 때문에 싫어한다. 말을 교묘하게 잘하는 사람을 미워함은 그가 정의롭고 믿음직하게 보일까 두렵기 때문이고 보라색을 미워함은 붉은색과 혼란을 일으키기 때문이다. 군자는 떳떳한 도리에 따를 뿐이다. 올바른 도리를 행하면 백성들도 따라온다. 그러면 세상의 사악함도 없어진다."

'사이비 似而非'는 여기에서 비롯했다. 풀이하면 "똑같아 보이지만 틀리다"라는 뜻으로, 겉으로 보아서는 진짜인 듯하나 근본적으로는 완전히 다른 가짜를 가리킨다. 공자는 '사이비'가 비슷해서 혼동을 일으키기 때문에 더욱 경계해야 한다고 가르친다. 사이비 언론, 사이비 종교, 사이비 교주 등은 심심찮게 신문이나 뉴스에서 들을 수 있는 말이다.

고사성어 돋보기

似 같을 사
- 사람 인(亻, 人)과 써 이(以)로 이루어진 글자.
- 이(以)는 탯줄(ㅎ→厶) 달린 사람(人)을 본떠 탄생은 탯줄에서 비롯됨을 나타낸다.
- 사람(亻)이 탯줄을 달고 태어나(以)는 방법이 같다 하여 "닮다, 같다"라는 뜻.

  보기 비몽사몽 非夢似夢 유사 類似

而 말 이을 이
- 갑골문에서 아래로 길게 난 구레나룻을 본뜬 글자.
- '구레나룻'으로 사용하다가 뒤에 접속 의미로 용도가 바뀜.

  보기 이금(지금) 而今 이립 而立

非 아닐 비
- 서로 다른 쪽으로 움직이는 새의 두 날개를 본뜬 글자.
- 처음에는 "나란하다"라는 뜻이었다가 다시 부정하는 "아니다"로 뜻이 바뀜.

  보기 비난 非難 비리 非理 비매품 非賣品 비정 非情 비행 非行

사이비 似而非
– 진짜처럼 보이는 가짜

殺身成仁
살신성인

6학년 도덕(7단원) 연계

　세상에는 자기 몸까지 희생하면서 올바른 가치를 이루는 사람들이 더러 있다. 그런 사람을 일컬어 '살신성인'이라 표현한다. 이 말은 어디서 나왔을까? 《논어》〈위령공〉편에 "뜻있는 선비와 어진 사람은 인을 해치면서까지 삶을 구하지 않고 오히려 자기 목숨을 바쳐 인을 행할 뿐이다"라는 구절이 있다.

　여기에서 나온 말이 '살신성인 殺身成仁'이다. 풀이하면 "자기 몸을 죽여 인을 이룬다"라는 뜻이다. 세상에는 남이 죽든 말든 아랑곳하지 않고 이익만 취하는 사람도 있지만 반대로 자신을 희생하는 사람도 적지 않다. 자기 목숨을 돌보지 않고 물에 빠진 사람을 건지거나 지하철 선로에 떨어진 사람을 구했다는 뉴스를 들으면 누구나 살신성인의 교훈을 떠올릴 것이다.

고사성어 돋보기

殺 죽일 살
- 치다의 살(杀)과 손에 든 몽둥이, 창을 본뜬 갖은등글월문(殳)로 이루어진 글자.
- 손에 든 몽둥이나 창(殳)으로 사람을 친다(杀) 하여 "죽이다"라는 뜻.

  보기 살육 殺戮 살인 殺人 살인검 殺人劍 살해 殺害

身 몸 신
- 사람 몸 전체를 본떠 '몸'이라는 뜻.

  보기 신변(몸의 주위) 身邊 신분 身分

成 이룰 성
- 글자에 무기 술(戌)이 있어, 무기 든 군사들이 대오를 이룬다 하여 "이루다"라는 뜻.

  보기 성가 成家 성립 成立 성분 成分 성사 成事 성숙 成熟

仁 어질 인
- 사람인변(人)과 두 이(二)로 이루어진 글자.
- 사람(人)이 하늘과 땅(二) 두 곳을 품는다 하여 "어질다"라는 뜻.

  보기 인용(어진 마음과 용기) 仁勇 인의 仁義 인자 仁慈
  인정(어질고 바른 정치) 仁政

살신성인 殺身成仁
— 온몸을 바쳐 인을 이루다

桑田碧海
상전벽해

3-1 사회(3단원) 연계

한나라 환제 때, '왕방평'이라는 신선이 어느 집에 내려왔다. 집안사람들과 인사를 나눈 그는 마고 선녀를 오게 했다. 눈부시게 빛나는 옷을 입은 그녀는 왕방평에게 절한 뒤, 자리에 앉아 가지고 온 음식을 내놓았다. 금 쟁반 위에 놓인 귀한 음식에서 맡기 힘든 향기가 났다. 음식을 먹던 마고가 왕방평에게 말했다.

"제가 신선님을 모신 이래로 동해 바다가 세 번이나 뽕나무 밭으로 바뀌는 것을 보았습니다. 지난번, 신선들이 사는 동쪽 봉래산에 갔다 와 보니 바다가 얕아져 반밖에 되지 않았습니다. 다시 육지로 바뀌려는 것일까요?"

"성인들께서 말씀하시지 않았느냐? 동해 바다가 흙먼지를 일으키는 땅이 될 거라고."

'상전벽해 桑田碧海'는 여기에서 비롯했다. "뽕나무 밭이 바뀌어 푸른 바다가 되었다"라는 뜻이다. 그만큼 세상이 몰라보게 달라졌다는 말로 자주 쓰인다. 한국전쟁으로 폐허가 됐던 서울이 반세기 만에 거대 도시가 되었으니 상전벽해라 할 만하다.

고사성어 돋보기

桑 뽕나무 상
- 누에를 기를 때 쓰는 뽕나무를 본뜬 글자.
- 뽕나무(木) 잎(又)이 무성하여 '뽕나무'라는 뜻.

  보기 상원(뽕나무 밭) 桑園

田 밭 전
- 밭 테두리와 안에 있는 논두렁길을 본떠 '밭'이라는 뜻.

  보기 전곡(밭에서 난 곡식) 田穀 전답 田畓 전원 田園 전작(밭 농사) 田作

碧 푸를 벽
- 구슬 옥(玉)과 흰 백(白) 그리고 돌 석(石)으로 이루어진 글자.
- 옥에 맑고 푸른 기운이 도는 흰색 돌이라 하여 "푸르다, 녹색"이라는 뜻.

  보기 남벽(푸른 빛) 藍碧 벽계수 碧溪水 벽안(푸른 눈) 碧眼 벽해(푸른 바다) 碧海

海 바다 해
- 물의 삼수변(氵, 水)과 매양 매(每)로 이루어진 글자.
- 매(每)는 어미 모(母) 위에 획을 더한 글자로 아이를 낳은 여자를 뜻하다가 '늘'로 바뀜.
- 물(氵)의 어머니(每)는 바다라 하여 '바다'라는 뜻.

  보기 해수면 海水面 해양 海洋 해일 海溢 해적 海賊

상전벽해 桑田碧海
– 몰라볼 정도로 세상이 달라지다

龍頭蛇尾
용두사미

궁금증 보따리

선문답
상대가 가진 도를 알아보려고 수수께끼 같은 말을 서로 주고받는 일이에요.

갈喝
불교에서 허튼 수작 말라고 상대를 꾸짖는 행동을 말합니다.

송나라, 용흥사에 '진존숙'이라는 고승이 있었다. 어느 날, 그가 한 승려와 마주앉아 *선문답을 나누었다. 진존숙이 첫머리를 던지자, 승려가 갑자기 큰소리로 "에잇!" 하고 *갈喝했다. 진존숙은 순간 흠칫했지만 수양이 높은 스님답게 곧 평정을 찾고 빙그레 웃으며 말했다.

"한번 크게 꾸지람을 들었소이다!"

그러자 승려가 다시 "에잇!" 하고 호통쳤지만 소리만 지를 뿐 그 다음은 묵묵부답으로 딴청만 부렸다. 이에 진존숙은 생각에 잠겼다.

'흠, 그럴 듯하지만 참다운 도를 아직 깨우치지 못했군. 모르긴 해도 용 머리에 뱀 꼬리는 아닌지 의심스럽구나.'

"그대의 호통에는 힘이 있소. 한데 마무리는 무엇으로 할 생각인가?"

그러자 승려는 답변을 피한 채 슬그머니 사라지고 말았다.

'용두사미 龍頭蛇尾'는 "용 머리에 뱀 꼬리"라는 뜻이다. 시작은 크지만 보잘것없이 흐지부지 끝남을 꼬집는 말이다. 용두사미가 되지 않으려면 차곡차곡 내실을 다지는 행동이 필요하다.

고사성어 돋보기

龍

용 용(룡)
- 머리에 뿔이 있는 용을 본떠 '용'이라는 뜻.
- 보기 용미 龍尾(용 꼬리) 용봉(용과 봉황) 龍鳳 용상(임금이 앉는 자리) 龍床

頭

머리 두
- 콩 두(豆)와 머리 혈(頁)로 이루어진 글자.
- 사람 목 위로 길고 둥글게 난 것이 머리라 하여 '머리'라는 뜻.
- 보기 두각 頭角 두뇌 頭腦 두령 頭領 두통 頭痛 선두 先頭

蛇

뱀 사
- 머리가 큰 살모사를 본뜬 훼(虫 벌레 훼)와 웅크린 뱀을 본뜬 사(它)로 이루어져 '뱀'이라는 뜻.
- 보기 사독(뱀 독) 蛇毒 사미(뱀 꼬리) 蛇尾 사심 蛇心

尾

꼬리 미
- 엉덩이의 시(尸)와 엉덩이에 붙은 모(毛, 털)로 이루어져 '꼬리'라는 뜻.
- 보기 대미(일의 마지막) 大尾 미우(새 꽁지 깃) 尾羽 미행 尾行

용두사미 龍頭蛇尾
– 시작은 좋으나 끝은 흐지부지

吳越同舟
오월동주

오월동주는 오나라와 월나라 사람이 같은 배를 탄다는 말이다. 와신상담이나 동시효빈에서 이미 설명했듯, 두 나라는 으르렁대며 싸우던 원수이다. 그들이 한 배를 탄다면 얼마나 죽기 살기로 싸울까 생각하지만 오히려 그 반대이다. 중국 최고 병법서 《손자병법》은 군사들이 사지에 몰리면 온힘을 다해 싸운다면서 이런 이야기를 들려준다.

군대를 잘 부리는 이는 솔연과 같아야 한다. 솔연은 상산에 사는 뱀으로, 머리를 치면 꼬리가 덤비고 꼬리를 치면 머리가 덤비고 몸통을 치면 머리와 꼬리가 한꺼번에 덤벼든다. 그렇다면 군대를 솔연처럼 이끌 수 있는가? 할 수 있다. 서로 미워하는 오나라 사람과 월나라 사람이 한 배를 탔다고 해 보자. 강 가운데 이르러 큰 풍랑을 만나 배가 뒤집어지려 하면 적개심을 잊고 서로 필사적으로 돕는다.

'오월동주 吳越同舟'는 여기에서 비롯했다. "사이가 나쁜 사람끼리 같은 장소나 처지에 놓여 같은 목적을 이루려고 협력한다"라는 뜻을 담고 있다.

고사성어 돋보기

吳 나라 오
- 사람(大) 위에 입(口)이 있는 모습을 본뜬 글자.
- 입으로 큰 소리를 내는 사람 모습이지만 '나라 이름, 성씨'로 더 잘 알려짐.
- 보기 오음(오나라 노래로 고향을 그리워함) 吳吟 오릉(오나라 비단) 吳綾 오회 吳回

越 월나라 월
- 달려오다의 주(走)와 도끼의 월(戉)로 이루어진 글자.
- 도끼(戉)를 들고 달려오는(走) 무서운 사람들이라 하여 '월나라'라는 뜻.
- 월나라 외에 "넘다"의 뜻도 가졌다.
- 보기 월권 越權 월남(베트남) 越南 월동 越冬 월등 越等

同 한 가지 동
- 크기가 같은 그릇과 그릇 뚜껑을 본떠 "같다, 같이하다"라는 뜻.
- 보기 동감 同感 동생 同生 동반 同伴 동의 同義 동일 同一

舟 배 주
- 통나무배를 본떠 '배'라는 뜻.
- 보기 주인(뱃사람) 舟人 주중(배 한가운데) 舟中 주행(배를 타고 감) 舟行

오월동주 吳越同舟
— 어려움이 닥치면 원수끼리 힘을 합친다

糟糠之妻
조강지처

후한 광무제의 누이 호양 공주가 홀몸이 되었다. 누이를 마땅한 사람과 혼인시킬 생각이었던 광무제가 그녀에게 의견을 물었다.

"송홍이라면 남편으로 모시겠지만 그 외에는 생각이 없습니다."

송홍은 광무제가 아끼는 신하로 충직하고 인품이 훌륭했다. 누이가 그를 사모한다는 사실에 광무제는 두 사람을 맺어 주고 싶었다. 그래서 누이를 병풍 뒤에 숨기고 송홍을 불러 넌지시 마음을 떠보았다.

"지위가 높아지면 친구를 바꾸고 집이 부유해지면 아내를 바꾼다고 하는데, 그럴 수 있는 일이겠소?"

송홍이 고개를 가로저으며 대답했다.

"신은 가난하고 천할 때 사귄 친구를 잊어서는 안 되고 어려울 때 함께 고생한 조강지처도 절대 내쳐서는 안 된다고 들었사옵니다."

결국 광무제와 호양 공주는 그의 마음을 바꿀 수 없었는데 '조강지처 糟糠之妻'는 여기에서 비롯했다.

*술지게미와 쌀겨로 끼니를 이을 만큼 몹시 가난하고 어려운 시절을 함께 고생한 아내를 이르는 말이다. 그런 아내는 처음 혼인한 아내이기 때문에 조강지처라 부른다.

궁금증 보따리

술지게미와 쌀겨

술을 거르고 남은 찌꺼기를 술지게미, 방아를 찧을 때 나오는 껍질 부스러기를 쌀겨라고 해요. 이 둘은 영양가도 없고 푸석푸석해서 맛도 없답니다.

武陵桃源
무릉도원

마음속으로 그리는 이상향

옛날, 중국 무릉 땅에 한 어부가 살았다. 어느 날, 강에서 고기를 잡던 그는 길을 잃고 헤매다가 홀연히 복숭아꽃이 활짝 핀 숲을 만났다. 어부는 아름다운 경치에 한동안 넋을 잃었다. 그렇게 자기도 모르는 사이, 한참을 가니 숲이 끝나면서 문득 산 하나가 나타났다. 산에는 조그만 굴이 있었는데, 안에서 빛이 비치는 듯했다.

어부는 배를 버리고 굴 안으로 들어갔다. 처음에는 좁던 굴이 점점 훤히 뚫리며 밝아졌다. 그리고 눈앞에 기름진 논밭과 그림 같은 집들이 펼쳐졌다.

그곳 농부들의 옷차림은 하늘나라 신선들 같고 노인이나 아이 모두 편하고 즐겁게 지내고 있었다. 그들은 어부를 보자 어디서 왔느냐고 물었다. 어부가 대답하니 그들은 집으로 데려가 맛있는 음식과 술을 대접했다.

어부가 왔다는 이야기를 듣고 마을 사람들이 찾아와 이것저것 물었다. 그들은 세상이 어떻게 돌아가는지 전혀 모른 채, 지상 낙원 같은 곳에서 생활하고 있었다. 어부는 거기에서 여러 날을 흥겹게 지내며 세상

시름을 모두 잊을 수 있었다.

이윽고 떠날 때가 오자 한 사람이 어부에게 말했다.

"한 가지 부탁이 있소. 다른 사람들에게 절대 이곳 이야기는 하지 마시오!"

그러나 어부는 밖으로 나와 배를 타고 오면서 곳곳에 표시해 두었다. 어부는 이 사실을 고을 사람들에게 알리고 그곳을 함께 찾아나섰지만 다시는 그곳을 찾을 수 없었다.

이때부터 사람들은 무릉도원을 신선들이 사는 땅으로 보며 늘 마음속으로 그리워하는 천국과 같은 이상향으로 여겼다.

도연명은 중국을 대표하는 시인 가운데 하나로 꼽히는 유명한 인물이다. 도연명이 쓴 《도화원기》라는 책에 무릉도원 이야기가 나온다. 무릉도원은 그저 사람이 마음속으로 그리는 꿈같은 세계일지도 모른다. 하지만 사람들은 오래전부터 이 세상 어디엔가 지상 낙원 같은 곳이 있으리라 생각했다. 동양에서 무릉도원이 그런 이상향이라면 서양에는 유토피아가 바로 그런 곳이다. 동서양을 아울러 사람 마음속에는 현실 저면 곳에 낙원이 있다는 소망이 깃들어 있다.

고사 속 숨은 이야기

서양의 이상향, 유토피아

《유토피아》는 토머스 모어가 쓴 책 이름이에요. 책 속 세상은 그야말로 지상 낙원이죠. 네 것 내 것이 따로 없고 사람들도 차별하지 않아요. 남녀 모두 하루에 오전과 오후 세 시간씩 여섯 시간만 일하고 필요하다면 뭐든지 공짜로 얻을 수 있다고 합니다. 또 모든 것이 넘쳐나서 누구도 부자가 되려 하지 않습니다. 오히려 금과 은을 하찮게 여기고 다이아몬드는 아이들 장난감으로 사용한다고 하죠. 혹 누군가 화려한 보석으로 꾸민 옷을 입으면 사람들에게 비웃음을 당한답니다. 이곳에는 황금 변기통이 있고 죄인들은 황금 왕관이나 귀고리, 반지 등을 달아야 한대요. 아이들은 어려서부터 보석이 수치스럽고 혐오스러운 물건이라고 교육받는답니다.

고사성어 돋보기

糟

지게미 조
- 쌀 미(米)와 무리 조(曹)로 이루어진 글자.
- 술을 거르고 난 쌀(米) 무리(曹)라 하여 '지게미'라는 뜻.

보기 조강(술재강과 쌀겨, 변변찮은 음식) 糟糠 조박(찌꺼기) 糟粕

糠

겨 강
- 쌀 미(米)와 튼튼할 강(康)으로 이루어진 글자.
- 쌀이 몸을 튼튼하게 한다 하여 '쌀겨'라는 뜻.

보기 강미(겨죽) 糠糜 강비(겨와 쭉정이) 糠粃 강우(가랑비) 糠雨

之

어조사 지
- 출발선에서 한 발짝 내딛음을 나타내므로 "간다"라는 뜻의 갈 지(之).
- 여기에서는 무엇 '~의'라는 어조사로 쓰였다.

보기 만인지상 萬人之上 일언지하 一言之下

妻

아내 처
- 여자 종이 손(ㅋ)으로 여인(女) 머리(十)를 다듬는 모습을 본떠 '아내'라는 뜻.

보기 처가 妻家 처남 妻男 처제 妻弟 처첩 妻妾 처형 妻兄

조강지처 糟糠之妻
— 힘든 시절을 함께 고생한 아내

竹馬故友
죽마고우

동진시대, 환온과 은호는 어릴 적부터 친구였다. 훗날, 환온이 권력을 차지하자 황제는 그의 권세를 우려해 은호를 조정에 불러들였다. 은호는 재주가 뛰어나고 세상 평판도 좋아 조정에서 몇 번이나 그를 불렀지만 그때마다 거절하고 초야에 묻혀 있었다. 하지만 거듭이어지는 부름을 물리칠 수 없어 벼슬길에 나아갔다. 이후, 환온과 은호는 대립하며 사사건건 맞섰다.

그 무렵, 오랑캐 땅에서 다툼이 일어나 나라가 소란스러웠다. 은호는 군사를 이끌고 갔지만 제대로 싸우지도 못하고 대패했다. 이를 구실로 환온은 상소를 올려 그를 쫓아 버렸다. 훗날, 환온이 옛정을 생각해 다시 불러들이려고 그에게 편지를 보냈다. 크게 기뻐한 은호는 정성껏 답장했는데 실수로 봉투만 보내 버렸다. 자기를 우습게 본다고 여긴 환온은 크게 화가 났고 은호는 결국 유배지에서 죽었다. 그 뒤 환온이 여러 사람에게 말했다.

"나는 어릴 때 은호와 함께 죽마를 타고 놀았는데, 은호는 내가 타다 버린 죽마를 주워서 노는 아이였다. 그러므로 그가 내 밑에 있는 일은 당연하다."

죽마는 대나무로 만든 말로 옛날 어린이들이 타고 놀던 장난감이었다. 따라서 어릴 때부터 같이 놀며 자란 친한 벗을 일컬어 '죽마고우 竹馬故友'라 한다.

고사성어 돋보기

竹
대나무 죽
- 줄기에 잎이 붙은 대나무를 본떠 글자로 '대나무'라는 뜻.
- 보기 ┃ 죽간(대나무 장대) 竹竿 죽림 竹林 죽염 竹鹽 죽엽 竹葉

馬
말 마
- 곧게 서 있는 말을 본떠 '말'이라는 뜻.
- 보기 ┃ 마각(말 다리) 馬脚 마부 馬夫 마술 馬術 마차 馬車 마패 馬牌

故
예 고
- 옛 고(古)와 칠 복(攵)으로 이루어진 글자.
- "쳐서(攵) 없애다"라는 뜻이었지만 '옛날, 연고(緣故), 까닭'이라는 뜻으로 바뀜.
- 보기 ┃ 고사 故事 고의 故意 고인 故人 고장 故障 고향 故鄕

友
벗 우
- 오른손(又) 두 개를 합친 모양을 본뜬 글자.
- 두 손을 서로 맞잡는다 하여 가까운 '친구, 벗'이라는 뜻.
- 보기 ┃ 우애 友愛 우의 友誼 우정 友情 우호 友好

죽마고우 竹馬故友
– 어려서 함께 자란 친구

千載一遇
천재일우

동진시대, 글재주가 뛰어났지만 생활이 어려워 배에서 짐꾼으로 일하던 '원굉'이라는 사람이 있었다. 어느 가을밤, 원굉이 강에 나가 시를 한 수 읊었다. 마침 '사상'이라는 귀족이 배를 띄우고 달구경을 하다 그 소리를 들었다. 사상은 목소리 주인공을 찾게 했다. 이 인연으로 원굉은 벼슬에 나아가 동양군 태수가 되었다. 원굉은 《삼국지》위촉오의 이름난 신하 스무 명을 찬양하는 글에서 뛰어난 신하와 현명한 군주의 만남이 얼마나 어려운지 다음과 같이 비유로 썼다.

말을 알아보는 사람을 만나지 못하면 1000년이 지나도 천리마는 한 마리도 나오지 못한다. 현명한 군주와 뛰어난 신하의 아름다운 만남은 1000년에 한 번쯤 있는 기회이다. 만나면 어찌 기뻐하지 않으며, 잃으면 어찌 개탄하지 않겠는가?

'천재일우 千載一遇'는 여기에서 비롯했다. "1000년에 한 번 만난다"라는 뜻으로 얻기 어려운 기회를 뜻한다. 절대 놓치면 안 될 좋은 기회를 일컬어 '천재일우의 기회'라고 한다.

고사성어 돋보기

千
일천 천
- 사람 인(人)과 하나 일(一)로 이루어진 글자.
- 여기에서 인(人)은 많은 사람의 뜻을 지녀 천 단위 가운데 하나(一)의 숫자 '일천'을 뜻함.

　보기　천리마 千里馬　천부당 千不當　천추(먼 세월) 千秋

載
해 재(실을 재)
- 수레 거(車)와 올려놓다의 재(戈)로 이루어진 글자.
- 물건을 수레(車)에 올려놓는다(戈) 하여 "싣다"라는 뜻.
- 싣다 외에 '해, 년(年)'이라는 뜻도 있는데 여기에서는 '해, 년'으로 사용.

　보기　재송(물건을 실어 보냄) 載送　적재(물건을 배에 싣다) 積載

一
하나 일
- 한 손가락을 펴거나 나무젓가락 하나를 놓은 모양을 본떠 '하나'를 뜻함.

　보기　일당(한 무리) 一黨　일설(하나의 설) 一說　일소(깨끗이 쓸어버림) 一掃

遇
만날 우
- 쉬엄쉬엄 갈 착(辶)과 짝 우(偶)로 이루어진 글자.
- 길을 가다(辶)가 뜻밖에 만나 짝이 되었다 하여 "만나다"라는 뜻.

　보기　경우 境遇　우대 遇待　조우 遭遇

천재일우 千載一遇
– 좀처럼 만나기 어려운 기회

青出於藍
청출어람

쪽풀을 말하는 남藍은 염색 재료로 청색을 물들일 때 쓴다. 천이나 헝겊에 물을 들이면 쪽풀보다 더 푸르고 선명한 빛깔이 난다고 한다. *성악설로 유명한 순자는 이에 빗대어 이렇게 말하였다.

> 궁금증 보따리
>
> **성악설**
> 사람이 지닌 본성을 연구하는 동양 학설이에요. 유명 사상가 순자荀子는 "사람은 그 성품이 원래 악하다"라고 주장하는 성악설을 주장했습니다.

청색은 쪽풀에서 나왔으나 쪽풀보다 더 푸르고　青出於藍而青於藍
얼음은 물이 얼어서 된 것이지만 물보다 더 차다.　冰水爲之而寒於水

여기에서 나온 말이 '청출어람 青出於藍'이다. "푸른색은 쪽풀에서 나왔지만 쪽빛보다 푸르다"라는 말이 '청출어람청어람'이다. 이를 줄여서 '청출어람'이라고 한다. 제자가 스승보다 더 나음을 비유하는 말이다.

고사 속 숨은 이야기

역사 속에 보이는 청출어람의 예

북위시대, '이밀'이란 사람은 어려서 공번을 스승으로 삼아 학문을 배웠습니다. 몇 년이 지나자 이밀은 그 스승을 앞질렀어요. 공번은 이밀에게 더 이상 가르칠 것이 없자, 도리어 그를 스승으로 삼기를 청했죠. 제자 이밀도 훌륭하지만 스승 공번 또한 제자에게 배우기를 꺼리지 않았으니 본받을 만한 인물이죠?

고사성어 돋보기

青

푸를 청
- 날 생(生)과 붉을 단(丹)으로 이루어진 글자.
- 붉을 단(丹)은 물감 들이는 재료 광물로 돌을 뜻하기도 함.
- 붉은 돌(丹) 틈에서 피어나는 새싹(生)은 더 푸르러 보여 "푸르다"라는 뜻.

보기 청과 靑果 청년 靑年 청룡 靑龍 청송 靑松 청자 靑瓷

出

날 출
- 땅에 돋아나는 싹을 본떠 "나다"라는 뜻.

보기 출가 出家 출간 出刊 출고 出庫 출근 出勤 출두 出頭

於

어조사 어
- 날아가는 까마귀 또는 우는 모습을 본뜬 글자.
- 사방(方)에서 사람(人)이 둘(冫)씩 인연을 맺듯, 말과 말을 이어주는 어조사.

보기 어음 於音 어중간 於中間 어차피 於此彼

藍

쪽 람
- 풀 초(艹)와 볼 감(監)으로 이루어진 글자.
- 보기(監)에 좋은 색을 뽑을 수 있는 풀(艹)이라 하여 '쪽풀'이라는 뜻.

보기 남벽(진한 초록) 藍碧
      남색 藍色 남실(약으로 쓰는 쪽씨) 藍實 남청 藍靑

청출어람 靑出於藍
– 제자가 스승보다 낫다

寸鐵殺人
촌철살인

남송시대, 나대경은 손님들과 주고받은 맑고 고고한 이야기를 기록으로 남겼다. 여기에 종고선사가 불교 참선을 두고 "비유컨대 어떤 사람이 무기를 한 수레 가득 싣고 와서 이것저것 꺼내 써도 사람을 죽이는 올바른 수단이 되지는 못한다. 내게는 단지 한 치 쇳조각만 있을 뿐이나 그것으로 당장 사람을 죽일 수 있다"라고 했다.

'촌철살인 寸鐵殺人'은 여기에서 비롯했다. 보통 성인 남자 손가락 한 개 폭의 촌寸, 쇠로 만든 무기 철鐵에서 촌철은 한 치도 못되는 작은 무기를 뜻한다. 여기에서 살인은 사람을 죽인다라는 뜻이 아니라 참선으로 마음속 잡스러운 생각을 없애고 얻는 깨달음을 말한다. 본디 촌철살인은 "한 치 쇳조각으로 사람을 죽이듯 작은 것일지라도 한 가지에 집중해 참선하면 깨우치는 순간이 온다"라는 뜻이다. 오늘날에는 뜻이 바뀌어, 아주 짧고 간결한 말로 핵심을 찌르거나 깊은 감동을 줄 때 '촌철살인'이라는 표현을 쓴다.

고사성어 돋보기

寸鐵殺人

寸 마디 촌
- 손의 우(又)와 손목에서 맥박이 뛰는 곳까지 거리인 한 치(一)로 이루어져 '마디'라는 뜻.
- 보기 촌각 寸刻 촌극(짧은 연극) 寸劇 촌수 寸數 촌음(짧은 시간) 寸陰

鐵 쇠 철
- 광물이나 금속의 금(金)과 크다의 질(𢧜)로 이루어진 글자.
- 큰 것을 만들 수 있는 '금속, 쇠'라는 뜻.
- 보기 철권 鐵拳 철기시대 鐵器時代 철도 鐵道 철벽 鐵壁 철인 鐵人

殺 죽일 살
- 치다의 살(杀)과 손에 든 몽둥이, 창을 본뜬 갖은등글월문(殳)로 이루어진 글자.
- 손에 든 몽둥이나 창(殳)으로 사람을 친다(杀) 하여 "죽이다"라는 뜻.
- 보기 살육 殺戮 살인 殺人 살인검 殺人劍 살해 殺害

人 사람 인
- 허리를 굽히거나 서 있는 사람을 본 떠 '사람'이라는 뜻.
- 보기 인성 人性 인원 人員 인재 人材 인정 人情 인형 人形

촌철살인 寸鐵殺人
— 허를 찌르는 날카로운 문장

曲學阿世
곡학아세

한나라 효혜제는 황제에 오르면서 인재를 찾았다. 그때 성품이 강직하고 학문이 높은 원고생을 불러들였는데 그의 나이는 이미 90세였다. 조정 신하들은 이를 별로 달가워하지 않았다. 원고생이 부름받을 때, 공손홍이라는 젊은 선비도 함께 부름받았다. 그 역시 원고생을 마땅치 않게 여겼지만 원고생은 그런 눈길에 전혀 개의치 않고 말했다.

"공손홍이여, 지금 학문은 어지럽고 잘못된 길로 가고 있소. 그대는 아직 젊으니 올바른 학문을 닦아서 세상에 널리 퍼뜨려 주시오. 모쪼록 학문을 굽혀 세상에 아부하는 일이 없도록 하오."

공손홍은 그 훌륭한 인격과 풍부한 학식에 감탄해 원고생의 제자가 되었다.

여기에서 비롯한 '곡학아세 曲學阿世'는 "학문을 왜곡하고 세상에 아부한다"라는 뜻이다. 올바른 학문을 하지 않고 세상에 아부해 출세하려는 태도나 행동을 가리킨다.

고사성어 돋보기

曲 굽을 곡
- 대나무 같은 것으로 둥글게 휘어 만든 그릇을 본뜬 글자.
- 여기에서 곧지 않다 하여 "굽다, 구부리다"라는 뜻.

  보기 곡경(구불구불한 길) 曲徑 곡사(도리에 어긋난 일) 曲事 굴곡 屈曲

學 배울 학
- 한자 위는 두 손으로 잡는 모습(爻)이고 아래는 집 안(冖)에 있는 아이(子) 모양이다.
- 아이(子)가 집 안(冖)에서 두 손(爻)으로 배운다 하여 "배우다"라는 뜻.

  보기 학교 學校 학급 學級 학기 學期 학년 學年 학력 學力

阿 아첨할 아(언덕 아)
- 언덕부(阝, 阜)와 소리를 나타내는 옳을 가(可)로 이루어진 글자.
- 언덕부(阝, 阜)가 불룩한 언덕을, 가(可)는 아로 변해 오늘날 언덕 아로 바뀜.
- 허리를 언덕처럼 구불거리듯 굽신거리는 사람이라 하여 "아첨하다"라는 뜻도 있음.

  보기 아부 阿附 아유 阿諛

世 세상 세
- 옛날에는 한 세대를 삼십으로 보아 열 십(十)을 세 번 겹쳐 세대들이 모여 산다 하여 '세상'이라는 뜻.

  보기 세계 世界 세기 世紀 세속 世俗 세습 世襲 세태 世態

곡학아세 曲學阿世
— 그릇된 학문으로 세상에 아부하다

他山之石
타산지석

《시경》〈소아〉편에 학 울음소리를 소재로 한 [학명]이라는 시가 있다. 그 첫 구절은 "학이 먼 못가에서 우니 / 그 소리 들판에 울려 퍼진다 / 물고기는 연못 깊이 숨어 산다지만 / 때로는 물가에 나와 놀기도 한다"로 시작한다.

이 시의 끝 구절은 "다른 산의 돌로 옥을 갈 수 있다네"라는 말이다. '타산지석 他山之石'은 여기에서 비롯했다. "다른 산의 몹쓸 돌이라도 내 옥을 다듬는 데 소용이 된다"라는 뜻이다. 여기에서 돌과 옥은 대비를 이루고 있다. 돌은 소인을, 옥은 군자를 뜻해 "소인의 하찮은 언행조차 군자가 마음을 수양하고 덕을 쌓는 데 도움이 된다"라는 뜻이다. 요즘에는 다른 사람 행동과 남의 허물 또는 실패까지도 거울 삼아 교훈을 얻을 수 있다는 뜻으로 주로 쓰인다.

고사성어 돋보기

他 다를 타
- 사람 인(亻)과 어조사 야(也)로 이루어진 글자.
- 뒤에 어조사 야는 타로 바뀌어 불리며 "다르다"라는 뜻.
- 보기 타계(귀한 사람의 죽음) 他界 타국 他國 타살 他殺 타인 他人

山 뫼 산
- 뾰족하게 이어지는 산봉우리를 본떠 '산'이라는 뜻.
- 보기 강산 江山 금강산 金剛山 등산 登山 산맥 山脈 산양 山羊

之 어조사 지
- 출발선에서 한 발짝 내딛음을 나타내므로 "간다"라는 뜻의 갈 지(之).
- 여기에서는 무엇 '~의'라는 어조사로 쓰였다.
- 보기 만인지상 萬人之上 일언지하 一言之下

石 돌 석
- 언덕 아래 굴러가는 돌을 본떠 '돌'이라는 뜻.
- 보기 석공 石工 석굴 石窟 석류 石榴 석빙고 石氷庫 석유 石油

타산지석 他山之石
- 남의 허물이나 언행을 교훈으로 삼다

胡蝶之夢
호접지몽

《장자》〈제물론〉편에는 신비한 꿈 이야기가 나온다.

*장주가 꿈에 나비가 되었다. 훨훨 나는 것이 분명히 나비였다. 유쾌한 기분으로 마음껏 하늘을 날아다니다 스스로 장주인 줄도 알지 못했다. 문득 꿈에서 깨어 보니 틀림없는 장주였다. 장주가 꿈에 나비였는지, 나비가 꿈에 장주였는지 알 수 없었다. 그러나 장주와 나비는 분명히 구분이 있으니, 만물 변화가 이러하다.

도를 많이 닦으면 자신과 사물이 나뉘지 않고 하나로 어우러지는 물아일체 단계에 이른다고 말한다. 가령 장주가 꿈에 나비였는지, 나비가 꿈에 장주였는지 알지 못하는 상태가 그런 것이다.

여기에서 비롯한 '호접지몽 胡蝶之夢'은 자신과 사물의 구별을 잊는 물아일체를 빗대는 말로 쓰였다. 오늘날, 덧없는 인생을 가리키는 말로도 쓰인다. 줄여서 '호접몽'이라고 하는데 '나비의 꿈'이라는 뜻이다.

궁금증 보따리
장주
장주는 장자의 진짜 이름입니다.

고사성어 돋보기

胡 오랑캐 호
- 옛 고(古)와 고기 육(月, 肉)으로 이루어진 글자.
- 오래 묵은 고기를 먹는 오랑캐라 하여 '오랑캐'라는 뜻.
- 보기 호과(오이) 胡瓜 호란 胡亂 호인(만주 사람) 胡人

蝶 나비 접
- 벌레 훼(虫)와 나뭇잎 엽(枼)으로 이루어진 글자.
- 날개가 나뭇잎(枼)처럼 생긴 벌레(虫)는 나비라 하여 '나비'라는 뜻.
- 보기 접무(나비가 훨훨 남) 蝶舞 접아(나비) 蝶兒 접잠(나비 비녀) 蝶簪

之 어조사 지
- 출발선에서 한 발짝 내딛음을 나타내므로 "간다"라는 뜻의 갈 지(之).
- 여기에서는 무엇 '~의'라는 어조사로 쓰였다.
- 보기 만인지상 萬人之上 일언지하 一言之下

夢 꿈 몽
- 어두울 몽(蒙)과 저녁 석(夕)으로 이루어진 글자.
- 날이 어두운(蒙) 저녁(夕)에 눈이 보이지 않는 일이라 하여 '꿈'이라는 뜻.
- 보기 몽매 夢寐 몽상 夢想 몽유병 夢遊病
  몽환극(꿈을 주제로 쓴 희곡) 夢幻劇

호접지몽 胡蝶之夢
— 내가 나비인지, 나비가 나인지?

한 번에 쉽게 찾아보는 고사성어

ㄱ

가정맹호	苛政猛虎	60
각주구검	刻舟求劍	263
강태공	姜太公	184
개과천선	改過遷善	253
건곤일척	乾坤一擲	121
결초보은	結草報恩	16
계륵	鷄肋	169
계명구도	鷄鳴狗盜	249
고육지책	苦肉之策	154
고희	古稀	217
곡학아세	曲學阿世	384
과유불급	過猶不及	348
과하지욕	袴下之辱	108
관포지교	管鮑之交	12
괄목상대	刮目相對	165
교언영색	巧言令色	319
교토삼굴	狡兔三窟	36
구밀복검	口蜜腹劍	207
구사일생	九死一生	352
구우일모	九牛一毛	191
군계일학	群鷄一鶴	198
군자삼락	君子三樂	323
권선징악	勸善懲惡	354
권토중래	捲土重來	128
귀거래사	歸去來辭	340
금상첨화	錦上添花	356
금의야행	錦衣夜行	115
기우	杞憂	80

ㄴ

난형난제	難兄難弟	195
낭중지추	囊中之錐	51
농단	壟斷	326

ㄷ

다다익선	多多益善	118
단기천리	單騎千里	143
당랑거철	螳螂拒轍	96
대기만성	大器晚成	67
도원결의	桃園結義	136
도탄	塗炭	358
독서삼여	讀書三餘	231
동병상련	同病相憐	22
동시효빈	東施效矉	29
등용문	登龍門	360

ㅁ

마이동풍	馬耳東風	214
마저성침	磨杵成針	234
매사마골	買死馬骨	245
맹모삼천	孟母三遷	64
모순	矛盾	93
무릉도원	武陵桃源	337
무용지용	無用之用	70
문경지교	刎頸之交	47
문전성시	門前成市	304
미봉책	彌縫策	19
미인박명	美人薄命	220

ㅂ

배수진	背水陣	104
백년하청	百年河淸	308
백문불여일견	百聞不如一見	362
백미	白眉	162
백발백중	百發百中	55
백발삼천장	白髮三千丈	211
백아절현	伯牙絕絃	238
불초	不肖	350
불혹	不惑	316
붕정만리	鵬程萬里	74
비육지탄	髀肉之嘆	140

ㅅ

사면초가	四面楚歌	124
사이비	似而非	364
사족	蛇足	287
사지	四知	257
살신성인	殺身成仁	366
삼고초려	三顧草廬	147
삼십육계	三十六計	295
상사병	相思病	33
상전벽해	桑田碧海	368
새옹지마	塞翁之馬	242
수어지교	水魚之交	151
수주대토	守株待兎	90
숙맥	菽麥	276
순망치한	脣亡齒寒	260

ㅇ

양상군자	梁上君子	291
어부지리	漁父之利	280
오리무중	五里霧中	301
오십보백보	五十步百步	330
오월동주	吳越同舟	372
와각지쟁	蝸角之爭	77
와신상담	臥薪嘗膽	25
완벽	完璧	43
용두사미	龍頭蛇尾	370
우공이산	愚公移山	86
월하노인	月下老人	343
유언비어	流言蜚語	187
읍참마속	泣斬馬謖	175

ㅈ

절차탁마	切磋琢磨	333
조강지처	糟糠之妻	374
조삼모사	朝三暮四	83
주지육림	酒池肉林	266
죽마고우	竹馬故友	376
지록위마	指鹿爲馬	100

ㅊ

천리안	千里眼	298
천의무봉	天衣無縫	312
천재일우	千載一遇	378
철면피	鐵面皮	272
청출어람	靑出於藍	380
촌철살인	寸鐵殺人	382
출사표	出師表	179
칠종칠금	七縱七擒	172

ㅌ

타산지석	他山之石	386
토사구팽	兎死狗烹	131
퇴고	推敲	204

ㅍ

| 필부지용 | 匹夫之勇 | 112 |

ㅎ

허허실실	虛虛實實	158
형설지공	螢雪之功	228
호가호위	狐假虎威	283
호접지몽	胡蝶之夢	388
홍일점	紅一點	224
화룡점정	畵龍點睛	201
화씨지벽	和氏之璧	40

공부왕이 즐겨 찾는

고사성어 탐구 백과

1쇄 발행 2016년 1월 15일
5쇄 발행 2023년 9월 11일

글 　　글터 반딧불
그 림 　황기홍

펴낸이 　김영철
펴낸곳 　국민출판사
등 록 　제6-0515호
주 소 　서울특별시 마포구 동교로12길 41-13(서교동)
전 화 　02)322-2434
팩 스 　02)322-2083
블로그 　blog.naver.com/kmpub6845
이메일 　kukminpub@hanmail.net

편 집 　한수정, 임여진
영 업 　김종헌
경영지원 　한정숙
내지 디자인 블루
표지 디자인 designplug

ⓒ 글터 반딧불, 2016
ISBN 978-89-8165-258-6 (73710)

※ 이 책은 저작권법에 따라 보호받는 저작물이므로 무단전재와 무단복제를 금지하며,
　이 책의 전부 또는 일부를 이용하려면 국민출판사의 서면 동의를 받아야 합니다.

※ 잘못된 책은 구입한 서점에서 교환하여 드립니다.